Y 5345.
Lab 2.

Yf 4299

COLLECTION

DES

MEILLEURS OUVRAGES

DE LA LANGUE FRANÇAISE,

EN PROSE ET EN VERS.

THÉATRE
DE
VOLTAIRE.

PARIS. — DE L'IMPRIMERIE DE RIGNOUX,
rue des Francs-Bourgeois-S.-Michel, n° 8.

THÉATRE

DE

VOLTAIRE,

PRÉCÉDÉ

D'UNE NOTICE HISTORIQUE

PAR M. BERVILLE.

TOME II.

PARIS.

BAUDOUIN FRÈRES, ÉDITEURS,
RUE DE VAUGIRARD, N° 17.

M DCCC XXVIII.

ZAÏRE,

TRAGÉDIE EN CINQ ACTES,

Représentée pour la première fois le 13 auguste 1732.

AVERTISSEMENT

DES ÉDITEURS DE L'ÉDITION DE KEHL.

Ceux qui aiment l'histoire littéraire seront bien aises de savoir comment cette pièce fut faite. Plusieurs dames avaient reproché à l'auteur qu'il n'y avait pas assez d'amour dans ses tragédies ; il leur répondit qu'il ne croyait pas que ce fût la véritable place de l'amour, mais que, puisqu'il leur fallait absolument des héros amoureux, il en ferait tout comme un autre. La pièce fut achevée en vingt-deux jours : elle eut un grand succès. On l'appelle à Paris *tragédie chrétienne*, et on l'a jouée fort souvent à la place de *Polyeucte*.

ÉPITRE DÉDICATOIRE

A M. FALKENER,

NÉGOCIANT ANGLAIS, DEPUIS AMBASSADEUR A CONSTANTINOPLE.

Vous êtes Anglais, mon cher ami, et je suis né en France; mais ceux qui aiment les arts sont tous concitoyens. Les honnêtes gens qui pensent ont à peu près les mêmes principes, et ne composent qu'une république : ainsi il n'est pas plus étrange de voir aujourd'hui une tragédie française dédiée à un Anglais, ou à un Italien, que si un citoyen d'Éphèse ou d'Athènes avait autrefois adressé son ouvrage à un Grec d'une autre ville. Je vous offre donc cette tragédie comme à mon compatriote dans la littérature, et comme à mon ami intime.

Je jouis en même temps du plaisir de pouvoir dire à ma nation de quel œil les négocians sont regardés chez vous; quelle estime on sait avoir en Angleterre pour une profession qui fait la grandeur de l'état; et avec quelle supériorité quelques uns d'entre vous représentent leur patrie dans leur parlement, et sont au rang des législateurs.

Je sais bien que cette profession est méprisée de nos petits-maîtres; mais vous savez aussi que nos petits-maîtres et les vôtres sont l'espèce la plus ridicule qui rampe avec orgueil sur la surface de la terre.

Une raison encore qui m'engage à m'entretenir de belles lettres avec un Anglais plutôt qu'avec un autre, c'est votre heureuse liberté de penser; elle en communique à mon esprit; mes idées se trouvent plus hardies avec vous.

> Quiconque avec moi s'entretient
> Semble disposer de mon ame :
> S'il sent vivement, il m'enflamme;

Et s'il est fort, il me soutient.
Un courtisan pétri de feinte
Fait dans moi tristement passer
Sa défiance et sa contrainte ;
Mais un esprit libre et sans crainte
M'enhardit et me fait penser.
Mon feu s'échauffe à sa lumière,
Ainsi qu'un jeune peintre, instruit
Sous Le Moine et sous Largillière,
De ces maîtres qui l'ont conduit
Se rend la touche familière ;
Il prend malgré lui leur manière,
Et compose avec leur esprit.
C'est pourquoi Virgile se fit
Un devoir d'admirer Homère ;
Il le suivit dans sa carrière,
Et son émule il se rendit
Sans se rendre son plagiaire.

Ne craignez pas qu'en vous envoyant ma pièce je vous en fasse une longue apologie : je pourrais vous dire pourquoi je n'ai pas donné à Zaïre une vocation plus déterminée au christianisme avant qu'elle reconnût son père, et pourquoi elle cache son secret à son amant, etc.; mais les esprits sages, qui aiment à rendre justice, verront bien mes raisons sans que je les indique : pour les critiques déterminés, qui sont disposés à ne pas me croire, ce serait peine perdue que de les leur dire.

Je me vanterai seulement avec vous d'avoir fait une pièce assez simple, qualité dont on doit faire cas de toutes façons.

Cette heureuse simplicité
Fut un des plus dignes partages
De la savante antiquité.
Anglais, que cette nouveauté
S'introduise dans vos usages.
Sur votre théâtre infecté

D'horreurs, de gibets, de carnages,
Mettez donc plus de vérité,
Avec de plus nobles images.
Addison l'a déja tenté;
C'était le poëte des sages,
Mais il était trop concerté;
Et dans son *Caton* si vanté,
Ses deux filles, en vérité,
Sont d'insipides personnages.
Imitez du grand Addison
Seulement ce qu'il a de bon;
Polissez la rude action
De vos Melpomènes sauvages;
Travaillez pour les connaisseurs
De tous les temps, de tous les âges;
Et répandez dans vos ouvrages
La simplicité de vos mœurs.

Que messieurs les poëtes anglais ne s'imaginent pas que je veuille leur donner *Zaïre* pour modèle : je leur prêche la simplicité naturelle, et la douceur des vers; mais je ne me fais point du tout le saint de mon sermon. Si *Zaïre* a eu quelque succès, je le dois beaucoup moins à la bonté de mon ouvrage qu'à la prudence que j'ai eue de parler d'amour le plus tendrement qu'il m'a été possible. J'ai flatté en cela le goût de mon auditoire : on est assez sûr de réussir quand on parle aux passions des gens plus qu'à leur raison. On veut de l'amour, quelque bon chrétien que l'on soit; et je suis très persuadé que bien en prit au grand Corneille de ne s'être pas borné, dans son *Polyeucte*, à faire casser les statues de Jupiter par les néophytes; car telle est la corruption du genre humain que peut-être

De Polyeucte la belle ame
Aurait faiblement attendri,
Et les vers chrétiens qu'il déclame
Seraient tombés dans le décri,

N'eût été l'amour de sa femme
Pour ce païen son favori,
Qui méritait bien mieux sa flamme
Que son bon dévot de mari.

Même aventure à peu près est arrivée à Zaïre. Tous ceux qui vont aux spectacles m'ont assuré que, si elle n'avait été que convertie, elle aurait peu intéressé ; mais elle est amoureuse de la meilleure foi du monde, et voilà ce qui a fait sa fortune. Cependant il s'en faut bien que j'aie échappé à la censure.

Plus d'un éplucheur intraitable
M'a vétillé, m'a critiqué :
Plus d'un railleur impitoyable
Prétendait que j'avais croqué,
Et peu clairement expliqué
Un roman très peu vraisemblable,
Dans ma cervelle fabriqué ;
Que le sujet en est tronqué,
Que la fin n'est pas raisonnable ;
Même on m'avait pronostiqué
Ce sifflet tant épouvantable,
Avec quoi le public choqué
Régale un auteur misérable.
Cher ami, je me suis moqué
De leur censure insupportable :
J'ai mon drame en public risqué ;
Et le parterre favorable,
Au lieu de siffler, m'a claqué.
Des larmes même ont offusqué
Plus d'un œil que j'ai remarqué
Pleurer de l'air le plus aimable.
Mais je ne suis point requinqué
Par un succès si désirable :
Car j'ai comme un autre marqué
Tous les déficits de ma fable.
Je sais qu'il est indubitable
Que pour former œuvre parfait,

A M. FALKENER.

Il faudrait se donner au diable,
Et c'est ce que je n'ai pas fait.

Je n'ose me flatter que les Anglais fassent à *Zaïre* le même honneur qu'ils ont fait à *Brutus*[1], dont on a joué la traduction sur le théâtre de Londres. Vous avez ici la réputation de n'être ni assez dévots pour vous soucier beaucoup du vieux Lusignan, ni assez tendres pour être touchés de Zaïre. Vous passez pour aimer mieux une intrigue de conjurés qu'une intrigue d'amans. On croit qu'à votre théâtre on bat des mains au mot de *patrie*, et chez nous à celui d'*amour;* cependant la vérité est que vous mettez de l'amour tout comme nous dans vos tragédies. Si vous n'avez pas la réputation d'être tendres, ce n'est pas que vos héros de théâtre ne soient amoureux, mais c'est qu'ils expriment rarement leur passion d'une manière naturelle. Nos amans parlent en amans, et les vôtres ne parlent encore qu'en poëtes.

Si vous permettez que les Français soient vos maîtres en galanterie, il y a bien des choses en récompense que nous pourrions prendre de vous. C'est au théâtre anglais que je dois la hardiesse que j'ai eue de mettre sur la scène les noms de nos rois et des anciennes familles du royaume. Il me paraît que cette nouveauté pourrait être la source d'un genre de tragédie qui nous est inconnu jusqu'ici, et dont nous avons besoin. Il se trouvera sans doute des génies heureux qui perfectionneront cette idée, dont *Zaïre* n'est qu'une faible ébauche. Tant que l'on continuera en France de protéger les lettres, nous aurons assez d'écrivains. La nature forme presque toujours des hommes en tout genre de talent; il ne s'agit que de les encourager et de les employer. Mais si ceux qui se distinguent un peu n'étaient soutenus par quelque récompense honorable, et par l'attrait plus flatteur de la considération, tous les beaux arts pourraient bien dépérir

---

[1] M. de Voltaire s'est trompé; on a traduit et joué *Zaïre* en Angleterre avec beaucoup de succès. *Voyez* ci-après la seconde Lettre à M. Falkener.

au milieu des abris élevés pour eux, et ces arbres plantés par Louis XIV dégénéreraient faute de culture : le public aurait toujours du goût, mais les grands maîtres manqueraient. Un sculpteur, dans son académie, verrait des hommes médiocres à côté de lui, et n'élèverait pas sa pensée jusqu'à Girardon et au Puget : un peintre se contenterait de se croire supérieur à son confrère, et ne songerait pas à égaler Le Poussin. Puissent les successeurs de Louis XIV suivre toujours l'exemple de ce grand roi, qui donnait d'un coup d'œil une noble émulation à tous les artistes ! Il encourageait à la fois un Racine et un Van Robais... Il portait notre commerce et notre gloire par delà les Indes; il étendait ses graces sur des étrangers étonnés d'être connus et récompensés par notre cour. Partout où était le mérite, il avait un protecteur dans Louis XIV.

> Car de son astre bienfesant
> Les influences libérales,
> Du Caire au bord de l'occident,
> Et sous les glaces boréales,
> Cherchaient le mérite indigent.
> Avec plaisir ses mains royales
> Répandaient la gloire et l'argent :
> Le tout sans brigue et sans cabales.
> Guillelmini, Viviani,
> Et le céleste Cassini,
> Auprès des lis venaient se rendre,
> Et quelque forte pension
> Vous aurait pris le grand Newton,
> Si Newton avait pu se prendre.
> Ce sont là les heureux succès
> Qui fesaient la gloire immortelle
> De Louis et du nom français.
> Ce Louis était le modèle
> De l'Europe et de vos Anglais.
> On craignait que, par ses progrès,
> Il n'envahît à tout jamais

La monarchie universelle ;
Mais il l'obtint par ses bienfaits.

Vous n'avez pas chez vous des fondations pareilles aux monumens de la munificence de nos rois, mais votre nation y supplée. Vous n'avez pas besoin des regards du maître pour honorer et récompenser les grands talens en tout genre. Le chevalier Steele et le chevalier Wanbrouck étaient en même temps auteurs comiques et membres du parlement. La primatie du docteur Tillotson, l'ambassade de M. Prior, la charge de M. Newton, le ministère de M. Addison, ne sont que les suites ordinaires de la considération qu'ont chez vous les grands hommes. Vous les comblez de biens pendant leur vie, vous leur élevez des mausolées et des statues après leur mort; il n'y a point jusqu'aux actrices célèbres qui n'aient chez vous leur place dans les temples à côté des grands poëtes.

> Votre Oldfield [1] et sa devancière
> Bracegirdle la minaudière,
> Pour avoir su dans leurs beaux jours
> Réussir au grand art de plaire,
> Ayant achevé leur carrière,
> S'en furent avec le concours
> De votre république entière,
> Sous un grand poêle de velours,
> Dans votre église pour toujours
> Loger de superbe manière.
> Leur ombre en paraît encor fière,
> Et s'en vante avec les Amours.
> Tandis que le divin Molière,
> Bien plus digne d'un tel honneur,
> A peine obtint le froid bonheur
> De dormir dans un cimetière ;
> Et que l'aimable Le Couvreur,
> A qui j'ai fermé la paupière,

[1] Fameuse actrice mariée à un seigneur d'Angleterre.

> N'a pas eu même la faveur
> De deux cierges et d'une bière ;
> Et que monsieur de Laubinière
> Porta la nuit par charité
> Ce corps autrefois si vanté,
> Dans un vieux fiacre empaqueté,
> Vers le bord de notre rivière.
> Voyez-vous pas à ce récit
> L'Amour irrité qui gémit,
> Qui s'envole en brisant ses armes,
> Et Melpomène toute en larmes,
> Qui m'abandonne, et se bannit
> Des lieux ingrats qu'elle embellit
> Si long-temps de ses nobles charmes ?

Tout semble ramener les Français à la barbarie dont Louis XIV et le cardinal de Richelieu les ont tirés. Malheur aux politiques qui ne connaissent pas le prix des beaux arts ! La terre est couverte de nations aussi puissantes que nous. D'où vient cependant que nous les regardons presque toutes avec peu d'estime ? c'est par la raison qu'on méprise dans la société un homme riche dont l'esprit est sans goût et sans culture. Surtout ne croyez pas que cet empire de l'esprit, et cet honneur d'être le modèle des autres peuples soit une gloire frivole : ce sont les marques infaillibles de la grandeur d'un peuple. C'est toujours sous les plus grands princes que les arts ont fleuri, et leur décadence est quelquefois l'époque de celle d'un état. L'histoire est pleine de ces exemples ; mais ce sujet me mènerait trop loin. Il faut que je finisse cette lettre déja trop longue, en vous envoyant un petit ouvrage qui trouve naturellement sa place à la tête de cette tragédie. C'est une épître en vers à celle qui a joué le rôle de Zaïre : je lui devais au moins un compliment pour la façon dont elle s'en est acquittée :

> Car le prophète de la Mecque
> Dans son sérail n'a jamais eu

A M. FALKENER.

Si gentille Arabesque ou Grecque ;
Son œil noir, tendre et bien fendu,
Sa voix et sa grace intrinsèque,
Ont mon ouvrage défendu
Contre l'auditeur qui rebèque ;
Mais quand le lecteur morfondu
L'aura dans sa bibliothèque,
Tout mon honneur sera perdu.

Adieu, mon ami; cultivez toujours les lettres et la philosophie, sans oublier d'envoyer des vaisseaux dans les échelles du Levant. Je vous embrasse de tout mon cœur.

VOLTAIRE.

ÉPITRE A Mlle GAUSSIN,

JEUNE ACTRICE,

QUI A REPRÉSENTÉ LE RÔLE DE ZAÏRE AVEC BEAUCOUP DE SUCCÈS.

Jeune Gaussin, reçois mon tendre hommage ;
Reçois mes vers au théâtre applaudis ;
Protége-les : Zaïre est ton ouvrage ;
Il est à toi, puisque tu l'embellis.
Ce sont tes yeux, ces yeux si pleins de charmes,
Ta voix touchante, et tes sons enchanteurs,
Qui du critique ont fait tomber les armes.
Ta seule vue adoucit les censeurs.
L'illusion, cette reine des cœurs,
Marche à ta suite, inspire les alarmes,
Le sentiment, les regrets, les douleurs,
Et le plaisir de répandre des larmes.

Le dieu des vers, qu'on allait dédaigner,
Est par ta voix aujourd'hui sûr de plaire ;
Le dieu d'amour, à qui tu fus plus chère,
Est par tes yeux bien plus sûr de régner.
Entre ces dieux désormais tu vas vivre :
Hélas ! long-temps je les servis tous deux ;
Il en est un que je n'ose plus suivre.
Heureux cent fois le mortel amoureux
Qui tous les jours peut te voir et t'entendre,
Que tu reçois avec un souris tendre,
Qui voit son sort écrit dans tes beaux yeux ;
Qui, pénétré de leurs feux qu'il adore,
A tes genoux oubliant l'univers,
Parle d'amour, et t'en reparle encore :
Et malheureux qui n'en parle qu'en vers !

SECONDE LETTRE

A M. FALKENER,

ALORS AMBASSADEUR A CONSTANTINOPLE.

(Tirée d'une seconde édition de *Zaïre*.)

Mon cher ami (car votre nouvelle dignité d'ambassadeur rend seulement notre amitié plus respectable, et ne m'empêche pas de me servir ici d'un titre plus sacré que le titre de ministre : le nom d'ami est bien au dessus de celui d'excellence).

Je dédie à l'ambassadeur d'un grand roi et d'une nation libre le même ouvrage que j'ai dédié au simple citoyen, au négociant anglais[1].

Ceux qui savent combien le commerce est honoré dans votre patrie n'ignorent pas aussi qu'un négociant y est quelquefois un législateur, un bon officier, un ministre public.

Quelques personnes corrompues par l'indigne usage de ne rendre hommage qu'à la grandeur ont essayé de jeter un ridicule sur la nouveauté d'une dédicace faite à un homme qui n'avait alors que du mérite. On a osé, sur un théâtre consacré au mauvais goût et à la médisance, insulter à l'auteur de cette dédicace, et à celui qui l'avait reçue : on a osé lui reprocher d'être[2] un négociant. Il ne faut point imputer

---

[1] Ce que M. de Voltaire avait prévu dans sa dédicace de *Zaïre* est arrivé : M. Falkener a été un des meilleurs ministres, et est devenu un des hommes les plus considérables de l'Angleterre. C'est ainsi que les auteurs devraient dédier leurs ouvrages, au lieu d'écrire des lettres d'esclave à des gens dignes de l'être.

[2] On joua une mauvaise farce à la Comédie italienne de Paris, dans laquelle on insultait grossièrement plusieurs personnes de mérite, et entre

à notre nation une grossièreté si honteuse, dont les peuples les moins civilisés rougiraient. Les magistrats qui veillent parmi nous sur les mœurs, et qui sont continuellement occupés à réprimer le scandale, furent surpris alors; mais le mépris et l'horreur du public pour l'auteur connu de cette indignité sont une nouvelle preuve de la politesse des Français.

Les vertus qui forment le caractère d'un peuple sont souvent démenties par les vices d'un particulier. Il y a eu quelques hommes voluptueux à Lacédémone. Il y a eu des esprits légers et bas en Angleterre. Il y a eu dans Athènes des hommes sans goût, impolis et grossiers; et on en trouve dans Paris.

Oublions-les, comme ils sont oubliés du public; et recevez ce second hommage : je le dois d'autant plus à un Anglais que cette tragédie vient d'être embellie à Londres. Elle y a été traduite et jouée avec tant de succès, on a parlé de moi sur votre théâtre avec tant de politesse et de bonté, que j'en dois ici un remercîment public à votre nation.

Je ne peux mieux faire, je crois, pour l'honneur des lettres, que d'apprendre ici à mes compatriotes les singularités de la traduction et de la représentation de *Zaïre* sur le théâtre de Londres.

M. Hill, homme de lettres, qui paraît connaître le théâtre mieux qu'aucun auteur anglais, me fit l'honneur de traduire ma pièce, dans le dessein d'introduire sur votre scène quelques nouveautés, et pour la manière d'écrire les tragédies, et pour celle de les réciter. Je parlerai d'abord de la représentation.

L'art de déclamer était chez vous un peu hors de la nature; la plupart de vos acteurs tragiques s'exprimaient souvent plus en poëtes saisis d'enthousiasme qu'en hommes que la passion

---

autres M. Falkener. Le sieur Héraut, lieutenant de police, permit cette indignité, et le public la siffla. C'est ce même Héraut à qui M. de Voltaire disait un jour : « Monsieur, que fait-on à ceux qui fabriquent de fausses lettres de cachet? — On les pend. — C'est toujours bien fait, en attendant qu'on traite de même ceux qui en signent de vraies. »

inspire. Beaucoup de comédiens avaient encore outré ce défaut; ils déclamaient des vers ampoulés, avec une fureur et une impétuosité qui est au beau naturel ce que les convulsions sont à l'égard d'une démarche noble et aisée.

Cet air d'empressement semblait étranger à votre nation; car elle est naturellement sage, et cette sagesse est quelquefois prise pour de la froideur par les étrangers. Vos prédicateurs ne se permettent jamais un ton de déclamateur. On rirait chez vous d'un avocat qui s'échaufferait dans son plaidoyer. Les seuls comédiens étaient outrés. Nos acteurs, et surtout nos actrices de Paris, avaient ce défaut il y a quelques années : ce fut mademoiselle Le Couvreur qui les en corrigea. Voyez ce qu'en dit un auteur italien de beaucoup d'esprit et de sens :

>La leggiadra Couvreur sola non trotta
>Per quella strada dove i suoi compagni
>Van di galoppo tutti quanti in frotta ;
>Se avvien ch' ella pianga, o che si lagni
>Senza quegli urli spaventosi loro,
>Ti muove sì che in pianger l'accompagni.

Ce même changement que mademoiselle Le Couvreur avait fait sur notre scène, mademoiselle Cibber vient de l'introduire sur le théâtre anglais, dans le rôle de Zaïre. Chose étrange, que dans tous les arts ce ne soit qu'après bien du temps qu'on vienne enfin au naturel et au simple !

Une nouveauté qui va paraître plus singulière aux Français, c'est qu'un gentilhomme de votre pays, qui a de la fortune et de la considération, n'a pas dédaigné de jouer sur votre théâtre le rôle d'Orosmane. C'était un spectacle assez intéressant de voir les deux principaux personnages remplis l'un par un homme de condition, et l'autre par une jeune actrice de dix-huit ans, qui n'avait pas encore récité un vers en sa vie.

Cet exemple d'un citoyen qui a fait usage de son talent pour la déclamation n'est pas le premier parmi vous. Tout ce qu'il y a de surprenant en cela, c'est que nous nous en étonnions.

Nous devrions faire réflexion que toutes les choses de ce monde dépendent de l'usage et de l'opinion. La cour de France a dansé sur le théâtre avec les acteurs de l'Opéra, et on n'a rien trouvé en cela d'étrange, sinon que la mode de ces divertissemens ait fini. Pourquoi sera-t-il plus étonnant de réciter que de danser en public? Y a-t-il d'autre différence entre ces deux arts, sinon que l'un est autant au dessus de l'autre que les talens où l'esprit a quelque part sont au dessus de ceux du corps? Je le répète encore, et je le dirai toujours : aucun des beaux arts n'est méprisable; et il n'est véritablement honteux que d'attacher de la honte aux talens.

Venons à présent à la traduction de Zaïre, et au changement qui vient de se faire chez vous dans l'art dramatique.

Vous aviez une coutume à laquelle M. Addison, le plus sage de vos écrivains, s'est asservi lui-même, tant l'usage tient lieu de raison et de loi! Cette coutume peu raisonnable était de finir chaque acte par des vers d'un goût différent du reste de la pièce, et ces vers devaient nécessairement renfermer une comparaison. Phèdre, en sortant du théâtre, se comparait poétiquement à une biche, Caton à un rocher, Cléopâtre à des enfans qui pleurent jusqu'à ce qu'ils soient endormis.

Le traducteur de *Zaïre* est le premier qui ait osé maintenir les droits de la nature contre un goût si éloigné d'elle. Il a proscrit cet usage : il a senti que la passion doit parler un langage vrai, et que le poëte doit se cacher toujours pour ne laisser paraître que le héros.

C'est sur ce principe qu'il a traduit, avec naïveté et sans aucune enflure, tous les vers simples de la pièce, que l'on gâterait si on voulait les rendre beaux.

On ne peut désirer ce qu'on ne connaît pas.

J'eusse été près du Gange esclave des faux dieux,
Chrétienne dans Paris, musulmane en ces lieux.

Mais Orosmane m'aime, et j'ai tout oublié.

Non, la reconnaissance est un faible retour,
Un tribut offensant, trop peu fait pour l'amour.

Je me croirais haï d'être aimé faiblement.

Je veux avec excès vous aimer et vous plaire.

L'art n'est pas fait pour toi, tu n'en as pas besoin.

L'art le plus innocent tient de la perfidie.

Tous les vers qui sont dans ce goût simple et vrai sont rendus mot à mot dans l'anglais. Il eût été aisé de les orner, mais le traducteur a jugé autrement que quelques uns de mes compatriotes : il a aimé et il a rendu toute la naïveté de ces vers. En effet, le style doit être conforme au sujet. *Alzire*, *Brutus* et *Zaïre* demandaient, par exemple, trois sortes de versifications différentes.

Si Bérénice se plaignait de Titus, et Ariane de Thésée, dans le style de *Cinna*, Bérénice et Ariane ne toucheraient point.

Jamais on ne parlera bien d'amour, si l'on cherche d'autres ornemens que la simplicité et la vérité.

Il n'est pas question ici d'examiner s'il est bien de mettre tant d'amour dans les pièces de théâtre. Je veux que ce soit une faute, elle est et sera universelle ; et je ne sais quel nom donner aux fautes qui font le charme du genre humain.

Ce qui est certain, c'est que dans ce défaut les Français ont réussi plus que toutes les autres nations anciennes et modernes mises ensemble. L'amour paraît sur nos théâtres avec des bienséances, une délicatesse, une vérité qu'on ne trouve point ailleurs. C'est que de toutes les nations, la française est celle qui a le plus connu la société.

Le commerce continuel si vif et si poli des deux sexes a introduit en France une politesse assez ignorée ailleurs.

La société dépend des femmes. Tous les peuples qui ont le malheur de les enfermer sont insociables. Et des mœurs encore austères parmi vous, des querelles politiques, des guerres de religion, qui vous avaient rendus farouches, vous ôtèrent, jusqu'au temps de Charles II, la douceur de la société, au milieu même de la liberté. Les poëtes ne devaient donc savoir, ni dans aucun pays, ni même chez les Anglais, la manière dont les honnêtes gens traitent l'amour.

La bonne comédie fut ignorée jusqu'à Molière, comme l'art d'exprimer sur le théâtre des sentimens vrais et délicats fut ignoré jusqu'à Racine, parce que la société ne fut, pour ainsi dire, dans sa perfection que de leur temps. Un poëte, du fond de son cabinet, ne peut peindre des mœurs qu'il n'a point vues; il aura plus tôt fait cent odes et cent épîtres qu'une scène où il faut faire parler la nature.

Votre Dryden, qui d'ailleurs était un très grand génie, mettait dans la bouche de ses héros amoureux ou des hyperboles de rhétorique, ou des indécences, deux choses également opposées à la tendresse.

Si M. Racine fait dire à Titus :

« Depuis cinq ans entiers chaque jour je la vois,
« Et crois toujours la voir pour la première fois, »

votre Dryden fait dire à Antoine :

« Ciel! comme j'aimai! Témoin les jours et les nuits qui « suivaient en dansant sous vos pieds. Ma seule affaire était « de vous parler de ma passion; un jour venait et ne voyait « rien qu'amour; un autre venait, et c'était de l'amour en-« core. Les soleils étaient las de nous regarder, et moi je « n'étais point las d'aimer. »

Il est bien difficile d'imaginer qu'Antoine ait en effet tenu de pareils discours à Cléopâtre.

Dans la même pièce, Cléopâtre parle ainsi à Antoine :

« Venez à moi, venez dans mes bras, mon cher soldat; j'ai « été trop long-temps privée de vos caresses. Mais quand je « vous embrasserai, quand vous serez tout à moi, je vous

« punirai de vos cruautés, en laissant sur vos lèvres l'impres-
« sion de mes ardens baisers. »

Il est très vraisemblable que Cléopâtre parlait souvent dans ce goût, mais ce n'est point cette indécence qu'il faut représenter devant une audience respectable.

Quelques uns de vos compatriotes ont beau dire : C'est là la pure nature ; on doit leur répondre que c'est précisément cette nature qu'il faut voiler avec soin.

Ce n'est pas même connaître le cœur humain de penser qu'on doit plaire davantage en présentant ces images licencieuses ; au contraire, c'est fermer l'entrée de l'ame aux vrais plaisirs. Si tout est d'abord à découvert, on est rassasié ; il ne reste plus rien à chercher, rien à désirer, et on arrive tout d'un coup à la langueur en croyant courir à la volupté. Voilà pourquoi la bonne compagnie a des plaisirs que les gens grossiers ne connaissent pas.

Les spectateurs, en ce cas, sont comme les amans qu'une jouissance trop prompte dégoûte : ce n'est qu'à travers cent nuages qu'on doit entrevoir ces idées qui feraient rougir présentées de trop près. C'est ce voile qui fait le charme des honnêtes gens ; il n'y a point pour eux de plaisir sans bienséance.

Les Français ont connu cette règle plus tôt que les autres peuples, non parce qu'ils sont *sans génie et sans hardiesse*, comme le dit ridiculement l'inégal et impétueux Dryden, mais parce que, depuis la régence d'Anne d'Autriche, ils ont été le peuple le plus sociable et le plus poli de la terre ; et cette politesse n'est point une chose arbitraire, comme ce qu'on appelle civilité ; c'est une loi de la nature qu'ils ont heureusement cultivée plus que les autres peuples.

Le traducteur de *Zaïre* a respecté presque partout ces bienséances théâtrales, qui vous doivent être communes comme à nous ; mais il y a quelques endroits où il s'est livré encore à d'anciens usages.

Par exemple, lorsque, dans la pièce anglaise, Orosmane

vient annoncer à Zaïre qu'il croit ne la plus aimer, Zaïre lui répond en se roulant par terre. Le sultan n'est point ému de la voir dans cette posture ridicule et de désespoir, et le moment d'après il est tout étonné que Zaïre pleure.

Il lui dit cet hémistiche :

> Zaïre, vous pleurez !

Il aurait dû lui dire auparavant :

> Zaïre, vous vous roulez par terre !

Aussi ces trois mots, *Zaïre, vous pleurez,* qui font un grand effet sur notre théâtre, n'en ont fait aucun sur le vôtre, parce qu'ils étaient déplacés. Ces expressions familières et naïves tirent toute leur force de la seule manière dont elles sont amenées. *Seigneur, vous changez de visage,* n'est rien par soi-même; mais le moment où ces paroles si simples sont prononcées dans *Mithridate* fait frémir.

Ne dire que ce qu'il faut, et de la manière dont il le faut, est, ce me semble, un mérite dont les Français, si vous m'en exceptez, ont plus approché que les écrivains des autres pays. C'est, je crois, sur cet art que notre nation doit en être crue. Vous nous apprenez des choses plus grandes et plus utiles, il serait honteux à nous de ne le pas avouer. Les Français qui ont écrit contre les découvertes du chevalier Newton sur la lumière en rougissent; ceux qui combattent la gravitation en rougiront bientôt.

Vous devez vous soumettre aux règles de notre théâtre, comme nous devons embrasser votre philosophie. Nous avons fait d'aussi bonnes expériences sur le cœur humain que vous sur la physique. L'art de plaire semble l'art des Français, et l'art de penser paraît le vôtre : heureux, monsieur, qui comme vous les réunit! etc.

LETTRE A M. DE LA ROQUE,

SUR

LA TRAGÉDIE DE ZAIRE.

1732.

Quoique pour l'ordinaire vous vouliez bien prendre la peine, monsieur, de faire les extraits des pièces nouvelles, cependant vous me privez de cet avantage, et vous voulez que ce soit moi qui parle de *Zaïre*. Il me semble que je vois M. Le Normand ou M. Cochin réduire un de leurs cliens à plaider sa cause. L'entreprise est dangereuse; mais je vais mériter au moins la confiance que vous avez en moi, par la sincérité avec laquelle je m'expliquerai.

Zaïre est la première pièce de théâtre dans laquelle j'aie osé m'abandonner à toute la sensibilité de mon cœur; c'est la seule tragédie tendre que j'aie faite. Je croyais, dans l'âge même des passions les plus vives, que l'amour n'était point fait pour le théâtre tragique. Je ne regardais cette faiblesse que comme un défaut charmant qui avilissait l'art des Sophocle. Les connaisseurs qui se plaisent plus à la douceur élégante de Racine qu'à la force de Corneille me paraissent ressembler aux curieux qui préfèrent les nudités du Corrège au chaste et noble pinceau de Raphaël.

Le public qui fréquente les spectacles est, aujourd'hui plus que jamais, dans le goût du Corrège. Il faut de la tendresse et du sentiment; c'est même ce que les acteurs jouent le mieux. Vous trouverez vingt comédiens qui plairont dans les rôles d'Andronic et d'Hippolyte, et à peine un seul qui réussisse dans ceux de Cinna et d'Horace. Il a donc fallu me plier aux mœurs du temps, et commencer tard à parler d'amour.

J'ai cherché du moins à couvrir cette passion de toute la bienséance possible ; et pour l'ennoblir, j'ai voulu la mettre à côté de ce que les hommes ont de plus respectable. L'idée me vint de faire contraster dans un même tableau, d'un côté, l'honneur, la naissance, la patrie, la religion, et de l'autre, l'amour le plus tendre et le plus malheureux, les mœurs des mahométans et celles des chrétiens, la cour d'un soudan et celle d'un roi de France, et de faire paraître pour la première fois des Français sur la scène tragique. Je n'ai pris dans l'histoire que l'époque de la guerre de saint Louis ; tout le reste est entièrement d'invention. L'idée de cette pièce étant si neuve et si fertile, s'arrangea d'elle-même ; et, au lieu que le plan d'*Ériphile* m'avait beaucoup coûté, celui de *Zaïre* fut fait en un seul jour ; et l'imagination, échauffée par l'intérêt qui régnait dans ce plan, acheva la pièce en vingt-deux jours.

Il entre peut-être un peu de vanité dans cet aveu (car où est l'artiste sans amour-propre ?), mais je devais cette excuse au public, des fautes et des négligences qu'on a trouvées dans ma tragédie. Il aurait été mieux sans doute d'attendre à la faire représenter que j'en eusse châtié le style ; mais des raisons dont il est inutile de fatiguer le public n'ont pas permis qu'on différât. Voici, monsieur, le sujet de cette pièce.

La Palestine avait été enlevée aux princes chrétiens par le conquérant Saladin. Noradin, Tartare d'origine, s'en était ensuite rendu maître. Orosmane, fils de Noradin, jeune homme plein de grandeur, de vertus et de passions, commençait à régner avec gloire dans Jérusalem. Il avait porté sur le trône de la Syrie la franchise et l'esprit de liberté de ses ancêtres. Il méprisait les règles austères du serail, et n'affectait point de se rendre invisible aux étrangers et à ses sujets, pour devenir plus respectable. Il traitait avec douceur les esclaves chrétiens dont son sérail et ses états étaient remplis. Parmi ses esclaves il s'était trouvé un enfant pris autrefois au sac de Césarée, sous le règne de Noradin. Cet enfant ayant été racheté par des chrétiens à l'âge de neuf ans, avait été amené en France au roi saint Louis, qui avait daigné prendre soin de son éducation et de sa fortune. Il avait pris en France le nom de Nérestan; et étant retourné en Syrie, il avait été fait prisonnier encore une fois, et avait été renfermé parmi les esclaves d'Orosmane. Il retrouva dans la captivité une jeune personne avec qui il avait été prisonnier dans son enfance, lorsque les chrétiens avaient perdu Césarée. Cette jeune personne, à qui on avait donné le nom de *Zaïre*, ignorait sa naissance, aussi bien que Nérestan et que tous ces enfans de tribut qui sont enlevés de bonne heure des mains de leurs parens, et qui ne connaissent de famille et de patrie que le sérail. Zaïre savait seulement qu'elle était née chrétienne; Nérestan et quelques autres esclaves, un peu plus âgés qu'elle, l'en assuraient. Elle avait toujours conservé un ornement qui renfermait une croix, seule preuve qu'elle eût de sa religion. Une autre esclave, nommée Fatime, née chrétienne, et mise au sérail à l'âge de dix ans, tâchait d'instruire Zaïre du peu qu'elle savait de la religion de ses pères. Le jeune Nérestan, qui avait la liberté de voir Zaïre et Fatime, animé du zèle qu'avaient alors les chevaliers français, touché d'ailleurs pour Zaïre de la plus tendre amitié, la disposait au christianisme. Il se proposa de racheter Zaïre, Fatime et dix chevaliers chrétiens, du bien qu'il avait acquis en France, et de les amener à la cour de saint Louis. Il eut la hardiesse de demander au soudan Orosmane la permission de retourner en France sur sa seule parole, et le soudan eut la générosité de le permettre. Nérestan partit, et fut deux ans hors de Jérusalem.

Cependant la beauté de Zaïre croissait avec son âge, et la naïveté touchante de son caractère la rendait encore plus aimable que sa beauté. Orosmane la vit et lui parla. Un cœur comme le sien ne pouvait l'aimer qu'éperdument. Il résolut de bannir la mollesse qui avait efféminé tant de rois de l'Asie, et d'avoir dans Zaïre une amie, une maîtresse, une femme qui lui tiendrait lieu de tous les plaisirs, et qui partagerait son cœur avec les devoirs d'un prince et d'un guerrier. Les faibles idées du christianisme, tracées à peine dans le cœur de Zaïre, s'évanouirent bientôt à la vue du soudan; elle l'aima autant qu'elle en était aimée, sans que l'ambition se mêlât en rien à la pureté de sa tendresse.

Nérestan ne revenait point de France. Zaïre ne voyait qu'Orosmane et son amour; elle était près d'épouser le sultan lorsque le jeune Français arriva. Orosmane le fait entrer en présence même de Zaïre. Nérestan apportait avec la rançon de Zaïre et de Fatime celle de dix chevaliers qu'il devait choisir. « J'ai « satisfait à mes sermens, dit-il au soudan : c'est à toi de tenir « ta promesse, de me remettre Zaïre, Fatime et les dix che- « valiers; mais apprends que j'ai épuisé ma fortune à payer « leur rançon : *Une pauvreté noble est tout ce qui me reste* ; je « viens me remettre dans tes fers. » Le soudan, satisfait du grand courage de ce chrétien, et né pour être plus généreux encore, lui rendit toutes les rançons qu'il apportait, lui donna cent chevaliers au lieu de dix, et le combla de présens; mais il lui fit entendre que Zaïre n'était pas faite pour être rachetée, et qu'elle était d'un prix au dessus de toute rançon. Il refusa aussi de lui rendre, parmi les chevaliers qu'il délivrait, un prince de Lusignan, fait esclave depuis long-temps dans Césarée.

Ce Lusignan, le dernier de la branche des rois de Jérusalem, était un vieillard respecté dans l'Orient, l'amour de tous les chrétiens, et dont le nom seul pouvait être dangereux aux Sarrasins. C'était lui principalement que Nérestan avait voulu racheter; il parut devant Orosmane, accablé du refus qu'on lui fesait de Lusignan et de Zaïre; le soudan remarqua ce trouble; il sentit dès ce moment un commencement de jalousie que la générosité de son caractère lui fit étouffer ; cependant il ordonna que les cent chevaliers fussent prêts à partir le lendemain avec Nérestan.

Zaïre, sur le point d'être sultane, voulut donner au moins

à Nérestan une preuve de sa reconnaissance ; elle se jette aux pieds d'Orosmane pour obtenir la liberté du vieux Lusignan. Orosmane ne pouvait rien refuser à Zaïre ; on alla tirer Lusignan des fers. Les chrétiens délivrés étaient avec Nérestan dans les appartemens extérieurs du sérail ; ils pleuraient la destinée de Lusignan : surtout le chevalier de Chatillon, ami tendre de ce malheureux prince, ne pouvait se résoudre à accepter une liberté qu'on refusait à son ami et à son maître, lorsque Zaïre arrive, et leur amène celui qu'ils n'espéraient plus.

Lusignan, ébloui de la lumière qu'il revoyait après vingt années de prison, pouvant se soutenir à peine, ne sachant où il est et où on le conduit, voyant enfin qu'il était avec des Français, et reconnaissant Chatillon, s'abandonne à cette joie mêlée d'amertume que les malheureux éprouvent dans leur consolation. Il demande à qui il doit sa délivrance. Zaïre prend la parole en lui présentant Nérestan : « C'est à ce jeune « Français, dit-elle, que vous et tous les chrétiens devez votre « liberté. » Alors le vieillard apprend que Nérestan a été élevé dans le sérail avec Zaïre ; et se tournant vers eux : « Hélas ! « dit-il, puisque vous avez pitié de mes malheurs, achevez « votre ouvrage ; instruisez-moi du sort de mes enfans. Deux « me furent enlevés au berceau, lorsque je fus pris dans Cé- « sarée ; deux autres furent massacrés devant moi avec leur « mère. O mes fils ! ô martyrs ! veillez du haut du ciel sur mes « autres enfans, s'ils sont vivans encore. Hélas ! j'ai su que « mon dernier fils et ma fille furent conduits dans ce sérail. « Vous qui m'écoutez, Nérestan, Zaïre, Chatillon, n'avez- « vous nulle connaissance de ces tristes restes du sang de « Godefroi et de Lusignan ? »

Au milieu de ces questions, qui déjà remuaient le cœur de Nérestan et de Zaïre, Lusignan aperçut au bras de Zaïre un ornement qui renfermait une croix : il se ressouvint que l'on avait mis cette parure à sa fille lorsqu'on la portait au baptême ; Chatillon l'en avait ornée lui-même, et Zaïre avait été arrachée de ses bras avant que d'être baptisée. La ressemblance des traits, l'âge, toutes les circonstances, une cicatrice de la blessure que son jeune fils avait reçue, tout confirme à Lusignan qu'il est père encore; et la nature parlant à la fois au cœur de tous les trois, et s'expliquant par des larmes : « Embrassez-moi, mes chers enfans, s'écria Lusignan, « et revoyez votre père. » Zaïre et Nérestan ne pouvaient s'arracher de ses bras. « Mais, hélas! dit ce vieillard infortuné, « goûterai-je une joie pure? Grand Dieu, qui me rends ma « fille, me la rends-tu chrétienne? » Zaïre rougit et frémit à ces paroles. Lusignan vit sa honte et son malheur, et Zaïre avoua qu'elle était musulmane. La douleur, la religion et la nature donnèrent en ce moment des forces à Lusignan; il embrassa sa fille, et lui montrant d'une main le tombeau de Jésus-Christ, et le ciel de l'autre, animé de son désespoir, de son zèle, aidé de tant de chrétiens, de son fils et du Dieu qui l'inspire, il touche sa fille, il l'ébranle; elle se jette à ses pieds, et lui promet d'être chrétienne.

Au moment arrive un officier du sérail qui sépare Zaïre de son père et de son frère, et qui arrête tous les chevaliers français. Cette rigueur inopinée était le fruit d'un conseil qu'on venait de tenir en présence d'Orosmane. La flotte de saint Louis était partie de Chypre, et on craignait pour les côtes de Syrie; mais un second courrier ayant apporté la nouvelle du départ de saint Louis pour l'Égypte, Orosmane fut rassuré; il était lui-même ennemi du soudan d'Égypte. Ainsi n'ayant rien à craindre ni du roi, ni des Français qui étaient à Jérusalem, il commanda qu'on les renvoyât à leur roi, et ne songea plus qu'à réparer, par la pompe et la magnificence de son mariage, la rigueur dont il avait usé envers Zaïre.

Pendant que le mariage se préparait, Zaïre désolée demanda au soudan la permission de revoir Nérestan encore une fois. Orosmane, trop heureux de trouver une occasion de plaire à Zaïre, eut l'indulgence de permettre cette entrevue. Nérestan revit donc Zaïre, mais ce fut pour lui apprendre que son père était près d'expirer, qu'il mourait entre la joie d'avoir retrouvé ses enfans et l'amertume d'ignorer si Zaïre serait chrétienne, et qu'il lui ordonnait en mourant d'être baptisée ce jour-là même de la main du pontife de Jérusalem. Zaïre attendrie et vaincue promit tout, et jura à son frère qu'elle ne trahirait point le sang dont elle était née, qu'elle serait chrétienne, qu'elle n'épouserait point Orosmane, qu'elle ne prendrait aucun parti avant que d'avoir été baptisée.

A peine avait-elle prononcé ce serment, qu'Orosmane, plus amoureux et plus aimé que jamais, vient la prendre pour la conduire à la mosquée. Jamais on n'eut le cœur plus déchiré que Zaïre; elle était partagée entre son Dieu, sa famille et son nom, qui la retenaient, et le plus aimable de tous les hommes qui l'adorait. Elle ne se connut plus; elle céda à la douleur, et s'échappa des mains de son amant, le quittant avec désespoir, et le laissant dans l'accablement de la surprise, de la douleur et de la colère.

Les impressions de jalousie se réveillèrent dans le cœur d'Orosmane. L'orgueil les empêcha de paraître, et l'amour les adoucit. Il prit la fuite de Zaïre pour un caprice, pour un artifice innocent, pour la crainte naturelle à une jeune fille, pour toute autre chose enfin que pour une trahison. Il vit encore Zaïre, lui pardonna et l'aima plus que jamais. L'amour de Zaïre augmentait par la tendresse indulgente de son amant. Elle se jette en larmes à ses genoux, le supplie de différer le mariage jusqu'au lendemain. Elle comptait que son frère serait alors parti, qu'elle aurait reçu le baptême, que Dieu lui donnerait la force de résister : elle se flattait même quelquefois que la religion chrétienne lui permettrait d'aimer un homme si tendre, si généreux, si vertueux, à qui il ne manquait que d'être chrétien. Frappée de toutes ces idées, elle parlait à Orosmane avec une tendresse si naïve et une douleur si vraie qu'Orosmane céda encore, et lui accorda le sacrifice de vivre sans elle ce jour-là. Il était sûr d'être aimé; il était heureux dans cette idée, et fermait les yeux sur le reste.

Cependant, dans les premiers mouvemens de jalousie, il

avait ordonné que le sérail fût fermé à tous les chrétiens. Nérestan, trouvant le sérail fermé, et n'en soupçonnant pas la cause, écrivit une lettre pressante à Zaïre : il lui mandait d'ouvrir une porte secrète qui conduisait vers la mosquée, et lui recommandait d'être fidèle.

La lettre tomba entre les mains d'un garde qui la porta à Orosmane. Le soudan en crut à peine ses yeux. Il se vit trahi; il ne douta pas de son malheur et du crime de Zaïre. Avoir comblé un étranger, un captif, de bienfaits; avoir donné son cœur, sa couronne à une fille esclave, lui avoir tout sacrifié, ne vivre que pour elle, et en être trahi pour ce captif même; être trompé par les apparences du plus tendre amour; éprouver en un moment ce que l'amour a de plus violent, ce que l'ingratitude a de plus noir, ce que la perfidie a de plus traître, c'était sans doute un état horrible : mais Orosmane aimait, et il souhaitait de trouver Zaïre innocente. Il lui fait rendre ce billet par un esclave inconnu. Il se flatte que Zaïre pouvait ne point écouter Nérestan; Nérestan seul lui paraissait coupable. Il ordonne qu'on l'arrête et qu'on l'enchaîne, et il va à l'heure et à la place du rendez-vous, attendre l'effet de la lettre.

La lettre est rendue à Zaïre, elle la lit en tremblant; et après avoir long-temps hésité, elle dit enfin à l'esclave qu'elle attendra Nérestan, et donne ordre qu'on l'introduise. L'esclave rend compte de tout à Orosmane.

Le malheureux soudan tombe dans l'excès d'une douleur mêlée de fureur et de larmes. Il tire son poignard, et il pleure. Zaïre vient au rendez-vous dans l'obscurité de la nuit. Orosmane entend sa voix, et son poignard lui échappe. Elle approche, elle appelle Nérestan, et à ce nom Orosmane la poignarde.

Dans l'instant on lui amène Nérestan enchaîné, avec Fatime, complice de Zaïre. Orosmane, hors de lui, s'adresse à Nérestan, en le nommant son rival : « C'est toi qui m'arraches « Zaïre, dit-il; regarde-la avant que de mourir; que ton sup-

« plice commence avec le sien ; regarde-la, te dis-je. » Nérestan approche de ce corps expirant : « Ah, que vois-je! ah, « ma sœur! Barbare, qu'as-tu fait... » A ce mot de sœur, Orosmane est comme un homme qui revient d'un songe funeste ; il connaît son erreur ; il voit ce qu'il a perdu ; il s'est trop abymé dans l'horreur de son état pour se plaindre. Nérestan et Fatime lui parlent; mais de tout ce qu'ils disent il n'entend autre chose sinon qu'il était aimé. Il prononce le nom de Zaïre, il court à elle ; on l'arrête, il retombe dans l'engourdissement de son désespoir. « Qu'ordonnes-tu de moi? » lui dit Nérestan. Le soudan, après un long silence, fait ôter les fers à Nérestan, le comble de largesses, lui et tous les chrétiens, et se tue auprès de Zaïre.

Voilà, monsieur, le plan exact de la conduite de cette tragédie que j'expose avec toutes ses fautes. Je suis bien loin de m'enorgueillir du succès passager de quelques représentations. Qui ne connaît l'illusion du théâtre? qui ne sait qu'une situation intéressante, mais triviale, une nouveauté brillante et hasardée, la seule voix d'une actrice, suffisent pour tromper quelque temps le public? Quelle distance immense entre un ouvrage souffert au théâtre et un bon ouvrage ! j'en sens malheureusement toute la différence. Je vois combien il est difficile de réussir au gré des connaisseurs. Je ne suis pas plus indulgent qu'eux pour moi-même; et si j'ose travailler, c'est que mon goût extrême pour cet art l'emporte encore sur la connaissance que j'ai de mon peu de talent.

PERSONNAGES.

OROSMANE, soudan de Jérusalem.
LUSIGNAN, prince du sang des rois de Jérusalem.
ZAIRE,
FATIME, } esclaves du soudan.
NÉRESTAN,
CHATILLON, } chevaliers français.
CORASMIN,
MÉLÉDOR, } officiers du soudan.
Un esclave.
Suite.

La scène est au sérail de Jérusalem.

ZAIRE,

TRAGÉDIE.

ACTE PREMIER.

SCÈNE I.

ZAIRE, FATIME.

FATIME.
Je ne m'attendais pas, jeune et belle Zaïre,
Aux nouveaux sentimens que ce lieu vous inspire.
Quel espoir si flatteur, ou quels heureux destins
De vos jours ténébreux ont fait des jours sereins?
La paix de votre cœur augmente avec vos charmes.
Cet éclat de vos yeux n'est plus terni de larmes;
Vous ne les tournez plus vers ces heureux climats
Où ce brave Français devait guider nos pas!
Vous ne me parlez plus de ces belles contrées
Où d'un peuple poli les femmes adorées
Reçoivent cet encens que l'on doit à vos yeux,
Compagnes d'un époux et reines en tous lieux,
Libres sans déshonneur et sages sans contrainte,
Et ne devant jamais leurs vertus à la crainte!
Ne soupirez-vous plus pour cette liberté?

Le sérail d'un soudan, sa triste austérité,
Ce nom d'esclave enfin, n'ont-ils rien qui vous gêne?
Préférez-vous Solyme aux rives de la Seine?

ZAÏRE.

On ne peut désirer ce qu'on ne connaît pas.
Sur les bords du Jourdain le ciel fixa nos pas.
Au sérail des soudans dès l'enfance enfermée,
Chaque jour ma raison s'y voit accoutumée.
Le reste de la terre, anéanti pour moi,
M'abandonne au soudan qui nous tient sous sa loi;
Je ne connais que lui, sa gloire, sa puissance :
Vivre sous Orosmane est ma seule espérance,
Le reste est un vain songe.

FATIME.

     Avez-vous oublié
Ce généreux Français, dont la tendre amitié
Nous promit si souvent de rompre notre chaîne?
Combien nous admirions son audace hautaine!
Quelle gloire il acquit dans ces tristes combats
Perdus par les chrétiens sous les murs de Damas!
Orosmane vainqueur, admirant son courage,
Le laissa sur sa foi partir de ce rivage.
Nous l'attendons encor; sa générosité
Devait payer le prix de notre liberté.
N'en aurions-nous conçu qu'une vaine espérance?

ZAÏRE.

Peut-être sa promesse a passé sa puissance.
Depuis plus de deux ans il n'est point revenu.
Un étranger, Fatime, un captif inconnu,
Promet beaucoup, tient peu; permet à son courage

ACTE I, SCÈNE I.

Des sermens indiscrets pour sortir d'esclavage.
Il devait délivrer dix chevaliers chrétiens,
Venir rompre leurs fers, ou reprendre les siens :
J'admirai trop en lui cet inutile zèle;
Il n'y faut plus penser.

FATIME.

Mais s'il était fidèle,
S'il revenait enfin dégager ses sermens,
Ne voudriez-vous pas...

ZAÏRE.

Fatime, il n'est plus temps.
Tout est changé...

FATIME.

Comment? que prétendez-vous dire?

ZAÏRE.

Va, c'est trop te céler le destin de Zaïre;
Le secret du soudan doit encor se cacher;
Mais mon cœur dans le tien se plaît à s'épancher.
Depuis près de trois mois qu'avec d'autres captives
On te fit du Jourdain abandonner les rives,
Le ciel, pour terminer les malheurs de nos jours,
D'une main plus puissante a choisi le secours.
Ce superbe Orosmane...

FATIME.

Hé bien?

ZAÏRE.

Ce soudan même,
Ce vainqueur des chrétiens... chère Fatime... il m'ai-
Tu rougis... je t'entends... garde-toi de penser [me...

Qu'à briguer ses soupirs je puisse m'abaisser ;
Que d'un maître absolu la superbe tendresse
M'offre l'honneur honteux du rang de sa maîtresse,
Et que j'essuie enfin l'outrage et le danger
Du malheureux éclat d'un amour passager.
Cette fierté qu'en nous soutient la modestie,
Dans mon cœur à ce point ne s'est pas démentie.
Plutôt que jusque-là j'abaisse mon orgueil,
Je verrais sans pâlir les fers et le cercueil.
Je m'en vais t'étonner ; son superbe courage
A mes faibles appas présente un pur hommage :
Parmi tous ces objets à lui plaire empressés,
J'ai fixé ses regards à moi seule adressés ;
Et l'hymen, confondant leurs intrigues fatales,
Me soumettra bientôt son cœur et mes rivales.

FATIME.

Vos appas, vos vertus, sont dignes de ce prix,
Mon cœur en est flatté plus qu'il n'en est surpris.
Que vos félicités, s'il se peut, soient parfaites !
Je me vois avec joie au rang de vos sujettes.

ZAÏRE.

Sois toujours mon égale, et goûte mon bonheur ;
Avec toi partagé, je sens mieux sa douceur.

FATIME.

Hélas ! puisse le ciel souffrir cet hyménée !
Puisse cette grandeur qui vous est destinée,
Qu'on nomme si souvent du faux nom de bonheur,
Ne point laisser de trouble au fond de votre cœur !
N'est-il point en secret de frein qui vous retienne ?
Ne vous souvient-il plus que vous fûtes chrétienne ?

ZAÏRE.

Ah! que dis-tu? pourquoi rappeler mes ennuis?
Chère Fatime, hélas! sais-je ce que je suis?
Le ciel m'a-t-il jamais permis de me connaître?
Ne m'a-t-il pas caché le sang qui m'a fait naître?

FATIME.

Nérestan, qui naquit non loin de ce séjour,
Vous dit que d'un chrétien vous reçûtes le jour.
Que dis-je! cette croix qui sur vous fut trouvée,
Parure de l'enfance, avec soin conservée,
Ce signe des chrétiens, que l'art dérobe aux yeux
Sous le brillant éclat d'un travail précieux;
Cette croix, dont cent fois mes soins vous ont parée,
Peut-être entre vos mains est-elle demeurée
Comme un gage secret de la fidélité
Que vous deviez au Dieu que vous avez quitté.

ZAÏRE.

Je n'ai point d'autre preuve; et mon cœur qui s'ignore
Peut-il admettre un Dieu que mon amant abhorre *?
La coutume, la loi plia mes premiers ans
A la religion des heureux musulmans.
Je le vois trop: les soins qu'on prend de notre enfance
Forment nos sentimens, nos mœurs, notre croyance
J'eusse été près du Gange esclave des faux dieux,
Chrétienne dans Paris, musulmane en ces lieux.
L'instruction fait tout; et la main de nos pères
Grave en nos faibles cœurs ces premiers caractères,
Que l'exemple et le temps nous viennent retracer,
Et que peut-être en nous Dieu seul peut effacer.
Prisonnière en ces lieux, tu n'y fus renfermée

Que lorsque ta raison, par l'âge confirmée,
Pour éclairer ta foi te prêtait son flambeau :
Pour moi, des Sarrasins esclave en mon berceau,
La foi de nos chrétiens me fut trop tard connue.
Contre elle cependant loin d'être prévenue,
Cette croix, je l'avoue, a souvent malgré moi
Saisi mon cœur surpris de respect et d'effroi :
J'osais l'invoquer même avant qu'en ma pensée
D'Orosmane en secret l'image fût tracée.
J'honore, je chéris ces charitables lois
Dont ici Nérestan me parla tant de fois ;
Ces lois qui, de la terre écartant les misères,
Des humains attendris font un peuple de frères ;
Obligés de s'aimer, sans doute ils sont heureux.

FATIME.

Pourquoi donc aujourd'hui vous déclarer contre eux ?
A la loi musulmane à jamais asservie,
Vous allez des chrétiens devenir l'ennemie ;
Vous allez épouser leur superbe vainqueur.

ZAÏRE.

Qui lui refuserait le présent de son cœur ?
De toute ma faiblesse il faut que je convienne ;
Peut-être sans l'amour j'aurais été chrétienne ;
Peut-être qu'à ta loi j'aurais sacrifié :
Mais Orosmane m'aime, et j'ai tout oublié.
Je ne vois qu'Orosmane, et mon ame enivrée
Se remplit du bonheur de s'en voir adorée.
Mets-toi devant les yeux sa grace, ses exploits ;
Songe à ce bras puissant, vainqueur de tant de rois ;
A cet aimable front que la gloire environne :

Je ne te parle point du sceptre qu'il me donne.
Non, la reconnaissance est un faible retour,
Un tribut offensant, trop peu fait pour l'amour.
Mon cœur aime Orosmane, et non son diadème [1];
Chère Fatime, en lui je n'aime que lui-même.
Peut-être j'en crois trop un penchant si flatteur;
Mais si le ciel, sur lui déployant sa rigueur,
Aux fers que j'ai portés eût condamné sa vie,
Si le ciel sous mes lois eût rangé la Syrie,
Ou mon amour me trompe, ou Zaïre aujourd'hui
Pour l'élever à soi descendrait jusqu'à lui.

FATIME.

On marche vers ces lieux; sans doute c'est lui-même.

ZAÏRE.

Mon cœur, qui le prévient, m'annonce ce que j'aime.
Depuis deux jours, Fatime, absent de ce palais,
Enfin son tendre amour le rend à mes souhaits.

SCÈNE II.

OROSMANE, ZAIRE, FATIME.

OROSMANE.

Vertueuse Zaïre, avant que l'hyménée
Joigne à jamais nos cœurs et notre destinée,
J'ai cru, sur mes projets, sur vous, sur mon amour,
Devoir en musulman vous parler sans détour.
Les soudans qu'à genoux cet univers contemple,
Leurs usages, leurs droits, ne sont point mon exemple;
Je sais que notre loi, favorable aux plaisirs,

Ouvre un champ sans limite à nos vastes désirs ;
Que je puis à mon gré, prodiguant mes tendresses,
Recevoir à mes pieds l'encens de mes maîtresses ;
Et tranquille au sérail, dictant mes volontés,
Gouverner mon pays du sein des voluptés.
Mais la mollesse est douce, et sa suite est cruelle ;
Je vois autour de moi cent rois vaincus par elle ;
Je vois de Mahomet ces lâches successeurs,
Ces califes tremblans dans leurs tristes grandeurs,
Couchés sur les débris de l'autel et du trône,
Sous un nom sans pouvoir languir dans Babylone :
Eux qui seraient encore, ainsi que leurs aïeux,
Maîtres du monde entier, s'ils l'avaient été d'eux.
Bouillon leur arracha Solyme et la Syrie ;
Mais bientôt pour punir une secte ennemie,
Dieu suscita le bras du puissant Saladin ;
Mon père, après sa mort, asservit le Jourdain ;
Et moi, faible héritier de sa grandeur nouvelle,
Maître encore incertain d'un état qui chancelle,
Je vois ces fiers chrétiens, de rapine altérés,
Des bords de l'Occident vers nos bords attirés ;
Et lorsque la trompette et la voix de la guerre
Du Nil au Pont-Euxin font retentir la terre,
Je n'irai point, en proie à de lâches amours,
Aux langueurs d'un sérail abandonner mes jours.
J'atteste ici la gloire, et Zaïre, et ma flamme,
De ne choisir que vous pour maîtresse et pour femme,
De vivre votre ami, votre amant, votre époux,
De partager mon cœur entre la guerre et vous.
Ne croyez pas non plus que mon honneur confie

La vertu d'une épouse à ces monstres d'Asie,
Du sérail des soudans gardes injurieux,
Et des plaisirs d'un maître esclaves odieux.
Je sais vous estimer autant que je vous aime,
Et sur votre vertu me fier à vous-même.
Après un tel aveu, vous connaissez mon cœur ;
Vous sentez qu'en vous seule il a mis son bonheur.
Vous comprenez assez quelle amertume affreuse
Corromprait de mes jours la durée odieuse,
Si vous ne receviez les dons que je vous fais
Qu'avec ces sentimens que l'on doit aux bienfaits.
Je vous aime, Zaïre, et j'attends de votre ame
Un amour qui réponde à ma brûlante flamme.
Je l'avouerai, mon cœur ne veut rien qu'ardemment ;
Je me croirais haï d'être aimé faiblement.
De tous mes sentimens tel est le caractère.
Je veux avec excès vous aimer et vous plaire.
Si d'un égal amour votre cœur est épris,
Je viens vous épouser, mais c'est à ce seul prix ;
Et du nœud de l'hymen l'étreinte dangereuse
Me rend infortuné, s'il ne vous rend heureuse.

ZAÏRE.

Vous, seigneur, malheureux ! Ah ! si votre grand cœur
A sur mes sentimens pu fonder son bonheur,
S'il dépend en effet de mes flammes secrètes,
Quel mortel fut jamais plus heureux que vous l'êtes !
Ces noms chers et sacrés et d'amant et d'époux,
Ces noms nous sont communs : et j'ai par dessus vous
Ce plaisir si flatteur à ma tendresse extrême,
De tenir tout, seigneur, du bienfaiteur que j'aime ;

De voir que ses bontés font seules mes destins ;
D'être l'ouvrage heureux de ses augustes mains ;
De révérer, d'aimer un héros que j'admire.
Oui, si parmi les cœurs soumis à votre empire,
Vos yeux ont discerné les hommages du mien,
Si votre auguste choix...

SCÈNE III.

OROSMANE, ZAIRE, FATIME, CORASMIN.

CORASMIN.

Cet esclave chrétien,
Qui sur sa foi, seigneur, a passé dans la France,
Revient au moment même, et demande audience.

FATIME.

O ciel !

OROSMANE.

Il peut entrer. Pourquoi ne vient-il pas ?

CORASMIN.

Dans la première enceinte il arrête ses pas.
Seigneur, je n'ai pas cru qu'aux regards de son maître
Dans ces augustes lieux un chrétien pût paraître.

OROSMANE.

Qu'il paraisse. En tous lieux, sans manquer de respect,
Chacun peut désormais jouir de mon aspect.
Je vois avec mépris ces maximes terribles
Qui font de tant de rois des tyrans invisibles.

SCÈNE IV.

OROSMANE, ZAIRE, FATIME, CORASMIN,
NÉRESTAN.

NÉRESTAN.
Respectable ennemi qu'estiment les chrétiens,
Je reviens dégager mes sermens et les tiens ;
J'ai satisfait à tout ; c'est à toi d'y souscrire ;
Je te fais apporter la rançon de Zaïre,
Et celle de Fatime, et de dix chevaliers,
Dans les murs de Solyme illustres prisonniers.
Leur liberté par moi trop long-temps retardée,
Quand je reparaîtrais leur dut être accordée :
Sultan, tiens ta parole ; ils ne sont plus à toi,
Et dès ce moment même ils sont libres par moi.
Mais, graces à mes soins, quand leur chaîne est brisée,
A t'en payer le prix ma fortune épuisée,
Je ne le cèle pas, m'ôte l'espoir heureux
De faire ici pour moi ce que je fais pour eux.
Une pauvreté noble est tout ce qui me reste.
J'arrache des chrétiens à leur prison funeste ;
Je remplis mes sermens, mon honneur, mon devoir ;
Il me suffit : je viens me mettre en ton pouvoir ;
Je me rends prisonnier, et demeure en otage.
OROSMANE.
Chrétien, je suis content de ton noble courage ;
Mais ton orgueil ici se serait-il flatté
D'effacer Orosmane en générosité ?

Reprends ta liberté, remporte tes richesses,
A l'or de ces rançons joins mes justes largesses,
Au lieu de dix chrétiens que je dus t'accorder,
Je t'en veux donner cent; tu les peux demander.
Qu'ils aillent sur tes pas apprendre à ta patrie
Qu'il est quelques vertus au fond de la Syrie;
Qu'ils jugent en partant qui méritait le mieux,
Des Français ou de moi, l'empire de ces lieux [b].
Mais parmi ces chrétiens que ma bonté délivre,
Lusignan ne fut point réservé pour te suivre :
De ceux qu'on peut te rendre il est seul excepté;
Son nom serait suspect à mon autorité :
Il est du sang français qui régnait à Solyme;
On sait son droit au trône, et ce droit est un crime.
Du destin qui fait tout, tel est l'arrêt cruel :
Si j'eusse été vaincu, je serais criminel.
Lusignan dans les fers finira sa carrière,
Et jamais du soleil ne verra la lumière.
Je le plains, mais pardonne à la nécessité
Ce reste de vengeance et de sévérité.
Pour Zaïre, crois-moi, sans que ton cœur s'offense,
Elle n'est pas d'un prix qui soit en ta puissance;
Tes chevaliers français, et tous leurs souverains,
S'uniraient vainement pour l'ôter de mes mains;
Tu peux partir.

NÉRESTAN.

Qu'entends-je! Elle naquit chrétienne.
J'ai pour la délivrer ta parole et la sienne;
Et quant à Lusignan, ce vieillard malheureux,
Pourrait-il...

OROSMANE.

Je t'ai dit, chrétien, que je le veux.
J'honore ta vertu; mais cette humeur altière,
Se fesant estimer, commence à me déplaire :
Sors, et que le soleil levé sur mes états,
Demain près du Jourdain ne te retrouve pas.

(Nérestan sort.)

FATIME.

O Dieu, secourez-nous!

OROSMANE.

Et vous, allez, Zaïre,
Prenez dans le sérail un souverain empire;
Commandez en sultane, et je vais ordonner
La pompe d'un hymen qui vous doit couronner.

SCÈNE V.

OROSMANE, CORASMIN.

OROSMANE.

Corasmin, que veut donc cet esclave infidèle?
Il soupirait... ses yeux se sont tournés vers elle,
Les as-tu remarqués?

CORASMIN.

Que dites-vous, seigneur?
De ce soupçon jaloux écoutez-vous l'erreur?

OROSMANE.

Moi, jaloux! qu'à ce point ma fierté s'avilisse!
Que j'éprouve l'horreur de ce honteux supplice!
Moi, que je puisse aimer comme l'on sait haïr [2] !

Quiconque est soupçonneux invite à le trahir.
Je vois à l'amour seul ma maîtresse asservie;
Cher Corasmin, je l'aime avec idolâtrie :
Mon amour est plus fort, plus grand que mes bienfaits.
Je ne suis point jaloux... si je l'étais jamais...
Si mon cœur... Ah! chassons cette importune idée :
D'un plaisir pur et doux mon ame est possédée.
Va, fais tout préparer pour ces momens heureux
Qui vont joindre ma vie à l'objet de mes vœux.
Je vais donner une heure aux soins de mon empire,
Et le reste du jour sera tout à Zaïre.

FIN DU PREMIER ACTE.

ACTE SECOND.

SCÈNE I.

NÉRESTAN, CHATILLON.

CHATILLON.
O brave Nérestan, chevalier généreux,
Vous qui brisez les fers de tant de malheureux,
Vous, sauveur des chrétiens, qu'un Dieu sauveur en-
Paraissez, montrez-vous, goûtez la douce joie [voie,
De voir nos compagnons pleurant à vos genoux,
Baiser l'heureuse main qui nous délivre tous.
Aux portes du sérail en foule ils vous demandent;
Ne privez point leurs yeux du héros qu'ils attendent,
Et qu'unis à jamais sous notre bienfaiteur...
NÉRESTAN.
Illustre Chatillon, modérez cet honneur;
J'ai rempli d'un Français le devoir ordinaire;
J'ai fait ce qu'à ma place on vous aurait vu faire.
CHATILLON.
Sans doute; et tout chrétien, tout digne chevalier,
Pour sa religion se doit sacrifier;
Et la félicité des cœurs tels que les nôtres
Consiste à tout quitter pour le bonheur des autres.
Heureux à qui le ciel a donné le pouvoir

De remplir comme vous un si noble devoir !
Pour nous, tristes jouets du sort qui nous opprime,
Nous, malheureux Français, esclaves dans Solyme,
Oubliés dans les fers, où long-temps, sans secours,
Le père d'Orosmane abandonna nos jours,
Jamais nos yeux sans vous ne reverraient la France.

NÉRESTAN.

Dieu s'est servi de moi, seigneur ; sa providence
De ce jeune Orosmane a fléchi la rigueur.
Mais quel triste mélange altère ce bonheur !
Que de ce fier soudan la clémence odieuse
Répand sur ses bienfaits une amertume affreuse !
Dieu me voit et m'entend ; il sait si dans mon cœur
J'avais d'autres projets que ceux de sa grandeur.
Je fesais tout pour lui : j'espérais de lui rendre
Une jeune beauté qu'à l'âge le plus tendre
Le cruel Noradin fit esclave avec moi,
Lorsque les ennemis de notre auguste foi,
Baignant de notre sang la Syrie enivrée,
Surprirent Lusignan vaincu dans Césarée.
Du sérail des sultans sauvé par des chrétiens,
Remis depuis trois ans dans mes premiers liens,
Renvoyé dans Paris sur ma seule parole,
Seigneur, je me flattais, espérance frivole !
De ramener Zaïre à cette heureuse cour
Où Louis des vertus a fixé le séjour.
Déja même la reine, à mon zèle propice,
Lui tendait de son trône une main protectrice.
Enfin, lorsqu'elle touche au moment souhaité
Qui la tirait du sein de la captivité,

ACTE II, SCÈNE I.

On la retient... Que dis-je... Ah! Zaïre elle-même,
Oubliant les chrétiens pour ce soudan qui l'aime...
N'y pensons plus... Seigneur, un refus plus cruel
Vient m'accabler encor d'un déplaisir mortel ;
Des chrétiens malheureux l'espérance est trahie.

CHATILLON.

Je vous offre pour eux ma liberté, ma vie ;
Disposez-en, seigneur, elle vous appartient.

NÉRESTAN.

Seigneur, ce Lusignan, qu'à Solyme on retient,
Ce dernier d'une race en héros si féconde,
Ce guerrier dont la gloire avait rempli le monde,
Ce héros malheureux, de Bouillon descendu,
Aux soupirs des chrétiens ne sera point rendu.

CHATILLON.

Seigneur, s'il est ainsi, votre faveur est vaine :
Quel indigne soldat voudrait briser sa chaîne,
Alors que dans les fers son chef est retenu ?
Lusignan, comme à moi, ne vous est pas connu.
Seigneur, remerciez le ciel, dont la clémence
A pour votre bonheur placé votre naissance
Long-temps après ces jours à jamais détestés,
Après ces jours de sang et de calamités,
Où je vis sous le joug de nos barbares maîtres
Tomber ces murs sacrés conquis par nos ancêtres.
Ciel! si vous aviez vu ce temple abandonné,
Du Dieu que nous servons le tombeau profané,
Nos pères, nos enfans, nos filles et nos femmes,
Au pied de nos autels expirant dans les flammes,
Et notre dernier roi, courbé du faix des ans,

Massacré sans pitié sur ses fils expirans !
Lusignan, le dernier de cette auguste race,
Dans ces momens affreux ranimant notre audace,
Au milieu des débris des temples renversés,
Des vainqueurs, des vaincus, et des morts entassés,
Terrible, et d'une main reprenant cette épée,
Dans le sang infidèle à tout moment trempée,
Et de l'autre à nos yeux montrant avec fierté
De notre sainte foi le signe redouté,
Criant à haute voix : « Français, soyez fidèles... »
Sans doute en ce moment, le couvrant de ses ailes,
La vertu du Très-Haut, qui nous sauve aujourd'hui,
Aplanissait sa route, et marchait devant lui ;
Et des tristes chrétiens la foule délivrée
Vint porter avec nous ses pas dans Césarée.
Là, par nos chevaliers, d'une commune voix,
Lusignan fut choisi pour nous donner des lois.
O mon cher Nérestan ! Dieu, qui nous humilie,
N'a pas voulu sans doute, en cette courte vie,
Nous accorder le prix qu'il doit à la vertu ;
Vainement pour son nom nous avons combattu.
Ressouvenir affreux dont l'horreur me dévore !
Jérusalem en cendre, hélas ! fumait encore,
Lorsque dans notre asile attaqués et trahis,
Et livrés par un Grec à nos fiers ennemis,
La flamme dont brûla Sion désespérée
S'étendit en fureur aux murs de Césarée :
Ce fut là le dernier de trente ans de revers ;
Là, je vis Lusignan chargé d'indignes fers :
Insensible à sa chute, et grand dans ses misères,

ACTE II, SCÈNE I.

Il n'était attendri que des maux de ses frères.
Seigneur, depuis ce temps, ce père des chrétiens,
Resserré loin de nous, blanchit dans ses liens,
Gémit dans un cachot, privé de la lumière,
Oublié de l'Asie et de l'Europe entière.
Tel est son sort affreux : qui pourrait aujourd'hui,
Quand il souffre pour nous, se voir heureux sans lui?

NÉRESTAN.

Ce bonheur, il est vrai, serait d'un cœur barbare.
Que je hais le destin qui de lui nous sépare !
Que vers lui vos discours m'ont sans peine entraîné !
Je connais ses malheurs, avec eux je suis né ;
Sans un trouble nouveau je n'ai pu les entendre ;
Votre prison, la sienne, et Césarée en cendre,
Sont les premiers objets, sont les premiers revers
Qui frappèrent mes yeux à peine encore ouverts.
Je sortais du berceau; ces images sanglantes
Dans vos tristes récits me sont encor présentes.
Au milieu des chrétiens dans un temple immolés,
Quelques enfans, seigneur, avec moi rassemblés,
Arrachés par des mains de carnage fumantes
Aux bras ensanglantés de nos mères tremblantes,
Nous fûmes transportés dans ce palais des rois,
Dans ce même sérail, seigneur, où je vous vois.
Noradin m'éleva près de cette Zaïre,
Qui depuis... pardonnez si mon cœur en soupire,
Qui depuis égarée en ce funeste lieu,
Pour un maître barbare abandonna son Dieu.

CHATILLON.

Telle est des musulmans la funeste prudence.

De leurs chrétiens captifs ils séduisent l'enfance;
Et je bénis le ciel, propice à nos desseins,
Qui dans vos premiers ans vous sauva de leurs mains.
Mais, seigneur, après tout, cette Zaïre même,
Qui renonce aux chrétiens pour le soudan qui l'aime,
De son crédit au moins nous pourrait secourir :
Qu'importe de quel bras Dieu daigne se servir?
M'en croirez-vous? Le juste, aussi bien que le sage,
Du crime et du malheur sait tirer avantage.
Vous pourriez de Zaïre employer la faveur
A fléchir Orosmane, à toucher son grand cœur,
A nous rendre un héros que lui-même a dû plaindre,
Que sans doute il admire, et qui n'est plus à craindre.

NÉRESTAN.

Mais ce même héros, pour briser ses liens,
Voudra-t-il qu'on s'abaisse à ces honteux moyens?
Et quand il le voudrait, est-il en ma puissance
D'obtenir de Zaïre un moment d'audience?
Croyez-vous qu'Orosmane y daigne consentir?
Le sérail à ma voix pourra-t-il se rouvrir?
Quand je pourrais enfin paraître devant elle,
Que faut-il espérer d'une femme infidèle,
A qui mon seul aspect doit tenir lieu d'affront,
Et qui lira sa honte écrite sur mon front?
Seigneur, il est bien dur, pour un cœur magnanime,
D'attendre des secours de ceux qu'on mésestime :
Leurs refus sont affreux, leurs bienfaits font rougir.

CHATILLON.

Songez à Lusignan, songez à le servir.

NÉRESTAN.

Hé bien... Mais quels chemins jusqu'à cette infidèle
Pourront... On vient à nous. Que vois-je! ô ciel, c'est
[elle!

SCÈNE II.

ZAIRE, CHATILLON, NÉRESTAN.

ZAÏRE, *à Nérestan.*

C'est vous, digne Français, à qui je viens parler.
Le soudan le permet, cessez de vous troubler;
Et rassurant mon cœur, qui tremble à votre approche,
Chassez de vos regards la plainte et le reproche.
Seigneur, nous nous craignons, nous rougissons tous
Je souhaite et je crains de rencontrer vos yeux. [deux;
L'un et l'autre attachés depuis notre naissance,
Une affreuse prison renferma notre enfance;
Le sort nous accabla du poids des mêmes fers,
Que la tendre amitié nous rendait plus légers.
Il me fallut depuis gémir de votre absence;
Le ciel porta vos pas aux rives de la France :
Prisonnier dans Solyme, enfin je vous revis;
Un entretien plus libre alors m'était permis.
Esclave dans la foule, où j'étais confondue,
Aux regards du soudan je vivais inconnue :
Vous daignâtes bientôt, soit grandeur, soit pitié,
Soit plutôt digne effet d'une pure amitié,
Revoyant des Français le glorieux empire,
Y chercher la rançon de la triste Zaïre :
Vous l'apportez : le ciel a trompé vos bienfaits;
Loin de vous, dans Solyme, il m'arrête à jamais.

4.

Mais quoi que ma fortune ait d'éclat et de charmes,
Je ne puis vous quitter sans répandre des larmes.
Toujours de vos bontés je vais m'entretenir,
Chérir de vos vertus le tendre souvenir,
Comme vous, des humains soulager la misère,
Protéger les chrétiens, leur tenir lieu de mère;
Vous me les rendez chers, et ces infortunés...

NÉRESTAN.

Vous, les protéger! vous, qui les abandonnez!
Vous, qui des Lusignans foulant aux pieds la cendre...

ZAÏRE.

Je la viens honorer, seigneur, je viens vous rendre
Le dernier de ce sang, votre amour, votre espoir :
Oui, Lusignan est libre, et vous l'allez revoir.

CHATILLON.

O ciel! nous reverrions notre appui, notre père !

NÉRESTAN.

Les chrétiens vous devraient une tête si chère !

ZAÏRE.

J'avais sans espérance osé la demander :
Le généreux soudan veut bien nous l'accorder :
On l'amène en ces lieux.

NÉRESTAN.

   Que mon ame est émue !

ZAÏRE.

Mes larmes, malgré moi, me dérobent sa vue;
Ainsi que ce vieillard, j'ai langui dans les fers :
Qui ne sait compatir aux maux qu'on a soufferts [3]

NÉRESTAN.

Grand Dieu! que de vertus dans une ame infidèle !

SCÈNE III.

ZAIRE, LUSIGNAN, CHATILLON, NÉRESTAN;
PLUSIEURS ESCLAVES CHRÉTIENS.

LUSIGNAN.

Du séjour du trépas quelle voix me rappelle ?
Suis-je avec des chrétiens ? Guidez mes pas tremblans.
Mes maux m'ont affaibli plus encor que mes ans.
(en s'asseyant.)
Suis-je libre en effet ?

ZAÏRE.

Oui, seigneur, oui, vous l'êtes.

CHATILLON.

Vous vivez, vous calmez nos douleurs inquiètes.
Tous nos tristes chrétiens...

LUSIGNAN.

O jour ! ô douce voix !
Chatillon, c'est donc vous ? c'est vous que je revois !
Martyr, ainsi que moi, de la foi de nos pères,
Le Dieu que nous servons finit-il nos misères ?
En quels lieux sommes-nous ? Aidez mes faibles yeux.

CHATILLON.

C'est ici le palais qu'ont bâti vos aïeux;
Du fils de Noradin c'est le séjour profane.

ZAÏRE.

Le maître de ces lieux, le puissant Orosmane,
Sait connaître, seigneur, et chérir la vertu.
(en montrant Nérestan.)
Ce généreux Français, qui vous est inconnu,

Par la gloire amené des rives de la France,
Venait de dix chrétiens payer la délivrance :
Le soudan, comme lui, gouverné par l'honneur,
Croit, en vous délivrant, égaler son grand cœur.

LUSIGNAN.

Des chevaliers français tel est le caractère ;
Leur noblesse en tout temps me fut utile et chère.
Trop digne chevalier, quoi ! vous passez les mers
Pour soulager nos maux et pour briser nos fers ?
Ah ! parlez : à qui dois-je un service si rare ?

NÉRESTAN.

Mon nom est Nérestan ; le sort, long-temps barbare,
Qui dans les fers ici me mit presque en naissant,
Me fit quitter bientôt l'empire du Croissant.
A la cour de Louis, guidé par mon courage,
De la guerre sous lui j'ai fait l'apprentissage ;
Ma fortune et mon rang sont un don de ce roi,
Si grand par sa valeur, et plus grand par sa foi.
Je le suivis, seigneur, au bord de la Charente,
Lorsque du fier Anglais la valeur menaçante,
Cédant à nos efforts trop long-temps captivés,
Satisfit en tombant aux lis qu'ils ont bravés [4].
Venez, prince, et montrez au plus grand des monarques
De vos fers glorieux les vénérables marques :
Paris va révérer le martyr de la croix,
Et la cour de Louis est l'asile des rois.

LUSIGNAN.

Hélas ! de cette cour j'ai vu jadis la gloire.
Quand Philippe à Bovine enchaînait la victoire,
Je combattais, seigneur, avec Montmorenci,

ACTE II, SCÈNE III.

Melun, d'Estaing, de Nesle, et ce fameux Couci.
Mais à revoir Paris je ne dois plus prétendre :
Vous voyez qu'au tombeau je suis prêt à descendre :
Je vais au Roi des rois demander aujourd'hui
Le prix de tous les maux que j'ai soufferts pour lui.
Vous, généreux témoins de mon heure dernière,
Tandis qu'il en est temps, écoutez ma prière :
Nérestan, Chatillon, et vous... de qui les pleurs
Dans ces momens si chers honorent mes malheurs,
Madame, ayez pitié du plus malheureux père
Qui jamais ait du ciel éprouvé la colère,
Qui répand devant vous des larmes que le temps
Ne peut encor tarir dans mes yeux expirans.
Une fille, trois fils, ma superbe espérance,
Me furent arrachés dès leur plus tendre enfance :
O mon cher Chatillon, tu dois t'en souvenir !

CHATILLON.

De vos malheurs encor vous me voyez frémir.

LUSIGNAN.

Prisonnier avec moi dans Césarée en flamme,
Tes yeux virent périr mes deux fils et ma femme.

CHATILLON.

Mon bras chargé de fers ne les put secourir.

LUSIGNAN.

Hélas ! et j'étais père, et je ne pus mourir !
Veillez du haut des cieux, chers enfans que j'implore,
Sur mes autres enfans, s'ils sont vivans encore.
Mon dernier fils, ma fille, aux chaînes réservés,
Par de barbares mains pour servir conservés,
Loin d'un père accablé, furent portés ensemble

Dans ce même sérail ou le ciel nous rassemble.

CHATILLON.

Il est vrai, dans l'horreur de ce péril nouveau,
Je tenais votre fille à peine en son berceau :
Ne pouvant la sauver, seigneur, j'allais moi-même
Répandre sur son front l'eau sainte du baptême,
Lorsque les Sarrasins, de carnage fumans,
Revinrent l'arracher à mes bras tout sanglans.
Votre plus jeune fils, à qui les destinées
Avaient à peine encore accordé quatre années,
Trop capable déja de sentir son malheur,
Fut dans Jérusalem conduit avec sa sœur.

NÉRESTAN.

De quel ressouvenir mon ame est déchirée!
A cet âge fatal j'étais dans Césarée :
Et tout couvert de sang, et chargé de liens,
Je suivis en ces lieux la foule des chrétiens.

LUSIGNAN.

Vous... seigneur... Ce sérail éleva votre enfance...
(en les regardant.)
Hélas! de mes enfans auriez-vous connaissance?
Ils seraient de votre âge, et peut-être mes yeux...
Quel ornement, madame, étranger en ces lieux?
Depuis quand l'avez-vous?

ZAÏRE.

        Depuis que je respire.
Seigneur... hé quoi! d'où vient que votre ame soupire?

LUSIGNAN.

Ah! daignez confier à mes tremblantes mains...

ZAÏRE.

De quel trouble nouveau tous mes sens sont atteints!
Seigneur, que faites-vous?

LUSIGNAN.

O ciel! ô Providence!
Mes yeux, ne trompez point ma timide espérance;
Serait-il bien possible? oui, c'est elle... je voi
Ce présent qu'une épouse avait reçu de moi,
Et qui de mes enfans ornait toujours la tête,
Lorsque de leur naissance on célébrait la fête:
Je revois... je succombe à mon saisissement.

ZAÏRE.

Qu'entends-je? et quel soupçon m'agite en ce moment?
Ah, seigneur...

LUSIGNAN.

Dans l'espoir dont j'entrevois les charmes,
Ne m'abandonnez pas, Dieu qui voyez mes larmes!
Dieu mort sur cette croix, et qui revis pour nous,
Parle, achève, ô mon Dieu! ce sont là de tes coups.
Quoi! madame, en vos mains elle était demeurée?
Quoi! tous les deux captifs, et pris dans Césarée?

ZAÏRE.

Oui, seigneur.

NÉRESTAN.

Se peut-il?

LUSIGNAN.

Leur parole, leurs traits,
De leur mère en effet sont les vivans portraits.
Oui, grand Dieu! tu le veux, tu permets que je voie...
Dieu, ranime mes sens trop faibles pour ma joie!

ZAIRE,

Madame... Nérestan... Soutiens-moi, Chatillon...
Nérestan, si je dois vous nommer de ce nom,
Avez-vous dans le sein la cicatrice heureuse
Du fer dont à mes yeux une main furieuse...

NÉRESTAN.

Oui, seigneur, il est vrai.

LUSIGNAN.

Dieu juste! heureux momens!

NÉRESTAN, *se jetant à genoux.*

Ah, seigneur! ah, Zaïre!

LUSIGNAN.

Approchez, mes enfans.

NÉRESTAN.

Moi, votre fils!

ZAÏRE.

Seigneur!

LUSIGNAN.

Heureux jour qui m'éclaire!
Ma fille, mon cher fils! embrassez votre père.

CHATILLON.

Que d'un bonheur si grand mon cœur se sent toucher!

LUSIGNAN.

De vos bras, mes enfans, je ne puis m'arracher.
Je vous revois enfin, chère et triste famille,
Mon fils, digne héritier... vous... hélas! vous ma fille!
Dissipez mes soupçons, ôtez-moi cette horreur,
Ce trouble qui m'accable au comble du bonheur.
Toi qui seul as conduit sa fortune et la mienne,
Mon Dieu qui me la rends, me la rends-tu chrétienne?
Tu pleures, malheureuse, et tu baisses les yeux!

ACTE II, SCÈNE III.

Tu te tais! je t'entends! ô crime! ô justes cieux!

ZAÏRE.

Je ne puis vous tromper : sous les lois d'Orosmane...
Punissez votre fille... Elle était musulmane.

LUSIGNAN.

Que la foudre en éclats ne tombe que sur moi!
Ah, mon fils! à ces mots j'eusse expiré sans toi.
Mon Dieu! j'ai combattu soixante ans pour ta gloire;
J'ai vu tomber ton temple, et périr ta mémoire;
Dans un cachot affreux abandonné vingt ans,
Mes larmes t'imploraient pour mes tristes enfans :
Et lorsque ma famille est par toi réunie,
Quand je trouve une fille, elle est ton ennemie!
Je suis bien malheureux... C'est ton père, c'est moi,
C'est ma seule prison qui t'a ravi ta foi.
Ma fille, tendre objet de mes dernières peines,
Songe au moins, songe au sang qui coule dans tes veines :
C'est le sang de vingt rois, tous chrétiens comme moi;
C'est le sang des héros, défenseurs de ma loi;
C'est le sang des martyrs... O fille encor trop chère!
Connais-tu ton destin? sais-tu quelle est ta mère?
Sais-tu bien qu'à l'instant que son flanc mit au jour
Ce triste et dernier fruit d'un malheureux amour,
Je la vis massacrer par la main forcenée,
Par la main des brigands à qui tu t'es donnée!
Tes frères, ces martyrs égorgés à mes yeux,
T'ouvrent leurs bras sanglans, tendus du haut des cieux :
Ton Dieu que tu trahis, ton Dieu que tu blasphèmes,
Pour toi, pour l'univers, est mort en ces lieux mêmes;
En ces lieux où mon bras le servit tant de fois,

En ces lieux où son sang te parle par ma voix.
Vois ces murs, vois ce temple envahi par tes maîtres :
Tout annonce le Dieu qu'ont vengé tes ancêtres.
Tourne les yeux, sa tombe est près de ce palais ;
C'est ici la montagne où, lavant nos forfaits,
Il voulut expirer sous les coups de l'impie ;
C'est là que de sa tombe il rappela sa vie.
Tu ne saurais marcher dans cet auguste lieu,
Tu n'y peux faire un pas sans y trouver ton Dieu ;
Et tu n'y peux rester, sans renier ton père,
Ton honneur qui te parle, et ton Dieu qui t'éclaire.
Je te vois dans mes bras et pleurer et frémir ;
Sur ton front pâlissant Dieu met le repentir :
Je vois la vérité dans ton cœur descendue ;
Je retrouve ma fille après l'avoir perdue ;
Et je reprends ma gloire et ma félicité,
En dérobant mon sang à l'infidélité.

NÉRESTAN.

Je revois donc ma sœur... Et son ame...

ZAÏRE.

Ah, mon père !
Cher auteur de mes jours, parlez, que dois-je faire ?

LUSIGNAN.

M'ôter, par un seul mot, ma honte et mes ennuis,
Dire, Je suis chrétienne.

ZAÏRE.

Oui... seigneur... je le suis.

LUSIGNAN.

Dieu, reçois son aveu du sein de ton empire !

SCÈNE IV.

ZAIRE, LUSIGNAN, CHATILLON, NÉRESTAN, CORASMIN.

CORASMIN.
Madame, le soudan m'ordonne de vous dire
Qu'à l'instant de ces lieux il faut vous retirer,
Et de ces vils chrétiens surtout vous séparer.
Vous, Français, suivez-moi : de vous je dois répondre.
CHATILLON.
Où sommes-nous, grand Dieu ! Quel coup vient nous
LUSIGNAN.   [confondre !
Notre courage, amis, doit ici s'animer.
ZAÏRE.
Hélas, seigneur !
LUSIGNAN.
   O vous que je n'ose nommer,
Jurez-moi de garder un secret si funeste.
ZAÏRE.
Je vous le jure.
LUSIGNAN.
  Allez, le ciel fera le reste.

FIN DU SECOND ACTE.

ACTE TROISIÈME.

SCÈNE I.

OROSMANE, CORASMIN.

OROSMANE.
Vous étiez, Corasmin, trompé par vos alarmes :
Non, Louis contre moi ne tourne point ses armes ;
Les Français sont lassés de chercher désormais
Des climats que pour eux le destin n'a point faits ;
Ils n'abandonnent point leur fertile patrie
Pour languir aux déserts de l'aride Arabie,
Et venir arroser de leur sang odieux
Ces palmes, que pour nous Dieu fait croître en ces lieux.
Ils couvrent de vaisseaux la mer de la Syrie.
Louis des bords de Chypre épouvante l'Asie ;
Mais j'apprends que ce roi s'éloigne de nos ports ;
De la féconde Égypte il menace les bords :
J'en reçois à l'instant la première nouvelle ;
Contre les mamelus son courage l'appelle :
Il cherche Mélédin, mon secret ennemi ;
Sur leurs divisions mon trône est affermi.
Je ne crains plus enfin l'Égypte ni la France.
Nos communs ennemis cimentent ma puissance ;
Et, prodigues d'un sang qu'ils devraient ménager,
Prennent en s'immolant le soin de me venger.

ACTE III, SCÈNE I.

Relâche ces chrétiens, ami, je les délivre ;
Je veux plaire à leur maître, et leur permets de vivre :
Je veux que sur la mer on les mène à leur roi,
Que Louis me connaisse, et respecte ma foi.
Mène-lui Lusignan ; dis-lui que je lui donne
Celui que la naissance allie à sa couronne ;
Celui que par deux fois mon père avait vaincu,
Et qu'il tint enchaîné, tandis qu'il a vécu.

CORASMIN.

Son nom cher aux chrétiens...

OROSMANE.

   Son nom n'est point à craindre.

CORASMIN.

Mais, seigneur, si Louis...

OROSMANE.

   Il n'est plus temps de feindre,
Zaïre l'a voulu ; c'est assez : et mon cœur,
En donnant Lusignan, le donne à mon vainqueur.
Louis est peu pour moi ; je fais tout pour Zaïre ;
Nul autre sur mon cœur n'aurait pris cet empire.
Je viens de l'affliger, c'est à moi d'adoucir
Le déplaisir mortel qu'elle a dû ressentir,
Quand sur les faux avis des desseins de la France,
J'ai fait à ces chrétiens un peu de violence.
Que dis-je ! Ces momens, perdus dans mon conseil,
Ont de ce grand hymen suspendu l'appareil :
D'une heure encore, ami, mon bonheur se diffère ;
Mais j'emploîrai du moins ce temps à lui complaire.
Zaïre ici demande un secret entretien
Avec ce Nérestan, ce généreux chrétien...

CORASMIN.
Et vous avez, seigneur, encor cette indulgence?
OROSMANE.
Ils ont été tous deux esclaves dans l'enfance;
Ils ont porté mes fers, ils ne se verront plus;
Zaïre enfin de moi n'aura point un refus.
Je ne m'en défends point; je foule aux pieds pour elle
Des rigueurs du sérail la contrainte cruelle.
J'ai méprisé ces lois dont l'âpre austérité
Fait d'une vertu triste une nécessité.
Je ne suis point formé du sang asiatique :
Né parmi les rochers, au sein de la Taurique,
Des Scythes mes aïeux je garde la fierté,
Leurs mœurs, leurs passions, leur générosité :
Je consens qu'en partant Nérestan la revoie;
Je veux que tous les cœurs soient heureux de ma joie.
Après ce peu d'instans volés à mon amour,
Tous ses momens, ami, sont à moi sans retour.
Va, ce chrétien attend, et tu peux l'introduire.
Presse son entretien, obéis à Zaïre.

SCÈNE II.

CORASMIN, NÉRESTAN.

CORASMIN.
En ces lieux un moment tu peux encor rester.
Zaïre à tes regards viendra se présenter.

SCÈNE III.

NÉRESTAN.

En quel état, ô ciel! en quels lieux je la laisse!
O ma religion! ô mon père! ô tendresse!
Mais je la vois.

SCÈNE IV.

ZAIRE, NÉRESTAN.

NÉRESTAN.
Ma sœur, je puis donc vous parler;
Ah! dans quel temps le ciel nous voulut rassembler!
Vous ne reverrez plus un trop malheureux père.
ZAÏRE.
Dieu! Lusignan...
NÉRESTAN.
Il touche à son heure dernière.
Sa joie, en nous voyant, par de trop grands efforts,
De ses sens affaiblis a rompu les ressorts;
Et cette émotion dont son ame est remplie
A bientôt épuisé les sources de sa vie.
Mais, pour comble d'horreurs, à ses derniers momens,
Il doute de sa fille et de ses sentimens;
Il meurt dans l'amertume, et son ame incertaine
Demande en soupirant si vous êtes chrétienne.
ZAÏRE.
Quoi! je suis votre sœur, et vous pouvez penser

Qu'à mon sang, à ma loi j'aille ici renoncer?

NÉRESTAN.

Ah, ma sœur! cette loi n'est pas la vôtre encore;
Le jour qui vous éclaire est pour vous à l'aurore;
Vous n'avez point reçu ce gage précieux
Qui nous lave du crime, et nous ouvre les cieux.
Jurez par nos malheurs, et par votre famille,
Par ces martyrs sacrés de qui vous êtes fille,
Que vous voulez ici recevoir aujourd'hui
Le sceau du Dieu vivant qui nous attache à lui.

ZAÏRE.

Oui, je jure en vos mains, par ce Dieu que j'adore,
Par sa loi que je cherche, et que mon cœur ignore,
De vivre désormais sous cette sainte loi...
Mais, mon cher frère... hélas! que veut-elle de moi?
Que faut-il?

NÉRESTAN.

Détester l'empire de vos maîtres,
Servir, aimer ce Dieu qu'ont aimé nos ancêtres*,
Qui, né près de ces murs, est mort ici pour nous,
Qui nous a rassemblés, qui m'a conduit vers vous.
Est-ce à moi d'en parler? Moins instruit que fidèle,
Je ne suis qu'un soldat, et je n'ai que du zèle.
Un pontife sacré viendra jusqu'en ces lieux
Vous apporter la vie, et dessiller vos yeux.
Songez à vos sermens, et que l'eau du baptême
Ne vous apporte point la mort et l'anathème.
Obtenez qu'avec lui je puisse revenir.
Mais à quel titre, ô ciel! faut-il donc l'obtenir?
A qui le demander dans ce sérail profane...

ACTE III, SCÈNE IV.

Vous, le sang de vingt rois, esclave d'Orosmane !
Parente de Louis, fille de Lusignan !
Vous chrétienne, et ma sœur, esclave d'un soudan !
Vous m'entendez... je n'ose en dire davantage :
Dieu, nous réserviez-vous à ce dernier outrage?

ZAÏRE.

Ah, cruel ! poursuivez, vous ne connaissez pas
Mon secret, mes tourmens, mes vœux, mes attentats.
Mon frère, ayez pitié d'une sœur égarée,
Qui brûle, qui gémit, qui meurt désespérée.
Je suis chrétienne, hélas... j'attends avec ardeur
Cette eau sainte, cette eau qui peut guérir mon cœur.
Non, je ne serai point indigne de mon frère,
De mes aïeux, de moi, de mon malheureux père.
Mais parlez à Zaïre, et ne lui cachez rien ;
Dites... quelle est la loi de l'empire chrétien?..
Quel est le châtiment pour une infortunée
Qui, loin de ses parens, aux fers abandonnée,
Trouvant chez un barbare un généreux appui,
Aurait touché son ame, et s'unirait à lui?

NÉRESTAN.

O ciel ! que dites-vous? Ah ! la mort la plus prompte
Devrait...

ZAÏRE.

C'en est assez; frappe, et préviens ta honte.

NÉRESTAN.

Qui? vous, ma sœur !

ZAÏRE.

C'est moi que je viens d'accuser.

5.

Orosmane m'adore... et j'allais l'épouser.

NÉRESTAN.

L'épouser ! est-il vrai, ma sœur ? Est-ce vous-même ?
Vous, la fille des rois !

ZAÏRE.

Frappe, dis-je ; je l'aime.

NÉRESTAN.

Opprobre malheureux du sang dont vous sortez,
Vous demandez la mort, et vous la méritez :
Et si je n'écoutais que ta honte et ma gloire,
L'honneur de ma maison, mon père, sa mémoire ;
Si la loi de ton Dieu, que tu ne connais pas,
Si ma religion ne retenait mon bras,
J'irais dans ce palais, j'irais, au moment même,
Immoler de ce fer un barbare qui t'aime,
De son indigne flanc le plonger dans le tien,
Et ne l'en retirer que pour percer le mien.
Ciel ! tandis que Louis, l'exemple de la terre,
Au Nil épouvanté ne va porter la guerre
Que pour venir bientôt, frappant des coups plus sûrs,
Délivrer ton Dieu même, et lui rendre ces murs :
Zaïre, cependant, ma sœur, son alliée,
Au tyran d'un sérail par l'hymen est liée !
Et je vais donc apprendre à Lusignan trahi
Qu'un Tartare est le dieu que sa fille a choisi !
Dans ce moment affreux, hélas ! ton père expire
En demandant à Dieu le salut de Zaïre.

ZAÏRE.

Arrête, mon cher frère... arrête, connais-moi ;
Peut-être que Zaïre est digne encor de toi.

ACTE III, SCÈNE IV.

Mon frère, épargne-moi cet horrible langage;
Ton courroux, ton reproche est un plus grand outrage,
Plus sensible pour moi, plus dur que ce trépas
Que je te demandais, et que je n'obtiens pas.
L'état où tu me vois accable ton courage;
Tu souffres, je le vois; je souffre davantage.
Je voudrais que du ciel le barbare secours
De mon sang, dans mon cœur, eût arrêté le cours,
Le jour qu'empoisonné d'une flamme profane,
Ce pur sang des chrétiens brûla pour Orosmane,
Le jour que de ta sœur Orosmane charmé...
Pardonnez-moi, chrétiens; qui ne l'aurait aimé!
Il fesait tout pour moi; son cœur m'avait choisie;
Je voyais sa fierté pour moi seule adoucie.
C'est lui qui des chrétiens a ranimé l'espoir:
C'est à lui que je dois le bonheur de te voir:
Pardonne; ton courroux, mon père, ma tendresse,
Mes sermens, mon devoir, mes remords, ma faiblesse,
Me servent de supplice, et ta sœur en ce jour
Meurt de son repentir plus que de son amour.

NÉRESTAN.

Je te blâme et te plains; crois-moi, la Providence
Ne te laissera point périr sans innocence:
Je te pardonne, hélas! ces combats odieux;
Dieu ne t'a point prêté son bras victorieux.
Ce bras, qui rend la force aux plus faibles courages,
Soutiendra ce roseau plié par les orages.
Il ne souffrira pas qu'à son culte engagé,
Entre un barbare et lui ton cœur soit partagé.
Le baptême éteindra ces feux dont il soupire,

Et tu vivras fidèle, ou périras martyre.
Achève donc ici ton serment commencé :
Achève, et dans l'horreur dont ton cœur est pressé,
Promets au roi Louis, à l'Europe, à ton père,
Au Dieu qui déja parle à ce cœur si sincère,
De ne point accomplir cet hymen odieux
Avant que le pontife ait éclairé tes yeux,
Avant qu'en ma présence il te fasse chrétienne,
Et que Dieu par ses mains t'adopte et te soutienne.
Le promets-tu, Zaïre ?

ZAÏRE.

Oui, je te le promets :
Rends-moi chrétienne et libre; à tout je me soumets.
Va, d'un père expirant va fermer la paupière ;
Va, je voudrais te suivre, et mourir la première.

NÉRESTAN.

Je pars; adieu, ma sœur, adieu : puisque mes vœux
Ne peuvent t'arracher à ce palais honteux,
Je reviendrai bientôt par un heureux baptême
T'arracher aux enfers, et te rendre à toi-même.

SCÈNE V.

ZAIRE.

Me voilà seule, ô Dieu ! que vais-je devenir ?
Dieu, commande à mon cœur de ne te point trahir !
Hélas ! suis-je en effet Française ou Musulmane,
Fille de Lusignan, ou femme d'Orosmane ?
Suis-je amante ou chrétienne? O sermens que j'ai faits !

Mon père, mon pays, vous serez satisfaits!
Fatime ne vient point. Quoi! dans ce trouble extrême,
L'univers m'abandonne! on me laisse à moi-même!
Mon cœur peut-il porter, seul et privé d'appui,
Le fardeau des devoirs qu'on m'impose aujourd'hui?
A ta loi, Dieu puissant! oui, mon ame est rendue;
Mais fais que mon amant s'éloigne de ma vue.
Cher amant! ce matin l'aurais-je pu prévoir
Que je dusse aujourd'hui redouter de te voir?
Moi qui, de tant de feux justement possédée,
N'avais d'autre bonheur, d'autre soin, d'autre idée,
Que de t'entretenir, d'écouter ton amour,
Te voir, te souhaiter, attendre ton retour!
Hélas! et je t'adore, et t'aimer est un crime!

SCÈNE VI.

ZAIRE, OROSMANE.

OROSMANE.

Paraissez, tout est prêt, et l'ardeur qui m'anime
Ne souffre plus, madame, aucun retardement;
Les flambeaux de l'hymen brillent pour votre amant:
Les parfums de l'encens remplissent la mosquée;
Du dieu de Mahomet la puissance invoquée
Confirme mes sermens, et préside à mes feux.
Mon peuple prosterné pour vous offre ses vœux,
Tout tombe à vos genoux; vos superbes rivales,
Qui disputaient mon cœur et marchaient vos égales,
Heureuses de vous suivre et de vous obéir,

Devant vos volontés vont apprendre à fléchir.
Le trône, les festins, et la cérémonie,
Tout est prêt : commencez le bonheur de ma vie.

ZAÏRE.

Où suis-je, malheureuse! ô tendresse! ô douleur !

OROSMANE.

Venez.

ZAÏRE.

Où me cacher ?

OROSMANE.

Que dites-vous ?

ZAÏRE.

Seigneur !

OROSMANE.

Donnez-moi votre main ; daignez, belle Zaïre...

ZAÏRE.

Dieu de mon père, hélas! que pourrai-je lui dire ?

OROSMANE.

Que j'aime à triompher de ce tendre embarras !
Qu'il redouble ma flamme et mon bonheur...

ZAÏRE.

Hélas!

OROSMANE.

Ce trouble à mes désirs vous rend encor plus chère;
D'une vertu modeste il est le caractère.
Digne et charmant objet de ma constante foi,
Venez, ne tardez plus.

ZAÏRE.

Fatime, soutiens-moi...
Seigneur...

OROSMANE.
O ciel! eh quoi!
ZAÏRE.
Seigneur, cet hyménée
Était un bien suprême à mon ame étonnée.
Je n'ai point recherché le trône et la grandeur.
Qu'un sentiment plus juste occupait tout mon cœur!
Hélas! j'aurais voulu qu'à vos vertus unie,
Et méprisant pour vous les trônes de l'Asie,
Seule et dans un désert, auprès de mon époux,
J'eusse pu sous mes pieds les fouler avec vous.
Mais... seigneur... ces chrétiens...

OROSMANE.
Ces chrétiens... Quoi! madame,
Qu'auraient donc de commun cette secte et ma flamme?

ZAÏRE.
Lusignan, ce vieillard accablé de douleurs,
Termine en ces momens sa vie et ses malheurs.

OROSMANE.
Hé bien! quel intérêt si pressant et si tendre
A ce vieillard chrétien votre cœur peut-il prendre?
Vous n'êtes point chrétienne; élevée en ces lieux,
Vous suivez dès long-temps la foi de mes aïeux.
Un vieillard qui succombe au poids de ses années
Peut-il troubler ici vos belles destinées?
Cette aimable pitié, qu'il s'attire de vous,
Doit se perdre avec moi dans des momens si doux.

ZAÏRE.
Seigneur, si vous m'aimez, si je vous étais chère...

OROSMANE.
Si vous l'êtes, ah Dieu !

ZAÏRE.
Souffrez que l'on diffère...
Permettez que ces nœuds, par vos mains assemblés...

OROSMANE.
Que dites-vous ? ô ciel ! est-ce vous qui parlez ?
Zaïre !

ZAÏRE.
Je ne puis soutenir sa colère.

OROSMANE.
Zaïre !

ZAÏRE.
Il m'est affreux, seigneur, de vous déplaire;
Excusez ma douleur... Non, j'oublie à la fois
Et tout ce que je suis, et tout ce que je dois.
Je ne puis soutenir cet aspect qui me tue.
Je ne puis... Ah ! souffrez que loin de votre vue,
Seigneur, j'aille cacher mes larmes, mes ennuis,
Mes vœux, mon désespoir, et l'horreur où je suis.
(Elle sort.)

SCÈNE VII.

OROSMANE, CORASMIN.

OROSMANE.
Je demeure immobile, et ma langue glacée
Se refuse aux transports de mon ame offensée.
Est-ce à moi que l'on parle ? Ai-je bien entendu ?
Est-ce moi qu'elle fuit ? O ciel ! et qu'ai-je vu ?

ACTE III, SCÈNE VII.

Corasmin, quel est donc ce changement extrême ?
Je la laisse échapper ! je m'ignore moi-même.

CORASMIN.

Vous seul causez son trouble, et vous vous en plaignez !
Vous accusez, seigneur, un cœur où vous régnez !

OROSMANE.

Mais pourquoi donc ces pleurs, ces regrets, cette fuite,
Cette douleur si sombre en ses regards écrite ?
Si c'était ce Français... quel soupçon ! quelle horreur !
Quelle lumière affreuse a passé dans mon cœur !
Hélas ! je repoussais ma juste défiance :
Un barbare, un esclave aurait cette insolence !
Cher ami, je verrais un cœur comme le mien
Réduit à redouter un esclave chrétien !
Mais, parle; tu pouvais observer son visage,
Tu pouvais de ses yeux entendre le langage;
Ne me déguise rien, mes feux sont-ils trahis ?
Apprends-moi mon malheur.. Tu trembles... tu frémis...
C'en est assez.

CORASMIN.

   Je crains d'irriter vos alarmes.
Il est vrai que ses yeux ont versé quelques larmes ;
Mais, seigneur, après tout, je n'ai rien observé
Qui doive...

OROSMANE.

   A cet affront je serais réservé !
Non, si Zaïre, ami, m'avait fait cette offense,
Elle eût avec plus d'art trompé ma confiance.
Le déplaisir secret de son cœur agité,
Si ce cœur est perfide, aurait-il éclaté ?

Écoute, garde-toi de soupçonner Zaïre.
Mais, dis-tu, ce Français gémit, pleure, soupire :
Que m'importe après tout le sujet de ses pleurs ?
Qui sait si l'amour même entre dans ses douleurs ?
Et qu'ai-je à redouter d'un esclave infidèle,
Qui demain pour jamais se va séparer d'elle ?

CORASMIN.

N'avez-vous pas seigneur, permis, malgré nos lois,
Qu'il jouît de sa vue une seconde fois ?
Qu'il revînt en ces lieux ?

OROSMANE.

     Qu'il revînt, lui, ce traître ?
Qu'aux yeux de ma maîtresse il osât reparaître ?
Oui, je le lui rendrais, mais mourant, mais puni,
Mais versant à ses yeux le sang qui m'a trahi,
Déchiré devant elle ; et ma main dégouttante
Confondrait dans son sang le sang de son amante...
Excuse les transports de ce cœur offensé ;
Il est né violent, il aime, il est blessé.
Je connais mes fureurs, et je crains ma faiblesse ;
A des troubles honteux je sens que je m'abaisse.
Non, c'est trop sur Zaïre arrêter un soupçon ;
Non, son cœur n'est point fait pour une trahison.
Mais ne crois pas non plus que le mien s'avilisse
A souffrir des rigueurs, à gémir d'un caprice,
A me plaindre, à reprendre, à redonner ma foi ;
Les éclaircissemens sont indignes de moi.
Il vaut mieux sur mes sens reprendre un juste empire ;
Il vaut mieux oublier jusqu'au nom de Zaïre.
Allons, que le sérail soit fermé pour jamais ;

ACTE III, SCÈNE VII.

Que la terreur habite aux portes du palais;
Que tout ressente ici le frein de l'esclavage.
Des rois de l'Orient suivons l'antique usage.
On peut, pour son esclave oubliant sa fierté,
Laisser tomber sur elle un regard de bonté;
Mais il est trop honteux de craindre une maîtresse [d];
Aux mœurs de l'Occident laissons cette bassesse.
Ce sexe dangereux, qui veut tout asservir,
S'il règne dans l'Europe, ici doit obéir.

FIN DU TROISIÈME ACTE.

ACTE QUATRIÈME.

SCÈNE I.

ZAIRE, FATIME.

FATIME.
Que je vous plains, madame, et que je vous admire !
C'est le Dieu des chrétiens, c'est Dieu qui vous inspire ;
Il donnera la force à vos bras languissans
De briser des liens si chers et si puissans.

ZAÏRE.
Eh ! pourrai-je achever ce fatal sacrifice ?

FATIME.
Vous demandez sa grace, il vous doit sa justice :
De votre cœur docile il doit prendre le soin.

ZAÏRE.
Jamais de son appui je n'eus tant de besoin.

FATIME.
Si vous ne voyez plus votre auguste famille,
Le Dieu que vous servez vous adopte pour fille ;
Vous êtes dans ses bras, il parle à votre cœur ;
Et quand ce saint pontife, organe du Seigneur,
Ne pourrait aborder dans ce palais profane...

ZAÏRE.
Ah ! j'ai porté la mort dans le sein d'Orosmane.
J'ai pu désespérer le cœur de mon amant !

ACTE IV, SCÈNE I.

Quel outrage, Fatime, et quel affreux moment!
Mon Dieu, vous l'ordonnez...j'eusse été trop heureuse.

FATIME.

Quoi! regretter encor cette chaîne honteuse!
Hasarder la victoire, ayant tant combattu!

ZAÏRE.

Victoire infortunée! inhumaine vertu!
Non, tu ne connais pas ce que je sacrifie.
Cet amour si puissant, ce charme de ma vie,
Dont j'espérais, hélas! tant de félicité,
Dans toute son ardeur n'avait point éclaté.
Fatime, j'offre à Dieu mes blessures cruelles,
Je mouille devant lui de larmes criminelles
Ces lieux où tu m'as dit qu'il choisit son séjour;
Je lui crie en pleurant : Ote-moi mon amour,
Arrache-moi mes vœux, remplis-moi de toi-même;
Mais, Fatime, à l'instant les traits de ce que j'aime,
Ces traits chers et charmans, que toujours je revoi,
Se montrent dans mon ame entre le ciel et moi.
Hé bien! race des rois, dont le ciel me fit naître,
Père, mère, chrétiens, vous mon Dieu, vous mon maître,
Vous qui de mon amant me privez aujourd'hui,
Terminez donc mes jours, qui ne sont plus pour lui!
Que j'expire innocente, et qu'une main si chère,
De ces yeux qu'il aimait ferme au moins la paupière!
Ah! que fait Orosmane? Il ne s'informe pas
Si j'attends loin de lui la vie ou le trépas [5];
Il me fuit, il me laisse, et je n'y peux survivre.

FATIME.

Quoi! vous! fille des rois, que vous prétendez suivre,

Vous, dans les bras d'un Dieu, votre éternel appui...
ZAÏRE.
Eh! pourquoi mon amant n'est-il pas né pour lui?
Orosmane est-il fait pour être sa victime?
Dieu pourrait-il haïr un cœur si magnanime?
Généreux, bienfaisant, juste, plein de vertus;
S'il était né chrétien, que serait-il de plus?
Et plût à Dieu du moins que ce saint interprète,
Ce ministre sacré que mon ame souhaite,
Du trouble où tu me vois vînt bientôt me tirer!
Je ne sais; mais enfin, j'ose encore espérer
Que ce Dieu, dont cent fois on m'a peint la clémence,
Ne réprouverait point une telle alliance:
Peut-être, de Zaïre en secret adoré,
Il pardonne aux combats de ce cœur déchiré;
Peut-être, en me laissant au trône de Syrie,
Il soutiendrait par moi les chrétiens de l'Asie.
Fatime, tu le sais, ce puissant Saladin,
Qui ravit à mon sang l'empire du Jourdain,
Qui fit comme Orosmane admirer sa clémence,
Au sein d'une chrétienne il avait pris naissance.
FATIME.
Ah! ne voyez-vous pas que pour vous consoler...
ZAÏRE.
Laisse-moi; je vois tout; je meurs sans m'aveugler:
Je vois que mon pays, mon sang, tout me condamne;
Que je suis Lusignan, que j'adore Orosmane;
Que mes vœux, que mes jours à ses jours sont liés.
Je voudrais quelquefois me jeter à ses pieds,
De tout ce que je suis faire un aveu sincère.

FATIME.
Songez que cet aveu peut perdre votre frère,
Expose les chrétiens, qui n'ont que vous d'appui,
Et va trahir le Dieu qui vous rappelle à lui.
ZAÏRE.
Ah, si tu connaissais le grand cœur d'Orosmane !
FATIME.
Il est le protecteur de la loi musulmane,
Et plus il vous adore, et moins il peut souffrir
Qu'on vous ose annoncer un Dieu qu'il doit haïr.
Le pontife à vos yeux en secret va se rendre,
Et vous avez promis...
ZAÏRE.
Hé bien ! il faut l'attendre.
J'ai promis, j'ai juré de garder ce secret:
Hélas ! qu'à mon amant je le tais à regret !
Et pour comble d'horreur je ne suis plus aimée.

SCÈNE II.

OROSMANE, ZAIRE.

OROSMANE.
Madame, il fut un temps où mon ame charmée,
Écoutant sans rougir des sentimens trop chers,
Se fit une vertu de languir dans vos fers.
Je croyais être aimé, madame, et votre maître,
Soupirant à vos pieds, devait s'attendre à l'être :
Vous ne m'entendrez point, amant faible et jaloux,
En reproches honteux éclater contre vous;

Cruellement blessé, mais trop fier pour me plaindre,
Trop généreux, trop grand pour m'abaisser à feindre,
Je viens vous déclarer que le plus froid mépris
De vos caprices vains sera le digne prix.
Ne vous préparez point à tromper ma tendresse,
A chercher des raisons dont la flatteuse adresse,
A mes yeux éblouis colorant vos refus,
Vous ramène un amant qui ne vous connaît plus ;
Et qui, craignant surtout qu'à rougir on l'expose,
D'un refus outrageant veut ignorer la cause.
Madame, c'en est fait, une autre va monter
Au rang que mon amour vous daignait présenter ;
Une autre aura des yeux, et va du moins connaître
De quel prix mon amour et ma main devaient être.
Il pourra m'en coûter, mais mon cœur s'y résout.
Apprenez qu'Orosmane est capable de tout ;
Que j'aime mieux vous perdre, et loin de votre vue,
Mourir désespéré de vous avoir perdue,
Que de vous posséder, s'il faut qu'à votre foi
Il en coûte un soupir qui ne soit pas pour moi.
Allez, mes yeux jamais ne reverront vos charmes.

ZAÏRE.

Tu m'as donc tout ravi, Dieu témoin de mes larmes !
Tu veux commander seul à mes sens éperdus...
Hé bien ! puisqu'il est vrai que vous ne m'aimez plus,
Seigneur...

OROSMANE.

Il est trop vrai que l'honneur me l'ordonne,
Que je vous adorai, que je vous abandonne,
Que je renonce à vous, que vous le désirez,

Que sous une autre loi... Zaïre, vous pleurez?
ZAÏRE.
Ah, seigneur! ah! du moins, gardez de jamais croire
Que du rang d'un soudan je regrette la gloire;
Je sais qu'il faut vous perdre, et mon sort l'a voulu:
Mais, seigneur, mais mon cœur ne vous est pas connu.
Me punisse à jamais ce ciel qui me condamne,
Si je regrette rien que le cœur d'Orosmane!
OROSMANE.
Zaïre, vous m'aimez!
ZAÏRE.
Dieu! si je l'aime, hélas!
OROSMANE.
Quel caprice étonnant, que je ne conçois pas ^c!
Vous m'aimez! Eh! pourquoi vous forcez-vous, cruelle,
A déchirer le cœur d'un amant si fidèle?
Je me connaissais mal; oui, dans mon désespoir
J'avais cru sur moi-même avoir plus de pouvoir.
Va, mon cœur est bien loin d'un pouvoir si funeste.
Zaïre, que jamais la vengeance céleste
Ne donne à ton amant, enchaîné sous ta loi,
La force d'oublier l'amour qu'il a pour toi!
Qui, moi! que sur mon trône une autre fût placée!
Non, je n'en eus jamais la fatale pensée.
Pardonne à mon courroux, à mes sens interdits,
Ces dédains affectés, et si bien démentis;
C'est le seul déplaisir que jamais, dans ta vie,
Le ciel aura voulu que ta tendresse essuie.
Je t'aimerai toujours... Mais d'où vient que ton cœur,
En partageant mes feux, différait mon bonheur?

Parle. Était-ce un caprice? est-ce crainte d'un maître,
D'un soudan, qui pour toi veut renoncer à l'être?
Serait-ce un artifice? épargne-toi ce soin;
L'art n'est pas fait pour toi, tu n'en as pas besoin :
Qu'il ne souille jamais le saint nœud qui nous lie!
L'art le plus innocent tient de la perfidie.
Je n'en connus jamais, et mes sens déchirés,
Pleins d'un amour si vrai...

ZAÏRE.

     Vous me désespérez.
Vous m'êtes cher, sans doute, et ma tendresse extrême
Est le comble des maux pour ce cœur qui vous aime.

OROSMANE.

O ciel! expliquez-vous. Quoi! toujours me troubler!
Se peut-il...

ZAÏRE.

   Dieu puissant, que ne puis-je parler!

OROSMANE.

Quel étrange secret me cachez-vous, Zaïre?
Est-il quelque chrétien qui contre moi conspire?
Me trahit-on? parlez.

ZAÏRE.

    Eh! peut-on vous trahir?
Seigneur, entre eux et vous vous me verriez courir :
On ne vous trahit point, pour vous rien n'est à craindre;
Mon malheur est pour moi, je suis la seule à plaindre.

OROSMANE.

Vous, à plaindre! grand Dieu!

ZAÏRE.

    Souffrez qu'à vos genoux

ACTE IV, SCENE II.

Je demande en tremblant une grace de vous.
OROSMANE.
Une grace! ordonnez, et demandez ma vie.
ZAÏRE.
Plût au ciel qu'à vos jours la mienne fût unie!
Orosmane... Seigneur... permettez qu'aujourd'hui,
Seule, loin de vous-même, et toute à mon ennui,
D'un œil plus recueilli contemplant ma fortune,
Je cache à votre oreille une plainte importune...
Demain, tous mes secrets vous seront révélés...
OROSMANE.
De quelle inquiétude, ô ciel, vous m'accablez!
Pouvez-vous...
ZAÏRE.
  Si pour moi l'amour vous parle encore,
Ne me refusez pas la grace que j'implore.
OROSMANE.
Hé bien! il faut vouloir tout ce que vous voulez;
J'y consens; il en coûte à mes sens désolés.
Allez, souvenez-vous que je vous sacrifie
Les momens les plus beaux, les plus chers de ma vie.
ZAÏRE.
En me parlant ainsi, vous me percez le cœur.
OROSMANE.
Hé bien! vous me quittez, Zaïre?
ZAÏRE.
    Hélas, seigneur!

SCÈNE III.

OROSMANE, CORASMIN.

OROSMANE.

Ah! c'est trop tôt chercher ce solitaire asile,
C'est trop tôt abuser de ma bonté facile;
Et plus j'y pense, ami, moins je puis concevoir
Le sujet si caché de tant de désespoir.
Quoi donc! par ma tendresse élevée à l'empire,
Dans le sein du bonheur que son ame désire,
Près d'un amant qu'elle aime, et qui brûle à ses pieds,
Ses yeux, remplis d'amour, de larmes sont noyés!
Je suis bien indigné de voir tant de caprices:
Mais moi-même, après tout, eus-je moins d'injustices?
Ai-je été moins coupable à ses yeux offensés?
Est-ce à moi de me plaindre? on m'aime, c'est assez.
Il me faut expier, par un peu d'indulgence,
De mes transports jaloux l'injurieuse offense.
Je me rends : je le vois, son cœur est sans détours;
La nature naïve anime ses discours.
Elle est dans l'âge heureux où règne l'innocence;
A sa sincérité je dois ma confiance.
Elle m'aime sans doute; oui, j'ai lu devant toi,
Dans ses yeux attendris, l'amour qu'elle a pour moi;
Et son ame, éprouvant cette ardeur qui me touche,
Vingt fois pour me le dire a volé sur sa bouche.
Qui peut avoir un cœur assez traître, assez bas,
Pour montrer tant d'amour, et ne le sentir pas?

SCÈNE IV.

OROSMANE, CORASMIN, MÉLÉDOR.

MÉLÉDOR.
Cette lettre, seigneur, à Zaïre adressée,
Par vos gardes saisie, et dans mes mains laissée...
OROSMANE.
Donne... Qui la portait? Donne.
MÉLÉDOR.
      Un de ces chrétiens
Dont vos bontés, seigneur, ont brisé les liens :
Au sérail, en secret, il allait s'introduire ;
On l'a mis dans les fers.
OROSMANE.
     Hélas! que vais-je lire?
Laisse-nous... Je frémis.

SCÈNE V.

OROSMANE, CORASMIN.

CORASMIN.
     Cette lettre, seigneur,
Pourra vous éclaircir, et calmer votre cœur.
OROSMANE.
Ah! lisons : ma main tremble, et mon ame étonnée
Prévoit que ce billet contient ma destinée.
Lisons... «Chère Zaïre, il est temps de nous voir :

88   ZAIRE,

« Il est vers la mosquée une secrète issue,
« Où vous pouvez sans bruit, et sans être aperçue,
« Tromper vos surveillans, et remplir notre espoir :
« Il faut tout hasarder; vous connaissez mon zèle :
« Je vous attends; je meurs, si vous n'êtes fidèle. »
Hé bien, cher Corasmin, que dis-tu ?

CORASMIN.

         Moi, seigneur ?
Je suis épouvanté de ce comble d'horreur.

OROSMANE.

Tu vois comme on me traite.

CORASMIN.

        O trahison horrible !
Seigneur, à cet affront vous êtes insensible ?
Vous, dont le cœur tantôt, sur un simple soupçon,
D'une douleur si vive a reçu le poison ?
Ah ! sans doute, l'horreur d'une action si noire
Vous guérit d'un amour qui blessait votre gloire.

OROSMANE.

Cours chez elle à l'instant, va, vole, Corasmin :
Montre-lui cet écrit... Qu'elle tremble... et soudain,
De cent coups de poignard que l'infidèle meure.
Mais avant de frapper... Ah! cher ami, demeure,
Demeure, il n'est pas temps. Je veux que ce chrétien
Devant elle amené... Non... je ne veux plus rien...
Je me meurs... je succombe à l'excès de ma rage.

CORASMIN.

On ne reçut jamais un si sanglant outrage.

OROSMANE.

Le voilà donc connu ce secret plein d'horreur !

ACTE IV, SCÈNE V.

Ce secret qui pesait à son infame cœur !
Sous le voile emprunté d'une crainte ingénue,
Elle veut quelque temps se soustraire à ma vue.
Je me fais cet effort, je la laisse sortir;
Elle part en pleurant... et c'est pour me trahir.
Quoi ! Zaïre !

CORASMIN.

Tout sert à redoubler son crime.
Seigneur, n'en soyez pas l'innocente victime,
Et de vos sentimens rappelant la grandeur...

OROSMANE.

C'est là ce Nérestan, ce héros plein d'honneur,
Ce chrétien si vanté, qui remplissait Solyme
De ce faste imposant de sa vertu sublime !
Je l'admirais moi-même, et mon cœur combattu
S'indignait qu'un chrétien m'égalât en vertu.
Ah ! qu'il va me payer sa fourbe abominable !
Mais Zaïre, Zaïre est cent fois plus coupable.
Une esclave chrétienne, et que j'ai pu laisser
Dans les plus vils emplois languir sans l'abaisser !
Une esclave ! elle sait ce que j'ai fait pour elle !
Ah, malheureux !

CORASMIN.

Seigneur, si vous souffrez mon zèle,
Si, parmi les horreurs qui doivent vous troubler,
Vous vouliez...

OROSMANE.

Oui, je veux la voir et lui parler.
Allez, volez, esclave, et m'amenez Zaïre.

CORASMIN.
Hélas! en cet état que pourrez-vous lui dire?
OROSMANE.
Je ne sais, cher ami, mais je prétends la voir.
CORASMIN.
Ah, seigneur! vous allez, dans votre désespoir,
Vous plaindre, menacer, faire couler ses larmes.
Vos bontés contre vous lui donneront des armes;
Et votre cœur séduit, malgré tous vos soupçons,
Pour la justifier cherchera des raisons.
M'en croirez-vous? cachez cette lettre à sa vue,
Prenez pour la lui rendre une main inconnue:
Par là, malgré la fraude et les déguisemens,
Vos yeux démêleront ses secrets sentimens,
Et des plis de son cœur verront tout l'artifice.

OROSMANE.
Penses-tu qu'en effet Zaïre me trahisse?
Allons, quoi qu'il en soit, je vais tenter mon sort,
Et pousser la vertu jusqu'au dernier effort.
Je veux voir à quel point une femme hardie
Saura de son côté pousser la perfidie.

CORASMIN.
Seigneur, je crains pour vous ce funeste entretien;
Un cœur tel que le vôtre...
OROSMANE.
　　　　　　　Ah! n'en redoute rien.
A son exemple, hélas! ce cœur ne saurait feindre.
Mais j'ai la fermeté de savoir me contraindre:
Oui, puisqu'elle m'abaisse à connaître un rival...
Tiens, reçois ce billet à tous trois si fatal:

ACTE IV, SCÈNE VI.

Va, choisis pour le rendre un esclave fidèle;
Mets en de sûres mains cette lettre cruelle;
Va, cours... Je ferai plus, j'éviterai ses yeux;
Qu'elle n'approche pas... C'est elle, justes cieux!

SCÈNE VI.

OROSMANE, ZAIRE.

ZAÏRE.

Seigneur, vous m'étonnez; quelle raison soudaine,
Quel ordre si pressant près de vous me ramène?

OROSMANE.

Hé bien, madame, il faut que vous m'éclaircissiez :
Cet ordre est important plus que vous ne croyez;
Je me suis consulté... Malheureux l'un par l'autre,
Il faut régler d'un mot et mon sort et le vôtre.
Peut-être qu'en effet ce que j'ai fait pour vous,
Mon orgueil oublié, mon sceptre à vos genoux,
Mes bienfaits, mon respect, mes soins, ma confiance,
Ont arraché de vous quelque reconnaissance.
Votre cœur, par un maître attaqué chaque jour,
Vaincu par mes bienfaits, crut l'être par l'amour.
Dans votre ame, avec vous, il est temps que je lise;
Il faut que ses replis s'ouvrent à ma franchise;
Jugez-vous : répondez avec la vérité
Que vous devez au moins à ma sincérité.
Si de quelque autre amour l'invincible puissance
L'emporte sur mes soins, ou même les balance,
Il faut me l'avouer, et dans ce même instant,

Ta grace est dans mon cœur; prononce, elle t'attend.
Sacrifie à ma foi l'insolent qui t'adore :
Songe que je te vois, que je te parle encore,
Que ma foudre à ta voix pourra se détourner,
Que c'est le seul moment où je peux pardonner.

ZAÏRE.

Vous, seigneur! vous osez me tenir ce langage!
Vous, cruel! Apprenez que ce cœur qu'on outrage,
Et que par tant d'horreurs le ciel veut éprouver,
S'il ne vous aimait pas, est né pour vous braver.
Je ne crains rien ici que ma funeste flamme;
N'imputez qu'à ce feu qui brûle encor mon ame,
N'imputez qu'à l'amour, que je dois oublier,
La honte où je descends de me justifier.
J'ignore si le ciel, qui m'a toujours trahie,
A destiné pour vous ma malheureuse vie.
Quoi qu'il puisse arriver, je jure par l'honneur,
Qui, non moins que l'amour, est gravé dans mon cœur,
Je jure que Zaïre, à soi-même rendue,
Des rois les plus puissans détesterait la vue;
Que tout autre après vous me serait odieux.
Voulez-vous plus savoir, et me connaître mieux?
Voulez-vous que ce cœur, à l'amertume en proie,
Ce cœur désespéré devant vous se déploie?
Sachez donc qu'en secret il pensait malgré lui
Tout ce que devant vous il déclare aujourd'hui;
Qu'il soupirait pour vous, avant que vos tendresses
Vinssent justifier mes naissantes faiblesses;
Qu'il prévint vos bienfaits, qu'il brûlait à vos pieds,
Qu'il vous aimait enfin, lorsque vous m'ignoriez;

ACTE IV, SCÈNE VI.

Qu'il n'eut jamais que vous, n'aura que vous pour maî-
J'en atteste le ciel, que j'offense peut-être ; [tre.
Et si j'ai mérité son éternel courroux,
Si mon cœur fut coupable, ingrat, c'était pour vous.

OROSMANE.

Quoi ! des plus tendres feux sa bouche encor m'assure !
Quel excès de noirceur ! Zaïre... Ah, la parjure !
Quand de sa trahison j'ai la preuve en ma main !

ZAÏRE.

Que dites-vous ? Quel trouble agite votre sein ?

OROSMANE.

Je ne suis point troublé. Vous m'aimez ?

ZAÏRE.

Votre bouche
Peut-elle me parler avec ce ton farouche
D'un feu si tendrement déclaré chaque jour ?
Vous me glacez de crainte en me parlant d'amour.

OROSMANE.

Vous m'aimez ?

ZAÏRE.

Vous pouvez douter de ma tendresse !
Mais, encore une fois, quelle fureur vous presse ?
Quels regards effrayans vous me lancez ! hélas !
Vous doutez de mon cœur ?

OROSMANE.

Non, je n'en doute pas.
Allez, rentrez, madame.

SCÈNE VII.

OROSMANE, CORASMIN.

OROSMANE.
Ami, sa perfidie
Au comble de l'horreur ne s'est pas démentie ;
Tranquille dans le crime, et fausse avec douceur,
Elle a jusques au bout soutenu sa noirceur.
As-tu trouvé l'esclave ? as-tu servi ma rage ?
Connaîtrai-je à la fois son crime et mon outrage ?

CORASMIN.
Oui, je viens d'obéir ; mais vous ne pouvez pas
Soupirer désormais pour ses traîtres appas :
Vous la verrez sans doute avec indifférence,
Sans que le repentir succède à la vengeance ;
Sans que l'amour sur vous en repousse les traits.

OROSMANE.
Corasmin, je l'adore encor plus que jamais.

CORASMIN.
Vous ? ô ciel ! vous ?

OROSMANE.
Je vois un rayon d'espérance.
Cet odieux chrétien, l'élève de la France,
Est jeune, impatient, léger, présomptueux ;
Il peut croire aisément ses téméraires vœux :
Son amour indiscret, et plein de confiance,
Aura de ses soupirs hasardé l'insolence !
Un regard de Zaïre aura pu l'aveugler :

ACTE IV, SCÈNE VII.

Sans doute il est aisé de s'en laisser troubler.
Il croit qu'il est aimé, c'est lui seul qui m'offense ;
Peut-être ils ne sont point tous deux d'intelligence.
Zaïre n'a point vu ce billet criminel,
Et j'en croyais trop tôt mon déplaisir mortel.
Corasmin, écoutez... Dès que la nuit plus sombre
Aux crimes des mortels viendra prêter son ombre,
Sitôt que ce chrétien chargé de mes bienfaits,
Nérestan, paraîtra sous les murs du palais,
Ayez soin qu'à l'instant ma garde le saisisse ;
Qu'on prépare pour lui le plus honteux supplice,
Et que chargé de fers il me soit présenté.
Laissez, surtout, laissez Zaïre en liberté.
Tu vois mon cœur, tu vois à quel excès je l'aime !
Ma fureur est plus grande, et j'en tremble moi-même.
J'ai honte des douleurs où je me suis plongé,
Mais malheur aux ingrats qui m'auront outragé !

FIN DU QUATRIÈME ACTE.

ACTE CINQUIÈME.

SCÈNE I.

OROSMANE, CORASMIN; un esclave.

OROSMANE.
On l'a fait avertir, l'ingrate va paraître.
Songe que dans tes mains est le sort de ton maître;
Donne-lui le billet de ce traître chrétien ;
Rends-moi compte de tout, examine-la bien :
Porte-moi sa réponse. On approche... c'est elle.
(à Corasmin.)
Viens, d'un malheureux prince ami tendre et fidèle,
Viens m'aider à cacher ma rage et mes ennuis.

SCÈNE II.

ZAIRE, FATIME; l'esclave.

ZAÏRE.
Eh ! qui peut me parler dans l'état où je suis ?
A tant d'horreurs, hélas ! qui pourra me soustraire ?
Le sérail est fermé ! Dieu ! si c'était mon frère !
Si la main de ce Dieu, pour soutenir ma foi,
Par des chemins cachés, le conduisait vers moi !
Quel esclave inconnu se présente à ma vue ?

ACTE V, SCÈNE III.

L'ESCLAVE.

Cette lettre, en secret dans mes mains parvenue,
Pourra vous assurer de ma fidélité.

ZAÏRE.

Donne.
(Elle lit.)

FATIME, *à part, pendant que Zaïre lit.*

Dieu tout-puissant ! éclate en ta bonté ;
Fais descendre ta grace en ce séjour profane ;
Arrache ma princesse au barbare Orosmane !

ZAÏRE, *à Fatime.*

Je voudrais te parler.

FATIME, *à l'esclave.*

Allez, retirez-vous ;
On vous rappellera, soyez prêt ; laissez-nous.

SCÈNE III.

ZAIRE, FATIME.

ZAÏRE.

Lis ce billet : hélas ! dis-moi ce qu'il faut faire ;
Je voudrais obéir aux ordres de mon frère.

FATIME.

Dites plutôt, madame, aux ordres éternels
D'un Dieu qui vous demande au pied de ses autels.
Ce n'est point Nérestan, c'est Dieu qui vous appelle.

ZAÏRE.

Je le sais, à sa voix je ne suis point rebelle,
J'en ai fait le serment : mais puis-je m'engager,

Moi, les chrétiens, mon frère, en un si grand danger?
FATIME.
Ce n'est point leur danger dont vous êtes troublée;
Votre amour parle seul à votre ame ébranlée.
Je connais votre cœur; il penserait comme eux,
Il hasarderait tout, s'il n'était amoureux.
Ah! connaissez du moins l'erreur qui vous engage.
Vous tremblez d'offenser l'amant qui vous outrage!
Quoi! ne voyez-vous pas toutes ses cruautés,
Et l'ame d'un Tartare à travers ses bontés?
Ce tigre, encor farouche au sein de sa tendresse,
Même en vous adorant, menaçait sa maîtresse...
Et votre cœur encor ne s'en peut détacher!
Vous soupirez pour lui!
ZAÏRE.
Qu'ai-je à lui reprocher?
C'est moi qui l'offensais, moi qu'en cette journée
Il a vu souhaiter ce fatal hyménée;
Le trône était tout prêt, le temple était paré,
Mon amant m'adorait, et j'ai tout différé.
Moi, qui devais ici trembler sous sa puissance,
J'ai de ses sentimens bravé la violence;
J'ai soumis son amour, il fait ce que je veux,
Il m'a sacrifié ses transports amoureux.
FATIME.
Ce malheureux amour, dont votre ame est blessée,
Peut-il en ce moment remplir votre pensée?
ZAÏRE.
Ah, Fatime! tout sert à me désespérer:
Je sais que du sérail rien ne peut me tirer;

ACTE V, SCÈNE IV.

Je voudrais des chrétiens voir l'heureuse contrée,
Quitter ce lieu funeste à mon ame égarée;
Et je sens qu'à l'instant, prompte à me démentir,
Je fais des vœux secrets pour n'en jamais sortir.
Quel état! quel tourment! Non, mon ame inquiète
Ne sait ce qu'elle doit, ni ce qu'elle souhaite;
Une terreur affreuse est tout ce que je sens.
Dieu! détourne de moi ces noirs pressentimens;
Prends soin de nos chrétiens, et veille sur mon frère!
Prends soin, du haut des cieux, d'une tête si chère!
Oui, je le vais trouver, je lui vais obéir:
Mais dès que de Solyme il aura pu partir,
Par son absence alors à parler enhardie,
J'apprends à mon amant le secret de ma vie:
Je lui dirai le culte où mon cœur est lié;
Il lira dans ce cœur, il en aura pitié.
Mais dussé-je au supplice être ici condamnée,
Je ne trahirai point le sang dont je suis née.
Va, tu peux amener mon frère dans ces lieux.
Rappelle cet esclave.

SCÈNE IV.

ZAIRE.

O Dieu de mes aïeux!
Dieu de tous mes parens, de mon malheureux père,
Que ta main me conduise, et que ton œil m'éclaire!

SCÈNE V.

ZAIRE; L'ESCLAVE.

ZAÏRE.
Allez dire au chrétien qui marche sur vos pas
Que mon cœur aujourd'hui ne le trahira pas,
Que Fatime en ces lieux va bientôt l'introduire.
(à part.)
Allons, rassure-toi, malheureuse Zaïre !

SCÈNE VI.

OROSMANE, CORASMIN; L'ESCLAVE.

OROSMANE.
Que ces momens, grand Dieu, sont lents pour ma fureur!
(à l'esclave.)
Hé bien! que t'a-t-on dit? réponds, parle.

L'ESCLAVE.
Seigneur,
On n'a jamais senti de si vives alarmes.
Elle a pâli, tremblé, ses yeux versaient des larmes;
Elle m'a fait sortir, elle m'a rappelé,
Et d'une voix tremblante, et d'un cœur tout troublé,
Près de ces lieux, seigneur, elle a promis d'attendre
Celui qui cette nuit à ses yeux doit se rendre.

OROSMANE.
(à l'esclave.)   (à Corasmin.)
Allez, il me suffit... Ote-toi de mes yeux,

Laisse-moi : tout mortel me devient odieux.
Laisse-moi seul, te dis-je, à ma fureur extrême :
Je hais le monde entier, je m'abhorre moi-même.

SCÈNE VII.

OROSMANE.

Où suis je ? ô ciel, où suis-je ? où porté-je mes vœux ?
Zaïre, Nérestan... couple ingrat, couple affreux !
Traîtres, arrachez-moi ce jour que je respire,
Ce jour souillé par vous... Misérable Zaïre,
Tu ne jouiras pas... Corasmin, revenez.

SCÈNE VIII.

OROSMANE, CORASMIN.

OROSMANE.
Ah ! trop cruel ami, quoi ! vous m'abandonnez !
Venez; a-t-il paru, ce rival, ce coupable ?
CORASMIN.
Rien ne paraît encore.
OROSMANE.
     O nuit ! nuit effroyable !
Peux-tu prêter ton voile à de pareils forfaits ?
Zaïre... l'infidèle... après tant de bienfaits !
J'aurais d'un œil serein, d'un front inaltérable,
Contemplé de mon rang la chute épouvantable :
J'aurais su, dans l'horreur de la captivité,

Conserver mon courage et ma tranquillité :
Mais me voir à ce point trompé par ce que j'aime !

CORASMIN.

Eh ! que prétendez-vous dans cette horreur extrême ?
Quel est votre dessein ?

OROSMANE.

    N'entends-tu pas des cris ?

CORASMIN.

Seigneur...

OROSMANE.

    Un bruit affreux a frappé mes esprits.
On vient.

CORASMIN.

   Non, jusqu'ici nul mortel ne s'avance ;
Le sérail est plongé dans un profond silence ;
Tout dort, tout est tranquille, et l'ombre de la nuit..,

OROSMANE.

Hélas ! le crime veille, et son horreur me suit.
A ce coupable excès porter sa hardiesse !
Tu ne connaissais pas mon cœur et ma tendresse !
Combien je t'adorais ! quels feux ! Ah, Corasmin !
Un seul de ses regards aurait fait mon destin :
Je ne puis être heureux, ni souffrir que par elle.
Prends pitié de ma rage. Oui, cours... Ah, la cruelle !

CORASMIN.

Est-ce vous qui pleurez ? vous, Orosmane ? ô cieux !

OROSMANE.

Voilà les premiers pleurs qui coulent de mes yeux.
Tu vois mon sort, tu vois la honte où je me livre :
Mais ces pleurs sont cruels, et la mort va les suivre :

ACTE V, SCÈNE IX.

Plains Zaïre, plains-moi; l'heure approche; ces pleurs
Du sang qui va couler sont les avant-coureurs.

CORASMIN.

Ah! je tremble pour vous.

OROSMANE.

Frémis de mes souffrances,
Frémis de mon amour, frémis de mes vengeances.
Approche, viens, j'entends... je ne me trompe pas.

CORASMIN.

Sous les murs du palais quelqu'un porte ses pas.

OROSMANE.

Va saisir Nérestan; va, dis-je, qu'on l'enchaîne :
Que tout chargé de fers à mes yeux on l'entraîne.

SCÈNE IX.

OROSMANE; ZAIRE et FATIME, *marchant pendant la nuit dans l'enfoncement du théâtre.*

ZAÏRE.

Viens, Fatime.

OROSMANE.

Qu'entends-je! Est-ce là cette voix
Dont les sons enchanteurs m'ont séduit tant de fois;
Cette voix qui trahit un feu si légitime;
Cette voix infidèle, et l'organe du crime?
Perfide... vengeons-nous... Quoi! c'est elle? ô destin!
(Il tire son poignard.)
Zaïre! ah, Dieu... ce fer échappe de ma main.

ZAÏRE, *à Fatime.*

C'est ici le chemin; viens, soutiens mon courage.

FATIME.

Il va venir.

OROSMANE.

Ce mot me rend toute ma rage.

ZAÏRE.

Je marche en frissonnant, mon cœur est éperdu.
Est-ce vous, Nérestan, que j'ai tant attendu?

OROSMANE, *courant à Zaïre.*

C'est moi que tu trahis : tombe à mes pieds, parjure!

ZAÏRE, *tombant dans la coulisse.*

Je me meurs, ô mon Dieu!

OROSMANE.

J'ai vengé mon injure.
Otons-nous de ces lieux. Je ne puis... Qu'ai-je fait...
Rien que de juste... Allons, j'ai puni son forfait.
Ah! voici son amant que mon destin m'envoie
Pour remplir ma vengeance et ma cruelle joie.

SCÈNE X.

OROSMANE, ZAIRE, NÉRESTAN, CORASMIN, FATIME; ESCLAVES.

OROSMANE.

Approche, malheureux, qui viens de m'arracher,
De m'ôter pour jamais ce qui me fut si cher;
Méprisable ennemi, qui fais encor paraître
L'audace d'un héros avec l'ame d'un traître;
Tu m'imposais ici pour me déshonorer.
Va, le prix en est prêt, tu peux t'y préparer.

ACTE V, SCÈNE X.

Tes maux vont égaler les maux où tu m'exposes,
Et ton ingratitude, et l'horreur que tu causes.
Avez-vous ordonné son supplice?

CORASMIN.
Oui, seigneur.

OROSMANE.
Il commence déja dans le fond de ton cœur.
Tes yeux cherchent partout, et demandent encore
La perfide qui t'aime, et qui me déshonore.
Regarde, elle est ici.

NÉRESTAN.
Que dis-tu? Quelle erreur!

OROSMANE.
Regarde-la, te dis-je.

NÉRESTAN.
Ah, que vois-je! Ah, ma sœur!
Zaïre... elle n'est plus! Ah, monstre! Ah, jour horrible!

OROSMANE.
Sa sœur! Qu'ai-je entendu? Dieu! serait-il possible?

NÉRESTAN.
Barbare, il est trop vrai : viens épuiser mon flanc
Du reste infortuné de cet auguste sang.
Lusignan, ce vieillard, fut son malheureux père;
Il venait dans mes bras d'achever sa misère,
Et d'un père expiré j'apportais en ces lieux
La volonté dernière et les derniers adieux;
Je venais, dans un cœur trop faible et trop sensible,
Rappeler des chrétiens le culte incorruptible.
Hélas! elle offensait notre Dieu, notre loi;

Et ce Dieu la punit d'avoir brûlé pour toi.
OROSMANE.
Zaïre... Elle m'aimait ? Est-il bien vrai, Fatime ?
Sa sœur... J'étais aimé ?
FATIME.
Cruel ! voilà son crime.
Tigre altéré de sang, tu viens de massacrer
Celle qui, malgré soi constante à t'adorer,
Se flattait, espérait que le Dieu de ses pères
Recevrait le tribut de ses larmes sincères ;
Qu'il verrait en pitié cet amour malheureux,
Que peut-être il voudrait vous réunir tous deux.
Hélas ! à cet excès son cœur l'avait trompée ;
De cet espoir trop tendre elle était occupée ;
Tu balançais son Dieu dans son cœur alarmé.
OROSMANE.
Tu m'en as dit assez. O ciel, j'étais aimé !
Va, je n'ai pas besoin d'en savoir davantage.
NÉRESTAN.
Cruel ! qu'attends-tu donc pour assouvir ta rage ?
Il ne reste que moi de ce sang glorieux
Dont ton père et ton bras ont inondé ces lieux ;
Rejoins un malheureux à sa triste famille,
Au héros dont tu viens d'assassiner la fille.
Tes tourmens sont-ils prêts ? Je puis braver tes coups,
Tu m'as fait éprouver le plus cruel de tous.
Mais la soif de mon sang, qui toujours te dévore,
Permet-elle à l'honneur de te parler encore ?
En m'arrachant le jour, souviens-toi des chrétiens,
Dont tu m'avais juré de briser les liens ;

Dans sa férocité, ton cœur impitoyable
De ce trait généreux serait-il bien capable?
Parle; à ce prix encor je bénis mon trépas.

OROSMANE, *allant vers le corps de Zaïre.*
Zaïre!

CORASMIN.
Hélas! seigneur, où portez-vous vos pas?
Rentrez, trop de douleur de votre ame s'empare,
Souffrez que Nérestan...

NÉRESTAN.
Qu'ordonnes-tu, barbare?

OROSMANE, *après une longue pause.*
Qu'on détache ses fers. Écoutez, Corasmin,
Que tous ses compagnons soient délivrés soudain.
Aux malheureux chrétiens prodiguez mes largesses;
Comblés de mes bienfaits, chargés de mes richesses,
Jusqu'au port de Joppé vous conduirez leurs pas.

CORASMIN.
Mais, seigneur...

OROSMANE.
Obéis, et ne réplique pas;
Vole, et ne trahis point la volonté suprême
D'un soudan qui commande, et d'un ami qui t'aime;
Va, ne perds point de temps, sors, obéis...
(à Nérestan.)
Et toi,
Guerrier infortuné, mais moins encor que moi,
Quitte ces lieux sanglans; remporte en ta patrie
Cet objet que ma rage a privé de la vie.
Ton roi, tous tes chrétiens, apprenant tes malheurs,

N'en parleront jamais sans répandre des pleurs.
Mais si la vérité par toi se fait connaître,
En détestant mon crime, on me plaindra peut-être.
Porte aux tiens ce poignard, que mon bras égaré
A plongé dans un sein qui dut m'être sacré;
Dis-leur que j'ai donné la mort la plus affreuse
A la plus digne femme, à la plus vertueuse
Dont le ciel ait formé les innocens appas;
Dis-leur qu'à ses genoux j'avais mis mes états;
Dis-leur que dans son sang cette main s'est plongée;
Dis que je l'adorais, et que je l'ai vengée.
(Il se tue.)
(aux siens.)
Respectez ce héros, et conduisez ses pas.

NÉRESTAN.

Guide-moi, Dieu puissant, je ne me connais pas.
Faut-il qu'à t'admirer ta fureur me contraigne,
Et que dans mon malheur ce soit moi qui te plaigne!

FIN DE ZAÏRE.

VARIANTES

DE LA TRAGÉDIE DE ZAIRE.

a Édition de 1740 :

>Peut-il suivre une loi que mon amant abhorre ?
>La coutume en ces lieux plia mes premiers ans.

b Ibid.

>Des Lusignan ou moi l'empire de ces lieux.

c Ibid.

>Qui naquit, qui souffrit, qui mourut en ces lieux,
>Qui nous a rassemblés, qui m'amène à vos yeux.

d Édition de 1738 :

>Mais il est trop honteux d'avoir une faiblesse.

e Ibid.

>Quel caprice odieux, que je ne conçois pas !

FIN DES VARIANTES DE ZAÏRE.

NOTES

DE LA TRAGÉDIE DE ZAIRE.

[1] Ces vers rappellent ceux de *Bérénice* :

> Titus, ah! plût au ciel que, sans blesser ta gloire,
> Un rival plus puissant voulût tenter ma foi,
> Et pût mettre à mes pieds plus d'empires que toi,
> Que de sceptres sans nombre il pût payer ma flamme,
> Que ton amour n'eût rien à donner que ton ame!
> C'est alors, cher Titus, qu'aimé, victorieux,
> Tu verrais de quel prix ton cœur est à mes yeux.

[2] Molière, dans la comédie des *Fâcheux*, dit, en parlant des jaloux :

> De ces gens dont l'amour est fait comme la haine.

On retrouve dans la scène des deux amans du *Dépit amoureux* plusieurs sentimens de la seconde scène du quatrième acte entre Orosmane et Zaïre :

> Madame, il fut un temps où mon ame charmée...

Plusieurs des mouvemens passionnés du rôle de Vendôme se retrouvent aussi dans celui de don Garcie, personnage d'une comédie héroïque de Molière, presque oubliée. Il n'est pas vraisemblable que M. de Voltaire ait songé à imiter ces morceaux de Molière; et nous n'avons fait ce rapprochement que pour faire remarquer comment les deux poëtes français qui ont le mieux connu les hommes, les deux seuls qui aient été philosophes, se sont rencontrés, lorsqu'ils ont eu à traiter des situations analogues entre elles.

[3] Ce vers est une imitation de celui de Virgile :

> Non ignara mali, miseris succurrere disco.

NOTES DE ZAIRE.

[1] On trouve dans un poëme de l'abbé Du Jarry :

> Tandis que les sapins, les chênes élevés,
> Satisfont en tombant aux vents qu'ils ont bravés.

[2] Hermione dit en parlant de Pyrrhus :

> . . . . Il ne s'informe pas
> Si l'on souhaite ailleurs sa vie ou son trépas.

FIN DES NOTES DE ZAIRE.

SAMSON,

OPÉRA EN CINQ ACTES.

1732.

AVERTISSEMENT.

M. Rameau, le plus grand musicien de France, mit cet opéra en musique vers l'an 1732. On était près de le jouer, lorsque la même cabale qui depuis fit suspendre les représentations de *Mahomet* ou *le Fanatisme* empêcha qu'on ne représentât l'opéra de *Samson*. Et tandis qu'on permettait que ce sujet parût sur le théâtre de la Comédie italienne, et que Samson y fît des miracles conjointement avec Arlequin, on ne permit pas que ce même sujet fût ennobli sur le théâtre de l'Académie de musique.

Le musicien employa depuis presque tous les airs de *Samson* dans d'autres compositions lyriques, que l'envie n'a pas pu supprimer.

On publie ce poëme dénué de son plus grand charme, et on le donne seulement comme une esquisse d'un genre extraordinaire. C'est la seule excuse peut-être de l'impression d'un ouvrage fait plutôt pour être chanté que pour être lu. Les noms de Vénus et d'Adonis trouvent dans cette tragédie une place plus naturelle qu'on ne le croirait d'abord. C'est en effet sur leurs terres que l'action se passe.

Cicéron, dans son excellent livre *de la Nature des Dieux*, dit que la déesse Astarté, révérée des Syriens, était Vénus même, et qu'elle épousa Adonis. On sait de plus qu'on célébrait la fête d'Adonis chez les Philistins. Ainsi, ce qui serait ailleurs un mélange absurde du profane et du sacré se place ici de soi-même.

PERSONNAGES DU PROLOGUE.

LA VOLUPTÉ.
Plaisirs et Amours.
BACCHUS.
HERCULE.
LA VERTU.
Suivans de la Vertu.

PERSONNAGES DE LA PIÈCE.

SAMSON.
DALILA.
LE ROI DES PHILISTINS.
LE GRAND-PRÈTRE.
Les Choeurs.

PROLOGUE.

Le théâtre représente la salle de l'Opéra.

LA VOLUPTÉ, *sur son trône, entourée des* PLAISIRS *et des* AMOURS.

LA VOLUPTÉ.
Sur les bords fortunés embellis par la Seine
Je règne dès long-temps.
Je préside aux concerts charmans
Que donne Melpomène.
Amours, Plaisirs, Jeux séducteurs,
Que le loisir fit naître au sein de la mollesse,
Répandez vos douces erreurs ;
Versez dans tous les cœurs
Votre charmante ivresse ;
Régnez, répandez mes faveurs.

CHŒUR *à parodier.*
Répandons, etc.

LA VOLUPTÉ.
Venez, mortels, accourez à mes yeux :
Regardez, imitez les enfans de la gloire :
Ils m'ont tous cédé la victoire.
Mars les rendit cruels, et je les rends heureux.
(Entrée de héros armés et tenant dans leurs mains des guirlandes de fleurs.)

BACCHUS, *à Hercule.*
Nous sommes les enfans du maître du tonnerre :

Notre nom jadis redouté
Ne périra point sur la terre ;
Mais parlons avec liberté :
Parmi tant de lauriers qui ceignent votre tête,
Dites-moi quelle est la conquête
Dont le grand cœur d'Alcide était le plus flatté ?

HERCULE.

Ah! ne me parlez plus de mes travaux pénibles,
Ni des cieux que j'ai soutenus :
En ces lieux je ne connais plus
Que la charmante Iole et les plaisirs paisibles.
Mais vous, Bacchus, dont la valeur
Fit du sang des humains rougir la terre et l'onde,
Quel plaisir, quel barbare honneur
Trouvez-vous à troubler le monde ?

BACCHUS.

Ariane m'ôte à jamais
Le souvenir de mes brillans forfaits ;
Et par mes présens secourables
Je ravis la raison aux mortels misérables,
Pour leur faire oublier tous les maux que j'ai faits.

(Ensemble.)

Volupté, reçois nos hommages ;
Enchante dans ces lieux
Les héros, les dieux et les sages :
Sans tes plaisirs, sans tes doux avantages,
Est-il des sages et des dieux ?

UN AMOUR.

Jupiter n'est point heureux
Par les coups de son tonnerre :

PROLOGUE.

Amour, il doit à tes feux
Ces momens si précieux
Qu'il vient goûter sur la terre.

Le dieu qui préside au jour,
Et qui ranime le monde,
Ferait-il son vaste tour
S'il n'allait trouver l'Amour
Qui l'attend au sein de l'onde?

Ici tous les conquérans
Bornent leur grandeur à plaire :
Les sages sont des amans ;
Ils cachent leurs cheveux blancs
Sous les myrtes de Cythère.

Mortels, suivez les Amours ;
Toute sagesse est folie.
Profitez de vos beaux jours :
Les dieux aimeront toujours ;
Soyez dieux dans votre vie.

LA VOLUPTÉ.
Ah! quelle éclatante lumière
Fait pâlir les clartés du beau jour qui nous luit?
Quelle est cette nymphe sévère
Que la Sagesse conduit?

CHOEUR.
Fuyons la Vertu cruelle ;
Les Plaisirs sont bannis par elle.

PROLOGUE.

LA VERTU.

Mère des Plaisirs et des Jeux,
Nécessaire aux mortels, et souvent trop fatale,
Non, je ne suis point ta rivale :
Je viens m'unir à toi pour mieux régner sur eux.
Sans moi, de tes plaisirs l'erreur est passagère;
Sans toi, l'on ne m'écoute pas :
Il faut que mon flambeau t'éclaire;
Mais j'ai besoin de tes appas.
Je veux instruire et je dois plaire.
Viens de ta main charmante orner la Vérité.
Disparaissez, guerriers consacrés par la fable :
Un Alcide véritable
Va paraître en ce lieu, comme vous enchanté.
Chantons sa gloire et sa faiblesse,
Et voyons ce héros, par l'amour abattu,
Adorer encor la Vertu
Entre les bras de la Mollesse.

CHOEUR DES SUIVANS DE LA VERTU.

Chantons, célébrons en ce jour
Les dangers cruels de l'amour.

FIN DU PROLOGUE.

SAMSON[*],

OPÉRA.

ACTE PREMIER.

SCÈNE I.

Le théâtre représente une campagne. Les Israélites, couchés sur les bords du fleuve Adonis, déplorent leur captivité.

DEUX CORYPHÉES.

Tribus captives,
Qui sur ces rives
Traînez vos fers;
Tribus captives,
De qui les voix plaintives
Font retentir les airs,
Adorez dans vos maux le Dieu de l'univers.

CHOEUR.

Adorons dans nos maux le Dieu de l'univers.

UN CORYPHÉE.

Ainsi depuis quarante hivers
Des Philistins le pouvoir indomptable
Nous accable;

---

[*] *Voyez* dans la *Correspondance* la lettre à M. Thiériot, du 1ᵉʳ décembre 1731.

Leur fureur est implacable,
Elle insulte aux tourmens que nous avons soufferts.
CHŒUR.
Adorons dans nos maux le Dieu de l'univers.
UN CORYPHÉE.
Race malheureuse et divine,
Tristes Hébreux, frémissez tous :
Voici le jour affreux qu'un roi puissant destine
A placer ses dieux parmi nous.
Des prêtres mensongers, pleins de zèle et de rage,
Vont nous forcer à plier les genoux
Devant les dieux de ce climat sauvage.
Enfans du ciel, que ferez-vous ?
CHŒUR.
Nous bravons leur courroux ;
Le Seigneur seul a notre hommage.
CORYPHÉE.
Tant de fidélité sera chère à ses yeux.
Descendez du trône des cieux,
Fille de la Clémence,
Douce Espérance,
Trésor des malheureux ;
Venez tromper nos maux, venez remplir nos vœux.
Descendez, douce Espérance.

SCÈNE II.

SECOND CORYPHÉE.
Ah ! déja je les vois, ces pontifes cruels,
Qui d'une idole horrible entourent les autels.

ACTE I, SCÈNE II.

(Les prêtres des idoles dans l'enfoncement autour d'un autel couvert de leurs dieux.)

Ne souillons point nos yeux de ces vains sacrifices;
  Fuyons ces monstres adorés :
De leurs prêtres sanglans ne soyons point complices.

CHOEUR.

Fuyons, éloignons-nous.

LE GRAND-PRÊTRE DES IDOLES.

     Esclaves, demeurez,
Demeurez : votre roi par ma voix vous l'ordonne.
D'un pouvoir inconnu lâches adorateurs,
Oubliez-le à jamais lorsqu'il vous abandonne;
  Adorez les dieux ses vainqueurs.
Vous rampez dans nos fers, ainsi que vos ancêtres,
Mutins toujours vaincus, et toujours insolens :
  Obéissez, il en est temps;
  Connaissez les dieux de vos maîtres.

CHOEUR.

Tombe plutôt sur nous la vengeance du ciel !
  Plutôt l'enfer nous engloutisse !
   Périsse, périsse
  Ce temple et cet autel !

LE GRAND-PRÊTRE.

Rebut des nations, vous déclarez la guerre
  Aux dieux, aux pontifes, aux rois?

CHOEUR.

Nous méprisons vos dieux, et nous craignons les lois
  Du maître de la terre.

SCÈNE III.

SAMSON *entre, couvert d'une peau de lion;* LES PERSONNAGES DE LA SCÈNE PRÉCÉDENTE.

SAMSON.
Quel spectacle d'horreur!
Quoi! ces fiers enfans de l'erreur
Ont porté parmi vous ces monstres qu'ils adorent?
Dieu des combats, regarde en ta fureur
Les indignes rivaux que nos tyrans implorent.
Soutiens mon zèle, inspire-moi;
Venge ta cause, venge-toi.
LE GRAND-PRÊTRE.
Profane, impie, arrête!
SAMSON.
Lâches! dérobez votre tête
A mon juste courroux;
Pleurez vos dieux, craignez pour vous.
Tombez, dieux ennemis! soyez réduits en poudre.
Vous ne méritez pas
Que le dieu des combats
Arme le ciel vengeur, et lance ici sa foudre;
Il suffit de mon bras.
Tombez, dieux ennemis! soyez réduits en poudre.
(Il renverse les autels.)
LE GRAND-PRÊTRE.
Le ciel ne punit point ce sacrilége effort!
Le ciel se tait, vengeons sa querelle.

ACTE I, SCENE IV.

Servons le ciel en donnant la mort
    A ce peuple rebelle.
LE CHOEUR DES PRÊTRES.
Servons le ciel en donnant la mort.
    A ce peuple rebelle.

SCÈNE IV.

SAMSON; LES ISRAÉLITES.

SAMSON.
Vos esprits étonnés sont encore incertains ?
Redoutez-vous ces dieux renversés par mes mains ?
CHOEUR DES FILLES ISRAÉLITES.
Mais qui nous défendra du courroux effroyable
    D'un roi, le tyran des Hébreux ?
SAMSON.
    Le Dieu dont la main secourable
    A conduit ce bras belliqueux,
Ne craint point de ces rois la grandeur périssable.
    Faibles tribus, demandez son appui ;
        Il vous armera du tonnerre ;
    Vous serez redoutés du reste de la terre,
        Si vous ne redoutez que lui.
CHOEUR.
Mais nous sommes, hélas! sans armes, sans défense.
SAMSON.
Vous m'avez, c'est assez; tous vos maux vont finir.
    Dieu m'a prêté sa force, sa puissance :
Le fer est inutile au bras qu'il veut choisir ;

En domptant les lions, j'appris à vous servir :
Leur dépouille sanglante est le noble présage
    Des coups dont je ferai périr
    Les tyrans qui sont leur image.

AIR.

  Peuple, éveille-toi, romps tes fers,
  Remonte à ta grandeur première,
  Comme un jour Dieu du haut des airs
Rappellera les morts à la lumière,
    Du sein de la poussière,
  Et ranimera l'univers.
  Peuple, éveille-toi, romps tes fers,
    La liberté t'appelle ;
      Tu naquis pour elle ;
    Reprends tes concerts.
  Peuple, éveille-toi, romps tes fers.

AUTRE AIR.

L'hiver détruit les fleurs et la verdure ;
Mais du flambeau des jours la féconde clarté
    Ranime la nature,
    Et lui rend sa beauté ;
     L'affreux esclavage
     Flétrit le courage :
     Mais la liberté
Relève sa grandeur, et nourrit sa fierté.
    Liberté ! liberté !

FIN DU PREMIER ACTE.

ACTE SECOND.

SCÈNE I.

Le théâtre représente le péristyle du palais du roi : on voit à travers les colonnes des forêts et des collines : dans le fond de la perspective le roi est sur son trône, entouré de toute sa cour habillée à l'orientale.

LE ROI.

Ainsi ce peuple esclave, oubliant son devoir,
   Contre son roi lève un front indocile.
Du sein de la poussière il brave mon pouvoir.
      Sur quel roseau fragile
      A-t-il mis son espoir ?

UN PHILISTIN.

   Un imposteur, un vil esclave,
   Samson, les séduit et vous brave :
Sans doute il est armé du secours des enfers.

LE ROI.

L'insolent vit encore ? Allez, qu'on le saisisse ;
   Préparez tout pour son supplice :
   Courez, soldats, chargez de fers
Des coupables Hébreux la troupe vagabonde ;
Ils sont les ennemis et le rebut du monde,
Et, détestés partout, détestent l'univers.

CHOEUR DES PHILISTINS, *derrière le théâtre.*

Fuyons la mort, échappons au carnage ;

Les enfers secondent sa rage.

LE ROI.

J'entends encor les cris de ces peuples mutins :
De leur chef odieux va-t-on punir l'audace?

UN PHILISTIN, *entrant sur la scène.*

Il est vainqueur, il nous menace ;
Il commande aux destins ;
Il ressemble au dieu de la guerre :
La mort est dans ses mains.
Vos soldats renversés ensanglantent la terre ;
Le peuple fuit devant ses pas.

LE ROI.

Que dites-vous? un seul homme, un barbare,
Fait fuir mes indignes soldats !
Quel démon pour lui se déclare ?

SCÈNE II.

LE ROI, LES PHILISTINS *autour de lui;* SAMSON, *suivi des Hébreux, portant dans une main une massue, et de l'autre une branche d'olivier.*

SAMSON.

Roi, prêtres ennemis, que mon Dieu fait trembler,
Voyez ce signe heureux de la paix bienfesante,
Dans cette main sanglante
Qui vous peut immoler.

CHŒUR DES PHILISTINS.

Quel mortel orgueilleux peut tenir ce langage?
Contre un roi si puissant quel bras peut s'élever?

ACTE II, SCÈNE II.

LE ROI.

Si vous êtes un dieu, je vous dois mon hommage ;
Si vous êtes un homme, osez-vous me braver ?

SAMSON.

Je ne suis qu'un mortel ; mais le Dieu de la terre,
  Qui commande aux rois,
  Qui souffle à son choix
  Et la mort et la guerre,
  Qui vous tient sous ses lois,
  Qui lance le tonnerre,
  Vous parle par ma voix.

LE ROI.

Hé bien ! quel est ce Dieu ? Quel est le témoignage
  Qu'il daigne m'annoncer par vous ?

SAMSON.

  Vos soldats mourant sous mes coups,
La crainte où je vous vois, mes exploits, mon courage.
Au nom de ma patrie, au nom de l'Éternel,
Respectez désormais les enfans d'Israël,
  Et finissez leur esclavage.

LE ROI.

Moi, qu'au sang philistin je fasse un tel outrage !
Moi, mettre en liberté ces peuples odieux !
Votre Dieu serait-il plus puissant que mes dieux ?

SAMSON.

Vous allez l'éprouver ; voyez si la nature
  Reconnaît ses commandemens.
Marbres, obéissez ; que l'onde la plus pure
Sorte de ces rochers, et retombe en torrens.

  (On voit des fontaines jaillir dans l'enfoncement.)

SAMSON,

CHŒUR.

Ciel! ô ciel! à sa voix on voit jaillir cette onde
Des marbres amollis!
Les élémens lui sont soumis!
Est-il le souverain du monde?

LE ROI.

N'importe, quel qu'il soit, je ne puis m'avilir
A recevoir des lois de qui doit me servir.

SAMSON.

Hé bien! vous avez vu quelle était sa puissance,
Connaissez quelle est sa vengeance.
Descendez, feux des cieux, ravagez ces climats :
Que la foudre tombe en éclats;
De ces fertiles champs détruisez l'espérance.

(Tout le théâtre paraît embrasé.)

Brûlez, moissons; séchez, guérets;
Embrasez-vous, vastes forêts.

(au roi.)

Connaissez quelle est sa vengeance.

CHŒUR.

Tout s'embrase, tout se détruit;
Un dieu terrible nous poursuit.
Brûlante flamme, affreux tonnerre,
. . . .
Ciel! ô ciel! sommes-nous
Au jour où doit périr la terre?

LE ROI.

Suspends, suspends cette rigueur,
Ministre impérieux d'un Dieu plein de fureur!
Je commence à reconnaître

Le pouvoir dangereux de ton superbe maître ;
Mes dieux long-temps vainqueurs commencent à céder ;
  C'est à leur voix à me résoudre.
    SAMSON.
 C'est à la sienne à commander.
Il nous avait punis, il m'arme de sa foudre :
A tes dieux infernaux va porter ton effroi ;
Pour la dernière fois peut-être tu contemples
  Et ton trône et leurs temples :
  Tremble pour eux et pour toi.

SCÈNE III.

SAMSON ; CHŒUR D'ISRAÉLITES.

Vous que le ciel console après des maux si grands,
Peuples, osez paraître aux palais des tyrans :
 Sonnez, trompette, organe de la gloire ;
 Sonnez, annoncez ma victoire.
    LES HÉBREUX.
Chantons tous ce héros, l'arbitre des combats :
  Il est le seul dont le courage
    Jamais ne partage
  La victoire avec les soldats.
  Il va finir notre esclavage.
   Pour nous est l'avantage ;
   La gloire est à son bras ;
  Il fait trembler sur leur trône
  Les rois maîtres de l'univers,
  Les guerriers au champ de Bellone,
  Les faux dieux au fond des enfers.

SAMSON,

CHŒUR.

Sonnez, trompette, organe de sa gloire ;
Sonnez, annoncez sa victoire.

LES HÉBREUX.

Le défenseur intrépide
D'un troupeau faible et timide
Garde leurs paisibles jours
Contre le peuple homicide
Qui rugit dans les antres sourds :
Le berger se repose, et sa flûte soupire
Sous ses doigts le tendre délire
De ses innocentes amours.

CHŒUR.

Sonnez, trompette, organe de sa gloire ;
Sonnez, annoncez sa victoire.

FIN DU SECOND ACTE.

ACTE TROISIÈME.

SCÈNE I.

Le théâtre représente un bocage et un autel, où sont Mars, Vénus et les dieux de Syrie.

LE ROI, LE GRAND-PRÊTRE DE MARS, DALILA, *prétresse de Vénus;* CHŒUR.

LE ROI.
Dieux de Syrie,
Dieux immortels,
Écoutez, protégez un peuple qui s'écrie
Au pied de vos autels.
Éveillez-vous, punissez la furie
De votre esclave criminel.
Votre peuple vous prie :
Livrez en nos mains
Le plus fier des humains.

CHŒUR.
Livrez en nos mains
Le plus fier des humains.

LE GRAND-PRÊTRE.
Mars terrible,
Mars invincible,
Protége nos climats;

SAMSON,
Prépare
A ce barbare
Les fers et le trépas.

DALILA.

O Vénus ! déesse charmante,
Ne permets pas que ces beaux jours,
Destinés aux amours,
Soient profanés par la guerre sanglante.

CHOEUR.

Livrez en nos mains
Le plus fier des humains.

ORACLE DES DIEUX DE SYRIE.

« Samson nous a domptés ; ce glorieux empire
« Touche à son dernier jour ;
« Fléchissez ce héros ; qu'il aime, qu'il soupire :
« Vous n'avez d'espoir qu'en l'Amour. »

DALILA.

Dieu des plaisirs, daigne ici nous instruire
Dans l'art charmant de plaire et de séduire ;
Prête à nos yeux tes traits toujours vainqueurs ;
Apprends-nous à semer de fleurs
Le piége aimable où tu veux qu'on l'attire.

CHOEUR.

Dieu des plaisirs, daigne ici nous instruire
Dans l'art charmant de plaire et de séduire.

DALILA.

D'Adonis c'est aujourd'hui la fête ;
Pour ses jeux la jeunesse s'apprête.
Amour, voici le temps heureux
Pour inspirer et pour sentir tes feux.

ACTE III, SCÈNE II.

CHOEUR DES FILLES.

Amour, voici le temps heureux
Pour inspirer et pour sentir tes feux.
Dieu des plaisirs, daigne ici nous instruire
Dans l'art charmant de plaire et de séduire.

DALILA.

Il vient plein de colère, et la terreur le suit;
Retirons-nous sous cet épais feuillage.

(Elle se retire avec les filles de Gaza et les prêtresses.)

Implorons le dieu qui séduit
Le plus ferme courage.

SCÈNE II.

SAMSON.

Le Dieu des combats m'a conduit
  Au milieu du carnage;
Devant lui tout tremble et tout fuit.
  Le tonnerre, l'affreux orage,
  Dans les champs font moins de ravage
  Que son nom seul en a produit
  Chez le Philistin plein de rage.
  Tous ceux qui voulaient arrêter
  Ce fier torrent dans son passage
    N'ont fait que l'irriter :
Ils sont tombés; la mort est leur partage.

(On entend une harmonie douce.)

Ces sons harmonieux, ces murmures des eaux,
  Semblent amollir mon courage.

Asile de la paix, lieux charmans, doux ombrage,
Vous m'invitez au repos.
(Il s'endort sur un lit de gazon.)

SCÈNE III.

DALILA, SAMSON.

CHOEUR DES PRÊTRESSES DE VÉNUS, *revenant sur la scène.*
Plaisirs flatteurs, amollissez son ame,
Songes charmans, enchantez son sommeil.
FILLES DE GAZA.
Tendre Amour, éclaire son réveil,
Mets dans nos yeux ton pouvoir et ta flamme.
DALILA.
Vénus, inspire-nous, préside à ce beau jour.
Est-ce là ce cruel, ce vainqueur homicide?
Vénus, il semble né pour embellir ta cour.
Armé, c'est le dieu Mars; désarmé, c'est l'Amour.
Mon cœur, mon faible cœur devant lui s'intimide.
Enchaînons de fleurs
Ce guerrier terrible;
Que ce cœur farouche, invincible,
Se rende à tes douceurs.
CHOEUR.
Enchaînons de fleurs
Ce héros terrible.

SAMSON *se réveille, entouré des filles de Gaza.*
Où suis-je? en quels climats me vois-je transporté!

Quels doux concerts se font entendre !
Quels ravissans objets viennent de me surprendre !
Est-ce ici le séjour de la félicité ?

DALILA, *à Samson.*

Du charmant Adonis nous célébrons la fête ;
L'Amour en ordonna les jeux ;
C'est l'Amour qui les apprête :
Puissent-ils mériter un regard de vos yeux !

SAMSON.

Quel est cet Adonis dont votre voix aimable
Fait retentir ce beau séjour ?

DALILA.

C'était un héros indomptable,
Qui fut aimé de la mère d'Amour.
Nous chantons tous les ans cette aimable aventure.

SAMSON.

Parlez, vous m'allez enchanter :
Les vents viennent de s'arrêter ;
Ces forêts, ces oiseaux, et toute la nature,
Se taisent pour vous écouter.

DALILA *se met à côté de Samson. Le chœur se range autour d'eux. Dalila chante cette cantatille, accompagnée de peu d'instrumens qui sont sur le théâtre.*

Vénus dans nos climats souvent daigne se rendre ;
C'est dans nos bois qu'on vient apprendre
De son culte charmant tous les secrets divins.
Ce fut près de cette onde, en ces rians jardins,
Que Vénus enchanta le plus beau des humains.
Alors tout fut heureux dans une paix profonde ;

Tout l'univers aima dans le sein du loisir.
   Vénus donnait au monde
   L'exemple du plaisir.

SAMSON.

Que ses traits ont d'appas! que sa voix m'intéresse!
Que je suis étonné de sentir la tendresse!
De quel poison charmant je me sens pénétré!

DALILA.

Sans Vénus, sans l'Amour, qu'aurait-il pu prétendre?
   Dans nos bois il est adoré.
Quand il fut redoutable, il était ignoré :
   Il devint dieu dès qu'il fut tendre.
     Depuis cet heureux jour
   Ces prés, cette onde, cet ombrage,
   Inspirent le plus tendre amour
     Au cœur le plus sauvage.

SAMSON.

   O ciel! ô troubles inconnus!
J'étais ce cœur sauvage, et je ne le suis plus.
Je suis changé; j'éprouve une flamme naissante.
   (à Dalila.)
     Ah! s'il était une Vénus,
   Si des Amours cette reine charmante
Aux mortels en effet pouvait se présenter,
Je vous prendrais pour elle, et croirais la flatter.

DALILA.

Je pourrais de Vénus imiter la tendresse.
Heureux qui peut brûler des feux qu'elle a sentis!
Mais j'eusse aimé peut-être un autre qu'Adonis,
   Si j'avais été la déesse.

SCÈNE IV.

LES PRÉCÉDENS; LES HÉBREUX.

LES HÉBREUX.

Ne tardez point, venez ; tout un peuple fidèle
Est prêt à marcher sous vos lois :
Soyez le premier de nos rois ;
Combattez et régnez : la Gloire vous appelle.

SAMSON.

Je vous suis, je le dois ; j'accepte vos présens.
Ah... quel charme puissant m'arrête !
Ah ! différez du moins, différez quelque temps
Ces honneurs brillans qu'on m'apprête.

CHŒUR DES FILLES DE GAZA.

Demeurez, présidez à nos fêtes ;
Que nos cœurs soient ici vos conquêtes.

DALILA.

Oubliez les combats ;
Que la paix vous attire.
Vénus vient vous sourire,
L'Amour vous tend les bras.

LES HÉBREUX.

Craignez le plaisir décevant
Où votre grand cœur s'abandonne :
L'Amour nous dérobe souvent
Les biens que la Gloire nous donne.

CHŒUR DES FILLES.

Demeurez, présidez à nos fêtes ;
Que nos cœurs soient vos tendres conquêtes.

DEUX HÉBREUX.

Venez, venez, ne tardez pas ;
Nos cruels ennemis sont prêts à nous surprendre ;
Rien ne peut nous défendre
Que votre invincible bras.

CHŒUR DES FILLES.

Demeurez, présidez à nos fêtes ;
Que nos cœurs soient vos tendres conquêtes.

SAMSON.

Je m'arrache à ces lieux... Allons, je suis vos pas.
Prêtresse de Vénus, vous, sa brillante image,
Je ne quitte point vos appas
Pour le trône des rois, pour ce grand esclavage ;
Je les quitte pour les combats.

DALILA.

Me faudra-t-il long-temps gémir de votre absence ?

SAMSON.

Fiez-vous à vos yeux de mon impatience.
Est-il un plus grand bien que celui de vous voir ?
Les Hébreux n'ont que moi pour unique espérance,
Et vous êtes mon seul espoir.

SCÈNE V.

DALILA.

Il s'éloigne, il me fuit, il emporte mon ame ;
Partout il est vainqueur :
Le feu que j'allumais m'enflamme ;
J'ai voulu l'enchaîner, il enchaîne mon cœur.

ACTE III, SCÈNE V.

O mère des plaisirs! le cœur de ta prêtresse
Doit être plein de toi, doit toujours s'enflammer!
    O Vénus! ma seule déesse,
La tendresse est ma loi, mon devoir est d'aimer.
      Écho, voix errante,
      Légère habitante
      De ce beau séjour,
    Écho, monument de l'amour,
Parle de ma faiblesse au héros qui m'enchante.
Favoris du printemps, de l'amour et des airs,
    Oiseaux dont j'entends les concerts,
  Chers confidens de ma tendresse extrême,
      Doux ramage des oiseaux,
      Voix fidèle des échos,
Répétez à jamais : Je l'aime, je l'aime.

FIN DU TROISIÈME ACTE.

ACTE QUATRIÈME.

SCÈNE I.

LE GRAND-PRÊTRE, DALILA.

LE GRAND-PRÊTRE.
Oui, le roi vous accorde à ce héros terrible ;
Mais vous entendez à quel prix :
Découvrez le secret de sa force invincible,
Qui commande au monde surpris ;
Un tendre hymen, un sort paisible,
Dépendront du secret que vous aurez appris.

DALILA.
Que peut-il me cacher ? il m'aime :
L'indifférent seul est discret ;
Samson me parlera, j'en juge par moi-même :
L'amour n'a point de secret.

SCÈNE II.

DALILA.

Secourez-moi, tendres Amours,
Amenez la paix sur la terre ;
Cessez, trompettes et tambours,
D'annoncer la funeste guerre ;

Brillez, jour glorieux, le plus beau de mes jours.
Hymen, Amour, que ton flambeau l'éclaire;
Qu'à jamais je puisse plaire,
Puisque je sens que j'aimerai toujours!
Secondez-moi, tendres Amours,
Amenez la paix sur la terre.

SCÈNE III.

SAMSON, DALILA.

SAMSON.

J'ai sauvé les Hébreux par l'effort de mon bras,
Et vous sauvez par vos appas
Votre peuple et votre roi même :
C'est pour vous mériter que j'accorde la paix.
Le roi m'offre son diadème,
Et je ne veux que vous pour prix de mes bienfaits.

DALILA.

Tout vous craint en ces lieux; on s'empresse à vous
Vous régnez sur vos ennemis;   [plaire.
Mais de tous les sujets que vous venez de faire,
Mon cœur vous est le plus soumis.

SAMSON ET DALILA.

N'écoutons plus le bruit des armes;
Myrte amoureux, croissez près des lauriers.
L'amour est le prix des guerriers,
Et la gloire en a plus de charmes.

SAMSON.

L'hymen doit nous unir par des nœuds éternels.

SAMSON,
Que tardez-vous encore?
Venez, qu'un pur amour vous amène aux autels
Du Dieu des combats que j'adore.

DALILA.

Ah! formons ces doux nœuds au temple de Vénus.

SAMSON.

Non, son culte est impie, et ma loi le condamne;
Non, je ne puis entrer dans ce temple profane.

DALILA.

Si vous m'aimez, il ne l'est plus.
Arrêtez, regardez cette aimable demeure,
C'est le temple de l'univers;
Tous les mortels, à tout âge, à toute heure,
Y viennent demander des fers.
Arrêtez, regardez cette aimable demeure,
C'est le temple de l'univers.

SCÈNE IV.

SAMSON, DALILA; CHOEUR DE DIFFÉRENS PEUPLES,
DE GUERRIERS, DE PASTEURS.

(Le temple de Vénus paraît dans toute sa splendeur.)

DALILA.

AIR.

Amour, volupté pure,
Ame de la nature,
Maître des élémens,
L'univers n'est formé, ne s'anime et ne dure

ACTE IV, SCÈNE IV.

Que par tes regards bienfesans.
Tendre Vénus, tout l'univers t'implore,
Tout n'est rien sans tes feux !
On craint les autres dieux, c'est Vénus qu'on adore :
Ils règnent sur le monde, et tu règnes sur eux.

GUERRIERS.

Vénus, notre fier courage,
Dans le sang, dans le carnage,
Vainement s'endurcit ;
Tu nous désarmes ;
Nous rendons les armes :
L'horreur à ta voix s'adoucit.

UNE PRÊTRESSE.

Chantez, oiseaux, chantez ; votre ramage tendre
Est la voix des plaisirs.
Chantez ; Vénus doit vous entendre ;
Portez-lui nos soupirs.
Les filles de Flore
S'empressent d'éclore
Dans ce séjour ;
La fraîcheur brillante
De la fleur naissante
Se passe en un jour :
Mais une plus belle
Naît auprès d'elle,
Plaît à son tour ;
Sensible image
Des plaisirs du bel âge,
Sensible image
Du charmant Amour !

SAMSON.

Je n'y résiste plus : le charme qui m'obsède
Tyrannise mon cœur, enivre tous mes sens :
Possédez à jamais ce cœur qui vous possède,
  Et gouvernez tous mes momens.
Venez : vous vous troublez...

DALILA.

      Ciel ! que vais-je lui dire ?

SAMSON.

 D'où vient que votre cœur soupire ?

DALILA.

Je crains de vous déplaire, et je dois vous parler.

SAMSON.

 Ah ! devant vous, c'est à moi de trembler.
Parlez, que voulez-vous ?

DALILA.

     Cet amour qui m'engage
 Fait ma gloire et mon bonheur ;
 Mais il me faut un nouveau gage
 Qui m'assure de votre cœur.

SAMSON.

Prononcez ; tout sera possible
 A ce cœur amoureux.

DALILA.

Dites-moi, par quel charme heureux,
Par quel pouvoir secret cette force invincible...

SAMSON.

Que me demandez-vous ? C'est un secret terrible
 Entre le ciel et moi.

ACTE IV, SCÈNE IV.

DALILA.

Ainsi vous doutez de ma foi?
Vous doutez, et m'aimez...

SAMSON.

Mon cœur est trop sensible;
Mais ne m'imposez point cette funeste loi.

DALILA.

Un cœur sans confiance est un cœur sans tendresse.

SAMSON.

N'abusez point de ma faiblesse.

DALILA.

Cruel! quel injuste refus!
Notre hymen en dépend; nos nœuds seraient rompus.

SAMSON.

Que dites-vous...

DALILA.

Parlez, c'est l'amour qui vous prie.

SAMSON.

Ah! cessez d'écouter cette funeste envie.

DALILA.

Cessez de m'accabler de refus outrageans.

SAMSON.

Hé bien! vous le voulez; l'amour me justifie :
Mes cheveux, à mon Dieu consacrés dès long-temps,
De ses bontés pour moi sont les sacrés garans :
Il voulut attacher ma force et mon courage
    A de si faibles ornemens :
  Ils sont à lui; ma gloire est son ouvrage.

DALILA.

Ces cheveux, dites-vous...

SAMSON.

Qu'ai-je dit? malheureux !
Ma raison revient; je frissonne
De l'abyme où j'entraîne avec moi les Hébreux.

TOUS DEUX.

La terre mugit, le ciel tonne,
Le temple disparaît, l'astre du jour s'enfuit,
L'horreur épaisse de la nuit
De son voile affreux m'environne.

SAMSON.

J'ai trahi de mon Dieu le secret formidable.
Amour! fatale volupté!
C'est toi qui m'as précipité
Dans un piége effroyable;
Et je sens que Dieu m'a quitté.

SCÈNE V.

LES PHILISTINS; SAMSON, DALILA.

LE GRAND-PRÊTRE DES PHILISTINS.

Venez; ce bruit affreux, ces cris de la nature,
Ce tonnerre, tout nous assure
Que du Dieu des combats il est abandonné.

DALILA.

Que faites-vous, peuple parjure?

SAMSON.

Quoi! de mes ennemis je suis environné!
(Il combat.)
Tombez, tyrans...

LES PHILISTINS.
Cédez, esclave.
(Ensemble.)
Frappons l'ennemi qui nous brave.
DALILA.
Arrêtez, cruels! arrêtez;
Tournez sur moi vos cruautés.
SAMSON.
Tombez, tyrans...
LES PHILISTINS, *combattant.*
Cédez, esclave.
SAMSON.
Ah! quelle mortelle langueur!
Ma main ne peut porter cette fatale épée.
Ah, Dieu! ma valeur est trompée;
Dieu retire son bras vainqueur.
LES PHILISTINS.
Frappons l'ennemi qui nous brave :
Il est vaincu; cédez, esclave.
SAMSON, *entre leurs mains.*
Non, lâches! non, ce bras n'est point vaincu par vous;
C'est Dieu qui me livre à vos coups.
(On l'emmène.)

SCÈNE VI.

DALILA.

O désespoir! ô tourmens! ô tendresse!
Roi cruel! peuples inhumains!
O Vénus, trompeuse déesse!

Vous abusiez de ma faiblesse.
Vous avez préparé, par mes fatales mains,
 L'abyme horrible où je l'entraîne;
Vous m'avez fait aimer le plus grand des humains
 Pour hâter sa mort et la mienne.
 Trône, tombez; brûlez, autels,
  Soyez réduits en poudre.
 Tyrans affreux, dieux cruels,
Puisse un Dieu plus puissant écraser de sa foudre
 Vous et vos peuples criminels !

CHOEUR, *derrière le théâtre.*
 Qu'il périsse,
 Qu'il tombe en sacrifice
  A nos dieux.

DALILA.

Voix barbares ! cris odieux !
Allons partager son supplice.

FIN DU QUATRIÈME ACTE.

ACTE CINQUIÈME.

SCÈNE I.

SAMSON, *enchaîné;* GARDES.

Profonds abymes de la terre,
    Enfer, ouvre-toi!
    Frappez, tonnerre,
    Écrasez-moi!
Mon bras a refusé de servir mon courage;
  Je suis vaincu, je suis dans l'esclavage;
Je ne te verrai plus, flambeau sacré des cieux;
    Lumière, tu fuis de mes yeux.
    Lumière, brillante image
      D'un Dieu ton auteur,
        Premier ouvrage
        Du Créateur;
        Douce lumière,
        Nature entière,
Des voiles de la nuit l'impénétrable horreur
    Te cache à ma triste paupière.
    Profonds abymes de la terre,
      Enfer, ouvre-toi!
      Frappez, tonnerre,
      Écrasez-moi!

SCÈNE II.

SAMSON; CHŒUR D'HÉBREUX.

PERSONNAGES DU CHŒUR.

Hélas! nous t'amenons nos tribus enchaînées,
Compagnes infortunées
De ton horrible douleur.

SAMSON.

Peuple saint, malheureuse race,
Mon bras relevait ta grandeur;
Ma faiblesse a fait ta disgrace.
Quoi! Dalila me fuit! Chers amis, pardonnez
A de si honteuses alarmes.

PERSONNAGES DU CHŒUR.

Elle a fini ses jours infortunés.
Oublions à jamais la cause de nos larmes.

SAMSON.

Quoi! j'éprouve un malheur nouveau!
Ce que j'adore est au tombeau!
Profonds abymes de la terre,
Enfer, ouvre-toi!
Frappez, tonnerre,
Écrasez-moi!

SAMSON ET DEUX CORYPHÉES.
(Trio.)

Amour, tyran que je déteste,
Tu détruis la vertu, tu traînes sur tes pas
L'erreur, le crime, le trépas:

Trop heureux qui ne connaît pas
Ton pouvoir aimable et funeste !
UN CORYPHÉE.
Vos ennemis cruels s'avancent en ces lieux ;
Ils viennent insulter au destin qui nous presse ;
Ils osent imputer au pouvoir de leurs dieux
Les maux affreux où Dieu nous laisse.

SCÈNE III.

LE ROI, chœur de philistins; SAMSON,
chœur d'hébreux.

LE ROI ET LE CHŒUR.
Élevez vos accens vers vos dieux favorables ;
Vengez leurs autels, vengez-nous.
CHŒUR DE PHILISTINS.
Élevons nos accens vers nos dieux favorables ;
Vengeons leurs autels, vengeons-nous.
CHŒUR D'ISRAÉLITES.
Terminons nos jours déplorables.
SAMSON.
O Dieu vengeur ! ils ne sont point coupables ;
Tourne sur moi tes coups.
CHŒUR DE PHILISTINS.
Élevons nos accens vers nos dieux favorables ;
Vengeons leurs autels, vengeons-nous.
SAMSON.
O Dieu... pardonne.
CHŒUR DE PHILISTINS.
Vengeons-nous.

LE ROI.

Inventons, s'il se peut, un nouveau châtiment :
Que le trait de la mort, suspendu sur sa tête,
 Le menace encore et s'arrête;
Que Samson dans sa rage entende notre fête,
 Que nos plaisirs soient son tourment.

SCÈNE IV.

SAMSON, les israélites; LE ROI, les prêtresses de vénus, les prêtres de mars.

UNE PRÊTRESSE.

Tous nos dieux étonnés, et cachés dans les cieux,
 Ne pouvaient sauver notre empire :
  Vénus avec un sourire
 Nous a rendus victorieux :
Mars a volé, guidé par elle :
  Sur son char tout sanglant,
  La Victoire immortelle
 Tirait son glaive étincelant
 Contre tout un peuple infidèle,
  Et la nuit éternelle
Va dévorer leur chef interdit et tremblant.

UNE AUTRE.

C'est Vénus, qui défend aux tempêtes
  De gronder sur nos têtes.
  Notre ennemi cruel
  Entend encor nos fêtes,
  Tremble de nos conquêtes,
  Et tombe à son autel.

LE ROI.

Hé bien! qu'est devenu ce Dieu si redoutable,
　Qui par tes mains devait nous foudroyer?
Une femme a vaincu ce fantôme effroyable,
Et son bras languissant ne peut se déployer.
　Il t'abandonne, il cède à ma puissance;
Et tandis qu'en ces lieux j'enchaîne les destins,
Son tonnerre étouffé dans ses débiles mains
　　Se repose dans le silence.

SAMSON.

Grand Dieu! j'ai soutenu cet horrible langage,
　Quand il n'offensait qu'un mortel;
On insulte ton nom, ton culte, ton autel;
　Lève-toi, venge ton outrage.

CHOEUR DE PHILISTINS.

Tes cris, tes cris ne sont point entendus.
　Malheureux, ton Dieu n'est plus.

SAMSON.

Tu peux encore armer cette main malheureuse;
Accorde-moi du moins une mort glorieuse.

LE ROI.

　Non, tu dois sentir à longs traits
　L'amertume de ton supplice.
　　Qu'avec toi ton Dieu périsse,
Et qu'il soit comme toi méprisé pour jamais!

SAMSON.

Tu m'inspires enfin; c'est sur toi que je fonde
　　Mes superbes desseins;
　Tu m'inspires; ton bras seconde
　　Mes languissantes mains.

LE ROI.

Vil esclave, qu'oses-tu dire?
Prêt à mourir dans les tourmens,
Peux-tu bien menacer ce formidable empire
            A tes derniers momens?
        Qu'on l'immole, il en est temps;
        Frappez; il faut qu'il expire.

SAMSON.

    Arrêtez; je dois vous instruire
Des secrets de mon peuple, et du Dieu que je sers :
Ce moment doit servir d'exemple à l'univers.

LE ROI.

    Parle, apprends-nous tous tes crimes,
    Livre-nous toutes nos victimes.

SAMSON.

    Roi, commande que les Hébreux
Sortent de ta présence et de ce temple affreux.

LE ROI.

Tu seras satisfait.

SAMSON.

            La cour qui t'environne,
Tes prêtres, tes guerriers, sont-ils autour de toi?

LE ROI.

Ils y sont tous, explique-toi.

SAMSON.

    Suis-je auprès de cette colonne
Qui soutient ce séjour si cher aux Philistins?

LE ROI.

Oui, tu la touches de tes mains.

ACTE V, SCÈNE IV.

SAMSON, *ébranlant les colonnes.*

Temple odieux ! que tes murs se renversent,
Que tes débris se dispersent
Sur moi, sur ce peuple en fureur !

CHOEUR

Tout tombe, tout périt. O ciel ! ô Dieu vengeur !

SAMSON.

J'ai réparé ma honte, et j'expire en vainqueur.

FIN DE SAMSON.

ADELAÏDE
DU GUESCLIN,

TRAGÉDIE EN CINQ ACTES,

Représentée en 1734, et reprise en 1765.

AVERTISSEMENT

DES ÉDITEURS DE L'ÉDITION DE KEHL.

Cette pièce fut jouée en 1734 sans aucun succès. M. de Voltaire la fit reparaître au théâtre en 1752, sous le nom du *Duc de Foix*, avec des changemens. Elle réussit alors; et c'est sous ce titre qu'elle a été d'abord insérée dans l'édition des OEuvres de l'auteur, avec la préface suivante :

« Le fond de cette tragédie n'est point une fiction. « Un duc de Bretagne, en 1387, commanda au seigneur « de Bavalan d'assassiner le connétable de Clisson. Ba-« valan, le lendemain, dit au duc qu'il avait obéi : le « duc alors, voyant toute l'horreur de son crime, et en « redoutant les suites funestes, s'abandonna au plus « violent désespoir. Bavalan le laissa quelque temps « sentir sa faute, et se livrer au repentir ; enfin il lui « apprit qu'il l'avait aimé assez pour désobéir à ses « ordres, etc.

« On a transporté cet événement dans d'autres temps « et dans d'autres pays, pour des raisons particulières. »

En 1765, on a donné cette pièce sous son véritable titre ; elle eut le plus grand succès, et c'est une des pièces de M. de Voltaire qui font le plus d'effet au théâtre. Lorsqu'elle parut en 1734, il venait de publier *le Temple du Goût*. On ne voulut point souffrir qu'il donnât à la fois des leçons et des exemples. En 1765, on ne fut que juste. Nous joignons ici le fragment d'une lettre que M. de Voltaire écrivit alors à un de ses amis à Paris.

« Quand vous m'apprîtes, monsieur, qu'on jouait à

« Paris une *Adelaïde du Guesclin* avec quelque succès,
« j'étais très loin d'imaginer que ce fût la mienne; et il
« importe fort peu au public que ce soit la mienne ou
« celle d'un autre. Vous savez ce que j'entends par le
« public. Ce n'est pas *l'univers,* comme nous autres bar-
« bouilleurs de papier l'avons dit quelquefois. Le pu-
« blic, en fait de livres, est composé de quarante ou
« cinquante personnes, si le livre est sérieux; de quatre
« ou cinq cents, lorsqu'il est plaisant; et d'environ onze
« ou douze cents, s'il s'agit d'une pièce de théâtre. Il y
« a toujours dans Paris plus de cinq cent mille ames qui
« n'entendent jamais parler de tout cela.

« Il y avait plus de trente ans que j'avais hasardé de-
« vant ce public une *Adelaïde du Guesclin,* escortée d'un
« duc de Vendôme et d'un duc de Nemours, qui n'exis-
« tèrent jamais dans l'histoire. Le fond de la pièce était
« tiré des annales de Bretagne, et je l'avais ajustée comme
« j'avais pu au théâtre, sous des noms supposés. Elle fut
« sifflée dès le premier acte; les sifflets redoublèrent au
« second, quand on vit arriver le duc de Nemours blessé
« et le bras en écharpe; ce fut bien pis lorsqu'on entendit
« au cinquième le signal que le duc de Vendôme avait
« ordonné; et lorsqu'à la fin le duc de Vendôme disait :
« *Es-tu content, Coucy?* plusieurs bons plaisans crièrent:
« *coussi-coussi.*

« Vous jugez bien que je ne m'obstinai pas contre
« cette belle réception. Je donnai quelques années après
« la même tragédie sous le nom du *Duc de Foix;* mais
« je l'affaiblis beaucoup, par respect pour le ridicule.
« Cette pièce, devenue plus mauvaise, réussit assez, et
« j'oubliai entièrement celle qui valait mieux.

« Il restait une copie de cette *Adelaïde* entre les mains
« des acteurs de Paris; ils ont ressuscité, sans m'en rien

« dire, cette défunte tragédie; ils l'ont représentée telle
« qu'ils l'avaient donnée en 1734, sans y changer un
« seul mot, et elle a été accueillie avec beaucoup d'ap-
« plaudissemens ; les endroits qui avaient été le plus
« sifflés ont été ceux qui ont excité le plus de battemens
« de mains.

« Vous me demanderez auquel des deux jugemens je
« me tiens. Je vous répondrai ce que dit un avocat véni-
« tien aux sérénissimes sénateurs devant lesquels il plai-
« dait : *Il mese passato*, disait-il, *le vostre eccellenze
« hanno giudicato così; e questo mese, nella medesima
« causa, hanno giudicato tutto 'l contrario, e sempre bene.*
« Vos excellences, le mois passé, jugèrent de cette fa-
« çon; et ce mois-ci, dans la même cause, elles ont jugé
« tout le contraire, et toujours à merveille.

« M. Oghières, riche banquier à Paris, ayant été chargé
« de faire composer une marche pour un des régimens
« de Charles XII, s'adressa au musicien Mouret. La
« marche fut exécutée chez le banquier, en présence
« de ses amis, tous grands connaisseurs. La musique fut
« trouvée détestable; Mouret remporta sa marche, et
« l'inséra dans un opéra qu'il fit jouer. Le banquier et
« ses amis allèrent à son opéra : la marche fut très ap-
« plaudie. Eh! voilà ce que nous voulions, dirent-ils à
« Mouret; que ne nous donniez-vous une pièce dans ce
« goût-là ? — Messieurs, c'est la même.

« On ne tarit point sur ces exemples. Qui ne sait que
« la même chose est arrivée aux idées innées, à l'émé-
« tique et à l'inoculation ? Tour à tour sifflées et bien
« reçues, les opinions ont ainsi flotté dans les affaires sé-
« rieuses, comme dans les beaux arts et dans les sciences:

Quod petiit, spernit, repetit, quod nuper omisit.

DE L'ÉDITION DE KEHL.

« La vérité et le bon goût n'ont remis leur sceau que
« dans la main du Temps. Cette réflexion doit retenir
« les auteurs des journaux dans les bornes d'une grande
« circonspection. Ceux qui rendent compte des ouvrages
« doivent rarement s'empresser de les juger. Ils ne savent
« pas si le public, à la longue, jugera comme eux ; et
« puisqu'il n'a un sentiment décidé et irrévocable qu'au
« bout de plusieurs années, que penser de ceux qui
« jugent de tout sur une lecture précipitée [1] ? »

[1] On a trouvé dans les papiers de M. de Voltaire une tragédie d'*Alamire*, et une autre intitulée *le Duc d'Alençon* ou *les Frères ennemis*. Toutes deux sont encore le même sujet qu'*Adelaïde*. La scène de la première est en Espagne, et ressemble beaucoup plus au *Duc de Foix* qu'à *Adelaïde*. La seconde n'est qu'en trois actes ; les rôles de femmes ont été supprimés. L'auteur l'avait faite pour les princes, frères du roi de Prusse, qui s'amusaient à jouer des tragédies françaises.

Nous n'avons pas cru devoir faire entrer ces pièces dans la collection des OEuvres de M. de Voltaire ; mais nous donnons *le Duc de Foix* à la fin d'*Adelaïde*.

PERSONNAGES.

Le duc de VENDOME.
Le duc de NEMOURS.
Le sire de COUCY.
ADELAIDE DU GUESCLIN.
TAISE D'ANGLURE.
DANGESTE, confident du duc de Nemours.
Un officier, un garde, etc.

La scène est à Lille.

ADELAÏDE DU GUESCLIN,

TRAGÉDIE.

ACTE PREMIER.

SCÈNE I.

LE SIRE DE COUCY, ADELAIDE.

COUCY.
Digne sang de Guesclin, vous qu'on voit aujourd'hui
Le charme des Français dont il était l'appui,
Souffrez qu'en arrivant dans ce séjour d'alarmes,
Je dérobe un moment au tumulte des armes :
Écoutez-moi. Voyez d'un œil mieux éclairci
Les desseins, la conduite et le cœur de Coucy ;
Et que votre vertu cesse de méconnaître
L'ame d'un vrai soldat, digne de vous peut-être.

ADELAÏDE.
Je sais quel est Coucy ; sa noble intégrité
Sur ses lèvres toujours plaça la vérité.
Quoi que vous m'annonciez, je vous croirai sans peine.

COUCY.
Sachez que si ma foi dans Lille me ramène,

Si, du duc de Vendôme embrassant le parti,
Mon zèle en sa faveur ne s'est pas démenti,
Je n'approuvai jamais la fatale alliance
Qui l'unit aux Anglais et l'enlève à la France;
Mais dans ces temps affreux de discorde et d'horreur,
Je n'ai d'autre parti que celui de mon cœur.
Non que pour ce héros mon ame prévenue
Prétende à ses défauts fermer toujours ma vue;
Je ne m'aveugle pas; je vois avec douleur
De ses emportemens l'indiscrète chaleur :
Je vois que de ses sens l'impétueuse ivresse
L'abandonne aux excès d'une ardente jeunesse;
Et ce torrent fougueux, que j'arrête avec soin,
Trop souvent me l'arrache, et l'emporte trop loin.
Il est né violent, non moins que magnanime;
Tendre, mais emporté, mais capable d'un crime.
Du sang qui le forma je connais les ardeurs,
Toutes les passions sont en lui des fureurs :
Mais il a des vertus qui rachètent ses vices.
Eh! qui saurait, madame, où placer ses services,
S'il ne vous fallait suivre et ne chérir jamais
Que des cœurs sans faiblesse, et des princes parfaits?
Tout mon sang est à lui; mais enfin cette épée
Dans celui des Français à regret s'est trempée;
Ce fils de Charles six...

ADELAÏDE.
Osez le nommer roi;
Il l'est, il le mérite.

COUCY.
Il ne l'est pas pour moi.

ACTE I, SCÈNE I.

Je voudrois, il est vrai, lui porter mon hommage;
Tous mes vœux sont pour lui; mais l'amitié m'engage.
Mon bras est à Vendôme, et ne peut aujourd'hui
Ni servir, ni traiter, ni changer qu'avec lui.
Le malheur de nos temps, nos discordes sinistres,
Charles qui s'abandonne à d'indignes ministres,
Dans ce cruel parti tout l'a précipité;
Je ne peux à mon choix fléchir sa volonté.
J'ai souvent, de son cœur aigrissant les blessures,
Révolté sa fierté par des vérités dures:
Vous seule, à votre roi le pourriez rappeler,
Madame, et c'est de quoi je cherche à vous parler.
J'aspirai jusqu'à vous, avant qu'aux murs de Lille
Vendôme trop heureux vous donnât cet asile;
Je crus que vous pouviez, approuvant mon dessein,
Accepter sans mépris mon hommage et ma main;
Que je pouvais unir, sans une aveugle audace,
Les lauriers des Guesclins aux lauriers de ma race:
La gloire le voulait; et peut-être l'amour,
Plus puissant et plus doux, l'ordonnait à son tour;
Mais à de plus beaux nœuds je vous vois destinée.
La guerre dans Cambrai vous avait amenée
Parmi les flots d'un peuple à soi-même livré,
Sans raison, sans justice, et de sang enivré.
Un ramas de mutins, troupe indigne de vivre,
Vous méconnut assez pour oser vous poursuivre;
Vendôme vint, parut, et son heureux secours
Punit leur insolence, et sauva vos beaux jours.
Quel Français, quel mortel eût pu moins entreprendre?
Et que n'aurait brigué l'honneur de vous défendre?

La guerre en d'autres lieux égarait ma valeur ;
Vendôme vous sauva, Vendôme eut ce bonheur :
La gloire en est à lui, qu'il en ait le salaire ;
Il a par trop de droits mérité de vous plaire ;
Il est prince, il est jeune, il est votre vengeur :
Ses bienfaits et son nom, tout parle en sa faveur.
La justice et l'amour vous pressent de vous rendre :
Je n'ai rien fait pour vous ; je n'ai rien à prétendre :
Je me tais... mais sachez que, pour vous mériter,
A tout autre qu'à lui j'irais vous disputer ;
Je céderais à peine aux enfans des rois même ;
Mais Vendôme est mon chef, il vous adore, il m'aime :
Coucy, ni vertueux, ni superbe à demi,
Aurait bravé le prince, et cède à son ami.
Je fais plus : de mes sens maîtrisant la faiblesse,
J'ose de mon rival appuyer la tendresse,
Vous montrer votre gloire, et ce que vous devez
Au héros qui vous sert et par qui vous vivez.
Je verrai d'un œil sec et d'un cœur sans envie
Cet hymen qui pouvait empoisonner ma vie.
Je réunis pour vous mon service et mes vœux ;
Ce bras qui fut à lui combattra pour tous deux :
Voilà mes sentimens. Si je me sacrifie,
L'amitié me l'ordonne, et surtout la patrie.
Songez que si l'hymen vous range sous sa loi,
Si ce prince est à vous, il est à votre roi.

ADELAÏDE.

Qu'avec étonnement, seigneur, je vous contemple !
Que vous donnez au monde un rare et grand exemple !
Quoi ! ce cœur (je le crois sans feinte et sans détour)

Connaît l'amitié seule, et peut braver l'amour !
Il faut vous admirer, quand on sait vous connaître :
Vous servez votre ami, vous servirez mon maître.
Un cœur si généreux doit penser comme moi :
Tous ceux de votre sang sont l'appui de leur roi.
Eh bien ! de vos vertus je demande une grace.
COUCY.
Vos ordres sont sacrés : que faut-il que je fasse ?
ADELAÏDE.
Vos conseils généreux me pressent d'accepter
Ce rang, dont un grand prince a daigné me flatter.
Je n'oublierai jamais combien son choix m'honore ;
J'en vois toute la gloire ; et quand je songe encore
Qu'avant qu'il fût épris de cet ardent amour,
Il daigna me sauver et l'honneur et le jour,
Tout ennemi qu'il est de son roi légitime,
Tout vengeur des Anglais, tout protecteur du crime,
Accablée à ses yeux du poids de ses bienfaits,
Je crains de l'affliger, seigneur, et je me tais.
Mais, malgré son service et ma reconnaissance,
Il faut par des refus répondre à sa constance :
Sa passion m'afflige ; il est dur à mon cœur,
Pour prix de tant de soins, de causer son malheur.
A ce prince, à moi-même, épargnez cet outrage :
Seigneur, vous pouvez tout sur ce jeune courage.
Souvent on vous a vu, par vos conseils prudens,
Modérer de son cœur les transports turbulens.
Daignez débarrasser ma vie et ma fortune
De ces nœuds trop brillans, dont l'éclat m'importune.
De plus fières beautés, de plus dignes appas

Brigueront sa tendresse, où je ne prétends pas.
D'ailleurs, quel appareil, quel temps pour l'hyménée!
Des armes de mon roi Lille est environnée;
J'entends de tous côtés les clameurs des soldats,
Et les sons de la guerre, et les cris du trépas.
La terreur me consume; et votre prince ignore
Si Nemours... si son frère, hélas! respire encore!
Ce frère qu'il aima... ce vertueux Nemours...
On disait que la Parque avait tranché ses jours;
Que la France en aurait une douleur mortelle!
Seigneur, au sang des rois il fut toujours fidèle.
S'il est vrai que sa mort... Excusez mes ennuis,
Mon amour pour mes rois, et le trouble où je suis.

COUCY.

Vous pouvez l'expliquer au prince qui vous aime,
Et de tous vos secrets l'entretenir vous-même :
Il va venir, madame; et peut-être vos vœux...

ADELAÏDE.

Ah! Coucy, prévenez le malheur de tous deux.
Si vous aimez ce prince, et si dans mes alarmes,
Avec quelque pitié vous regardez mes larmes,
Sauvez-le, sauvez-moi de ce triste embarras;
Daignez tourner ailleurs ses desseins et ses pas.
Pleurante et désolée, empêchez qu'il me voie.

COUCY.

Je plains cette douleur où votre ame est en proie.
Et, loin de la gêner d'un regard curieux,
Je baisse devant elle un œil respectueux;
Mais quel que soit l'ennui dont votre cœur soupire,
Je vous ai déja dit ce que j'ai dû vous dire :

Je ne puis rien de plus : le prince est soupçonneux ;
Je lui serais suspect en expliquant vos vœux.
Je sais à quel excès irait sa jalousie,
Quel poison mes discours répandraient sur sa vie.
Je vous perdrais peut-être; et mon soin dangereux,
Madame, avec un mot, ferait trois malheureux.
Vous, à vos intérêts rendez-vous moins contraire,
Pesez sans passion l'honneur qu'il veut vous faire.
Moi, libre entre vous deux, souffrez que, dès ce jour,
Oubliant à jamais le langage d'amour,
Tout entier à la guerre, et maître de mon ame,
J'abandonne à leur sort et vos vœux et sa flamme.
Je crains de l'affliger, je crains de vous trahir;
Et ce n'est qu'aux combats que je dois le servir.
Laissez-moi d'un soldat garder le caractère,
Madame; et puisque enfin la France vous est chère,
Rendez-lui ce héros qui serait son appui :
Je vous laisse y penser, et je cours près de lui.
Adieu, madame.

SCÈNE II.

ADELAIDE, TAISE.

ADELAÏDE.

Où suis-je? hélas! tout m'abandonne,
Nemours... de tous côtés le malheur m'environne.
Ciel! qui m'arrachera de ce cruel séjour?

TAÏSE.

Quoi! du duc de Vendôme, et le choix et l'amour,
Quoi! ce rang qui ferait le bonheur ou l'envie

De toutes les beautés dont la France est remplie,
Ce rang qui touche au trône, et qu'on met à vos pieds,
Ferait couler les pleurs dont vos yeux sont noyés?

ADELAÏDE.

Ici, du haut des cieux, du Guesclin me contemple;
De la fidélité ce héros fut l'exemple:
Je trahirais le sang qu'il versa pour nos lois,
Si j'acceptais la main du vainqueur de nos rois.

TAÏSE.

Quoi! dans ces tristes temps de ligues et de haines,
Qui confondent des droits les bornes incertaines,
Où le meilleur parti semble encor si douteux,
Où les enfans des rois sont divisés entre eux;
Vous, qu'un astre plus doux semblait avoir formée
Pour unir tous les cœurs, et pour en être aimée,
Vous refusez l'honneur qu'on offre à vos appas,
Pour l'intérêt d'un roi qui ne l'exige pas?

ADELAÏDE, *en pleurant.*

Mon devoir me rangeait du parti de ses armes.

TAÏSE.

Ah! le devoir tout seul fait-il verser des larmes?
Si Vendôme vous aime, et si, par son secours...

ADELAÏDE.

Laisse là les bienfaits, et parle de Nemours.
N'en as-tu rien appris? sait-on s'il vit encore?

TAÏSE.

Voilà donc en effet le soin qui vous dévore,
Madame?

ADELAÏDE.

Il est trop vrai : je l'avoue, et mon cœur

ACTE I, SCENE II.

Ne peut plus soutenir le poids de sa douleur.
Elle échappe, elle éclate, elle se justifie;
Et si Nemours n'est plus, sa mort finit ma vie.

TAÏSE.

Et vous pouviez cacher ce secret à ma foi?

ADELAÏDE.

Le secret de Nemours dépendait-il de moi?
Nos feux toujours brûlans dans l'ombre du silence,
Trompaient de tous les yeux la triste vigilance.
Séparés l'un de l'autre, et sans cesse présens,
Nos cœurs de nos soupirs étaient seuls confidens;
Et Vendôme surtout, ignorant ce mystère,
Ne sait pas si mes yeux ont jamais vu son frère.
Dans les murs de Paris... Mais, ô soins superflus!
Je te parle de lui, quand peut-être il n'est plus.
O murs où j'ai vécu de Vendôme ignorée!
O temps où, de Nemours en secret adorée,
Nous touchions l'un et l'autre au fortuné moment
Qui m'allait aux autels unir à mon amant!
La guerre a tout détruit. Fidèle au roi son maître,
Mon amant me quitta, pour m'oublier peut-être;
Il partit, et mon cœur qui le suivait toujours,
A vingt peuples armés redemanda Nemours.
Je portai dans Cambrai ma douleur inutile;
Je voulus rendre au roi cette superbe ville;
Nemours à ce dessein devait servir d'appui;
L'amour me conduisait, je fesais tout pour lui.
C'est lui qui, d'une fille animant le courage,
D'un peuple factieux me fit braver la rage.
Il exposa mes jours, pour lui seul réservés,

Jours tristes, jours affreux qu'un autre a conservés!
Ah! qui m'éclaircira d'un destin que j'ignore?
Français, qu'avez-vous fait du héros que j'adore?
Ses lettres autrefois, chers gages de sa foi,
Trouvaient mille chemins pour venir jusqu'à moi.
Son silence me tue; hélas! il sait peut-être
Cet amour qu'à mes yeux son frère a fait paraître.
Tout ce que j'entrevois conspire à m'alarmer;
Et mon amant est mort, ou cesse de m'aimer!
Et, pour comble de maux, je dois tout à son frère!

TAÏSE.

Cachez bien à ses yeux ce dangereux mystère :
Pour vous, pour votre amant, redoutez son courroux.
Quelqu'un vient.

ADELAÏDE.

C'est lui-même, ô ciel!

TAÏSE.

Contraignez-vous.

SCÈNE III.

LE DUC DE VENDOME, ADELAIDE, TAISE.

VENDÔME.

Enfin c'est trop attendre, enfin je dois connaître *a*,
Dans les derniers momens qui me restent peut-être,
Si, volant aux combats, j'y dois porter un cœur
Accablé d'infortune, ou fier de son bonheur.
La discorde sanglante afflige ici la terre;
Vos jours sont entourés des piéges de la guerre.

J'ignore à quel destin le ciel veut me livrer [1];
Mais si d'un peu de gloire il daigne m'honorer,
Cette gloire, sans vous obscure et languissante,
Des flambeaux de l'hymen deviendra plus brillante.
Souffrez que mes lauriers, attachés par vos mains,
Écartent le tonnerre et bravent les destins;
Ou, si le ciel jaloux a conjuré ma perte,
Souffrez que de nos noms ma tombe au moins couverte,
Apprenne à l'avenir que Vendôme amoureux
Expira votre époux, et périt trop heureux.

ADELAÏDE.

Tant d'honneurs, tant d'amour, servent à me confondre.
Prince... Que lui dirai-je? et comment lui répondre?
Ainsi, seigneur... Coucy ne vous a point parlé?

VENDÔME.

Non, madame... D'où vient que votre cœur troublé
Répond en frémissant à ma tendresse extrême?
Vous parlez de Coucy, quand Vendôme vous aime!

ADELAÏDE.

Prince, s'il était vrai que ce brave Nemours
De ses ans pleins de gloire eût terminé le cours,
Vous qui le chérissiez d'une amitié si tendre,
Vous qui devez au moins des larmes à sa cendre,
Au milieu des combats, et près de son tombeau,
Pourriez-vous de l'hymen allumer le flambeau?

VENDÔME.

Ah! je jure par vous, vous qui m'êtes si chère,
Par les doux noms d'amant, par le saint nom de frère,
Que Nemours, après vous, fut toujours à mes yeux
Le plus cher des mortels, et le plus précieux.

Lorsqu'à mes ennemis sa valeur fut livrée,
Ma tendresse en souffrit, sans en être altérée.
Sa mort m'accablerait des plus horribles coups,
Et pour m'en consoler mon cœur n'aurait que vous.
Mais on croit trop ici l'aveugle renommée;
Son infidèle voix vous a mal informée :
Si mon frère était mort, doutez-vous que son roi,
Pour m'apprendre sa perte, eût dépêché vers moi?
Ceux que le ciel forma d'une race si pure,
Au milieu de la guerre écoutant la nature,
Et protecteurs des lois que l'honneur doit dicter,
Même en se combattant, savent se respecter.
A sa perte, en un mot, donnons moins de créance.
Un bruit plus vraisemblable et m'afflige et m'offense :
On dit que vers ces lieux il a porté ses pas.

ADELAÏDE.

Seigneur, il est vivant?

VENDÔME.

Je lui pardonne, hélas!
Qu'au parti de son roi son intérêt le range;
Qu'il le défende ailleurs, et qu'ailleurs il le venge;
Qu'il triomphe pour lui, je le veux, j'y consens :
Mais se mêler ici parmi les assiégeans,
Me chercher, m'attaquer, moi, son ami, son frère...

ADELAÏDE.

Le roi le veut, sans doute.

VENDÔME.

Ah, destin trop contraire!
Se pourrait-il qu'un frère, élevé dans mon sein,
Pour mieux servir son roi, levât sur moi sa main?

Lui qui devrait plutôt, témoin de cette fête,
Partager, augmenter mon bonheur qui s'apprête.

ADELAÏDE.

Lui?

VENDÔME.

C'est trop d'amertume en des momens si doux.
Malheureux par un frère, et fortuné par vous,
Tout entier à vous seule, et bravant tant d'alarmes,
Je ne veux voir que vous, mon hymen et vos charmes.
Qu'attendez-vous? donnez à mon cœur éperdu
Ce cœur que j'idolâtre, et qui m'est si bien dû.

ADELAÏDE.

Seigneur, de vos bienfaits mon ame est pénétrée ;
La mémoire à jamais m'en est chère et sacrée ;
Mais c'est trop prodiguer vos augustes bontés,
C'est mêler trop de gloire à mes calamités ;
Et cet honneur...

VENDÔME.

Comment! ô ciel! qui vous arrête?

ADELAÏDE.

Je dois...

SCÈNE IV.

VENDOME, ADELAIDE, TAISE, COUCY.

COUCY.

Prince, il est temps, marchez à notre tête.
Déja les ennemis sont au pied des remparts ;
Échauffez nos guerriers du feu de vos regards :
Venez vaincre.

VENDÔME.

Ah! courons : dans l'ardeur qui me presse,
Quoi! vous n'osez d'un mot rassurer ma tendresse?
Vous détournez les yeux! vous tremblez! et je voi
Que vous cachez des pleurs qui ne sont pas pour moi.

COUCY.

Le temps presse.

VENDÔME.

Il est temps que Vendôme périsse :
Il n'est point de Français que l'amour avilisse :
Amans aimés, heureux, ils cherchent les combats,
Ils courent à la gloire; et je vole au trépas.
Allons, brave Coucy, la mort la plus cruelle,
La mort, que je désire, est moins barbare qu'elle.

ADELAÏDE.

Ah, seigneur! modérez cet injuste courroux;
Autant que je le dois je m'intéresse à vous.
J'ai payé vos bienfaits, mes jours, ma délivrance,
Par tous les sentimens qui sont en ma puissance;
Sensible à vos dangers, je plains votre valeur.

VENDÔME.

Ah, que vous savez bien le chemin de mon cœur!
Que vous savez mêler la douceur à l'injure!
Un seul mot m'accablait, un seul mot me rassure.
Content, rempli de vous, j'abandonne ces lieux,
Et crois voir ma victoire écrite dans vos yeux.

SCÈNE V.

ADELAIDE, TAISE.

TAÏSE.
Vous voyez sans pitié sa tendresse alarmée.
ADELAÏDE.
Est-il bien vrai ? Nemours serait-il dans l'armée ?
O discorde fatale ! amour plus dangereux !
Que vous coûterez cher à ce cœur malheureux !

FIN DU PREMIER ACTE.

ACTE SECOND.

SCÈNE I.

VENDOME, COUCY.

VENDÔME.
Nous périssions sans vous, Coucy, je le confesse.
Vos conseils ont guidé ma fougueuse jeunesse ;
C'est vous dont l'esprit ferme et les yeux pénétrans
M'ont porté des secours en cent lieux différens.
Que n'ai-je, comme vous, ce tranquille courage,
Si froid dans le danger, si calme dans l'orage !
Coucy m'est nécessaire aux conseils, aux combats ;
Et c'est à sa grande ame à diriger mon bras.

COUCY.
Ce courage brillant qu'en vous on voit paraître
Sera maître de tout quand vous en serez maître :
Vous l'avez su régler, et vous avez vaincu.
Ayez dans tous les temps cette utile vertu :
Qui sait se posséder peut commander au monde.
Pour moi, de qui le bras faiblement vous seconde,
Je connais mon devoir, et je vous ai suivi.
Dans l'ardeur du combat je vous ai peu servi,
Nos guerriers sur vos pas marchaient à la victoire,
Et suivre les Bourbons c'est voler à la gloire.
Vous seul, seigneur, vous seul avez fait prisonnier

Ce chef des assaillans, ce superbe guerrier.
Vous l'avez pris vous-même, et maître de sa vie,
Vos secours l'ont sauvé de sa propre furie.
VENDÔME.
D'où vient donc, cher Coucy, que cet audacieux,
Sous son casque fermé, se cachait à mes yeux ?
D'où vient qu'en le prenant, qu'en saisissant ses armes,
J'ai senti malgré moi de nouvelles alarmes ?
Un je ne sais quel trouble en moi s'est élevé ;
Soit que ce triste amour, dont je suis captivé,
Sur mes sens égarés répandant sa tendresse,
Jusqu'au sein des combats m'ait prêté sa faiblesse,
Qu'il ait voulu marquer toutes mes actions
Par la molle douceur de ses impressions ;
Soit plutôt que la voix de ma triste patrie
Parle encore en secret au cœur qui l'a trahie ;
Qu'elle condamne encor mes funestes succès,
Et ce bras qui n'est teint que du sang des Français [2].
COUCY.
Je prévois que bientôt cette guerre fatale,
Ces troubles intestins de la maison royale,
Ces tristes factions, céderont au danger
D'abandonner la France au fils de l'étranger.
Je vois que de l'Anglais la race est peu chérie,
Que leur joug est pesant, qu'on aime la patrie,
Que le sang des Capets est toujours adoré.
Tôt ou tard il faudra que de ce tronc sacré
Les rameaux divisés et courbés par l'orage,
Plus unis et plus beaux, soient notre unique ombrage.
Nous, seigneur, n'avons-nous rien à nous reprocher ?

Le sort au prince anglais voulut vous attacher ;
De votre sang, du sien, la querelle est commune ;
Vous suivez son parti, je suis votre fortune.
Comme vous aux Anglais le destin m'a lié,
Vous par le droit du sang, moi par notre amitié ;
Permettez-moi ce mot... Eh quoi! votre ame émue...
VENDÔME.
Ah! voilà ce guerrier qu'on amène à ma vue.

SCÈNE II.

VENDOME, LE DUC DE NEMOURS, COUCY ;
SOLDATS, SUITE.

VENDÔME.
Il soupire, il paraît accablé de regrets.
COUCY.
Son sang sur son visage a confondu ses traits ;
Il est blessé sans doute.
NEMOURS, *dans le fond du théâtre.*
Entreprise funeste !
Qui de ma triste vie arrachera le reste ?
Où me conduisez-vous ?
VENDÔME.
Devant votre vainqueur,
Qui sait d'un ennemi respecter la valeur.
Venez, ne craignez rien.
NEMOURS, *se tournant vers son écuyer.*
Je ne crains que de vivre ;
Sa présence m'accable, et je ne puis poursuivre.

Il ne me connaît plus, et mes sens attendris...
VENDÔME.
Quelle voix, quels accens ont frappé mes esprits?
NEMOURS, *le regardant.*
M'as-tu pu méconnaître?
VENDÔME, *l'embrassant.*
Ah, Nemours! ah, mon frère!
NEMOURS.
Ce nom jadis si cher, ce nom me désespère.
Je ne le suis que trop, ce frère infortuné,
Ton ennemi vaincu, ton captif enchaîné.
VENDÔME.
Tu n'es plus que mon frère. Ah, moment plein de char-
Ah, laisse-moi laver ton sang avec mes larmes! [mes!
(à sa suite.)
Avez-vous par vos soins...
NEMOURS.
Oui, leurs cruels secours
Ont arrêté mon sang, ont veillé sur mes jours,
De la mort que je cherche ont écarté l'approche.
VENDÔME.
Ne te détourne point, ne crains point mon reproche.
Mon cœur te fut connu; peux-tu t'en défier?
Le bonheur de te voir me fait tout oublier.
J'eusse aimé contre un autre à montrer mon courage.
Hélas! que je te plains!
NEMOURS.
Je te plains davantage
De haïr ton pays, de trahir sans remords
Et le roi qui t'aimait, et le sang dont tu sors [3].

VENDÔME.

Arrête : épargne-moi l'infame nom de traître ;
A cet indigne mot je m'oublierais peut-être.
Frémis d'empoisonner la joie et les douceurs
Que ce tendre moment doit verser dans nos cœurs.
Dans ce jour malheureux que l'amitié l'emporte !

NEMOURS.

Quel jour !

VENDÔME.

Je le bénis.

NEMOURS.

Il est affreux.

VENDÔME.

N'importe :
Tu vis, je te revois, et je suis trop heureux.
O ciel ! de tous côtés vous remplissez mes vœux !

NEMOURS.

Je te crois. On disait que d'un amour extrême,
Violent, effréné (car c'est ainsi qu'on aime),
Ton cœur depuis trois mois s'occupait tout entier.

VENDÔME.

J'aime : oui, la renommée a pu le publier ;
Oui, j'aime avec fureur : une telle alliance
Semblait pour mon bonheur attendre ta présence :
Oui, mes ressentimens, mes droits, mes alliés,
Gloire, amis, ennemis, je mets tout à ses pieds.

(à un officier de sa suite.)

Allez, et dites-lui que deux malheureux frères,
Jetés par le destin dans des partis contraires,
Pour marcher désormais sous le même étendard,

De ses yeux souverains n'attendent qu'un regard.
(à Nemours.)
Ne blâme point l'amour où ton frère est en proie;
Pour me justifier il suffit qu'on la voie.

NEMOURS.

O ciel... elle vous aime...

VENDÔME.

Elle le doit du moins;
Il n'était qu'un obstacle au succès de mes soins,
Il n'en est plus; je veux que rien ne nous sépare.

NEMOURS.

Quels effroyables coups le cruel me prépare!
Écoute; à ma douleur ne veux-tu qu'insulter?
Me connais-tu? sais-tu ce que j'ose attenter?
Dans ces funestes lieux sais-tu ce qui m'amène?

VENDÔME.

Oublions ces sujets de discorde et de haine.

SCÈNE III.

VENDOME, NEMOURS, ADELAIDE, COUCY.

VENDÔME.

Madame, vous voyez que du sein du malheur
Le ciel qui nous protége a tiré mon bonheur.
J'ai vaincu, je vous aime, et je retrouve un frère;
Sa présence à mon cœur vous rend encor plus chère.

ADELAÏDE.

Le voici! malheureuse! ah! cache au moins tes pleurs!

NEMOURS, *entre les bras de son écuyer.*

Adelaïde... ô ciel... c'en est fait, je me meurs.

VENDÔME.

Que vois-je ! Sa blessure à l'instant s'est rouverte !
Son sang coule.

NEMOURS.

Est-ce à toi de prévenir ma perte?

VENDÔME.

Ah, mon frère !

NEMOURS.

Ote-toi, je chéris mon trépas.

ADELAÏDE.

Ciel... Nemours !

NEMOURS, *à Vendôme.*

Laisse-moi.

VENDÔME.

Je ne te quitte pas.

SCÈNE IV.

ADELAIDE, TAISE.

ADELAÏDE.

On l'emporte : il expire ; il faut que je le suive.

TAÏSE.

Ah ! que cette douleur se taise et se captive.
Plus vous l'aimez, madame, et plus il faut songer
Qu'un rival violent...

ADELAÏDE.

Je songe à son danger.

Voilà ce que l'amour et mon malheur lui coûte.
Taïse, c'est pour moi qu'il combattait, sans doute ;

C'est moi que dans ces murs il osait secourir ;
Il servait son monarque, il m'allait conquérir.
Quel prix de tant de soins ! quel fruit de sa constance !
Hélas ! mon tendre amour accusait son absence :
Je demandais Nemours, et le ciel me le rend :
J'ai revu ce que j'aime, et l'ai revu mourant :
Ces lieux sont teints du sang qu'il versait à ma vue.
Ah, Taïse ! est-ce ainsi que je lui suis rendue ?
Va le trouver ; va, cours auprès de mon amant.

TAÏSE.

Eh ! ne craignez-vous pas que tant d'empressement
N'ouvre les yeux jaloux d'un prince qui vous aime ?
Tremblez de découvrir...

ADELAÏDE.

        J'y volerai moi-même.
D'une autre main, Taïse, il reçoit des secours ;
Un autre a le bonheur d'avoir soin de ses jours :
Il faut que je le voie, et que de son amante
La faible main s'unisse à sa main défaillante.
Hélas ! des mêmes coups nos deux cœurs pénétrés...

TAÏSE.

Au nom de cet amour, arrêtez, demeurez ;
Reprenez vos esprits.

ADELAÏDE.

        Rien ne m'en peut distraire.

SCÈNE V.

VENDOME, ADELAIDE, TAISE.

ADELAÏDE.

Ah, prince! en quel état laissez-vous votre frère?

VENDÔME.

Madame, par mes mains son sang est arrêté.
Il a repris sa force et sa tranquillité.
Je suis le seul à plaindre, et le seul en alarmes;
Je mouille en frémissant mes lauriers de mes larmes,
Et je hais ma victoire et mes prospérités,
Si je n'ai par mes soins vaincu vos cruautés;
Si votre incertitude, alarmant mes tendresses,
Ose encor démentir la foi de vos promesses.

ADELAÏDE.

Je ne vous promis rien : vous n'avez point ma foi;
Et la reconnaissance est tout ce que je doi.

VENDÔME.

Quoi! lorsque de ma main je vous offrais l'hommage...

ADELAÏDE.

D'un si noble présent j'ai vu tout l'avantage;
Et sans chercher ce rang qui ne m'était pas dû,
Par de justes respects je vous ai répondu.
Vos bienfaits, votre amour, et mon amitié même,
Tout vous flattait sur moi d'un empire suprême;
Tout vous a fait penser qu'un rang si glorieux,
Présenté par vos mains, éblouirait mes yeux.
Vous vous trompiez : il faut rompre enfin le silence.
Je vais vous offenser; je me fais violence :

Mais, réduite à parler, je vous dirai, seigneur,
Que l'amour de mes rois est gravé dans mon cœur.
De votre sang au mien je vois la différence ;
Mais celui dont je sors a coulé pour la France.
Ce digne connétable en mon cœur a transmis
La haine qu'un Français doit à ses ennemis ;
Et sa nièce jamais n'acceptera pour maître
L'allié des Anglais, quelque grand qu'il puisse être.
Voilà les sentimens que son sang m'a tracés ;
Et s'ils vous font rougir, c'est vous qui m'y forcez.

VENDÔME.
Je suis, je l'avouerai, surpris de ce langage ;
Je ne m'attendais pas à ce nouvel outrage,
Et n'avais pas prévu que le sort en courroux,
Pour m'accabler d'affronts, dût se servir de vous.
Vous avez fait, madame, une secrète étude
Du mépris, de l'insulte et de l'ingratitude ;
Et votre cœur enfin, lent à se déployer,
Hardi par ma faiblesse, a paru tout entier.
Je ne connaissais pas tout ce zèle héroïque,
Tant d'amour pour vos rois, ou tant de politique.
Mais, vous qui m'outragez, me connaissez-vous bien ?
Vous reste-t-il ici de parti que le mien ?
Vous qui me devez tout ; vous qui, sans ma défense,
Auriez de ces Français assouvi la vengeance,
De ces mêmes Français à qui vous vous vantez
De conserver la foi d'un cœur que vous m'ôtez !
Est-ce donc là le prix de vous avoir servie [b] ?

ADELAÏDE.
Oui, vous m'avez sauvée ; oui, je vous dois la vie ;

Mais, seigneur, mais, hélas! n'en puis-je disposer?
Me la conserviez-vous pour la tyranniser?

VENDÔME.

Je deviendrai tyran, mais moins que vous, cruelle;
Mes yeux lisent trop bien dans votre ame rebelle;
Tous vos prétextes faux m'apprennent vos raisons:
Je vois mon déshonneur, je vois vos trahisons.
Quel que soit l'insolent que ce cœur me préfère,
Redoutez mon amour, tremblez de ma colère;
C'est lui seul désormais que mon bras va chercher;
De son cœur tout sanglant j'irai vous arracher;
Et si, dans les horreurs du sort qui nous accable,
De quelque joie encor ma fureur est capable,
Je la mettrai, perfide, à vous désespérer.

ADELAÏDE.

Non, seigneur, la raison saura vous éclairer.
Non, votre ame est trop noble, elle est trop élevée,
Pour opprimer ma vie, après l'avoir sauvée.
Mais si votre grand cœur s'avilissait jamais
Jusqu'à persécuter l'objet de vos bienfaits,
Sachez que ces bienfaits, vos vertus, votre gloire,
Plus que vos cruautés, vivront dans ma mémoire.
Je vous plains, vous pardonne, et veux vous respecter;
Je vous ferai rougir de me persécuter;
Et je conserverai, malgré votre menace,
Une ame sans courroux, sans crainte et sans audace.

VENDÔME.

Arrêtez; pardonnez aux transports égarés,
Aux fureurs d'un amant que vous désespérez.
Je vois trop qu'avec vous Coucy d'intelligence,

D'une cour qui me hait embrasse la défense ;
Que vous voulez tous deux m'unir à votre roi,
Et de mon sort enfin disposer malgré moi.
Vos discours sont les siens. Ah! parmi tant d'alarmes,
Pourquoi recourez-vous à ces nouvelles armes?
Pour gouverner mon cœur, l'asservir, le changer,
Aviez-vous donc besoin d'un secours étranger?
Aimez, il suffira d'un mot de votre bouche.

ADELAÏDE.

Je ne vous cache point que du soin qui me touche
A votre ami, seigneur, mon cœur s'était remis ;
Je vois qu'il a plus fait qu'il ne m'avait promis.
Ayez pitié des pleurs que mes yeux lui confient ;
Vous les faites couler, que vos mains les essuient.
Devenez assez grand pour apprendre à dompter
Des feux que mon devoir me force à rejeter.
Laissez-moi toute entière à la reconnaissance.

VENDÔME.

Le seul Coucy, sans doute, a votre confiance ;
Mon outrage est connu ; je sais vos sentimens.

ADELAÏDE.

Vous les pourrez, seigneur, connaître avec le temps,
Mais vous n'aurez jamais le droit de les contraindre,
Ni de les condamner, ni même de vous plaindre.
D'un guerrier généreux j'ai recherché l'appui ;
Imitez sa grande ame, et pensez comme lui.

SCÈNE VI.

VENDOME.

Hé bien, c'en est donc fait! l'ingrate, la parjure,
A mes yeux sans rougir étale mon injure :
De tant de trahisons l'abyme est découvert ;
Je n'avais qu'un ami, c'est lui seul qui me perd.
Amitié, vain fantôme, ombre que j'ai chérie,
Toi qui me consolais des malheurs de ma vie,
Bien que j'ai trop aimé, que j'ai trop méconnu,
Trésor cherché sans cesse, et jamais obtenu !
Tu m'as trompé, cruelle, autant que l'amour même ;
Et maintenant, pour prix de mon erreur extrême,
Détrompé des faux biens, trop faits pour me charmer,
Mon destin me condamne à ne plus rien aimer.
Le voilà cet ingrat qui, fier de son parjure,
Vient encor de ses mains déchirer ma blessure.

SCÈNE VII.

VENDOME, COUCY.

COUCY.

Prince, me voilà prêt : disposez de mon bras...
Mais d'où naît à mes yeux cet étrange embarras ?
Quand vous avez vaincu, quand vous sauvez un frère,
Heureux de tous côtés, qui peut donc vous déplaire ?

VENDÔME.

Je suis désespéré, je suis haï, jaloux.

ACTE II, SCÈNE VII.

COUCY.

Hé bien, de vos soupçons quel est l'objet, qui?

VENDÔME.

          Vous,
Vous, dis-je; et du refus qui vient de me confondre,
C'est vous, ingrat ami, qui devez me répondre.
Je sais qu'Adelaïde ici vous a parlé;
En vous nommant à moi, la perfide a tremblé;
Vous affectez sur elle un odieux silence,
Interprète muet de votre intelligence:
Elle cherche à me fuir, et vous à me quitter.
Je crains tout, je crois tout.

COUCY.

      Voulez-vous m'écouter?

VENDÔME.

Je le veux.

COUCY.

   Pensez-vous que j'aime encor la gloire?
M'estimez-vous encore, et pourrez-vous me croire?

VENDÔME.

Oui, jusqu'à ce moment je vous crus vertueux;
Je vous crus mon ami.

COUCY.

     Ces titres glorieux
Furent toujours pour moi l'honneur le plus insigne,
Et vous allez juger si mon ame en est digne.
Sachez qu'Adelaïde avait touché mon cœur,
Avant que, de sa vie heureux libérateur,
Vous eussiez par vos soins, par cet amour sincère,

Surtout par vos bienfaits, tant de droits de lui plaire.
Moi, plus soldat que tendre, et dédaignant toujours
Ce grand art de séduire inventé dans les cours,
Ce langage flatteur, et souvent si perfide,
Peu fait pour mon esprit peut-être trop rigide,
Je lui parlai d'hymen; et ce nœud respecté,
Resserré par l'estime et par l'égalité,
Pouvait lui préparer des destins plus propices
Qu'un rang plus élevé, mais sur des précipices.
Hier avec la nuit je vins dans vos remparts;
Tout votre cœur parut à mes premiers regards.
De cet ardent amour la nouvelle semée,
Par vos emportemens me fut trop confirmée.
Je vis de vos chagrins les funestes accès;
J'en approuvai la cause, et j'en blâmai l'excès.
Aujourd'hui j'ai revu cet objet de vos larmes;
D'un œil indifférent j'ai regardé ses charmes.
Libre et juste auprès d'elle, à vous seul attaché,
J'ai fait valoir les feux dont vous êtes touché;
J'ai de tous vos bienfaits rappelé la mémoire,
L'éclat de votre rang, celui de votre gloire,
Sans cacher vos défauts vantant votre vertu,
Et pour vous contre moi j'ai fait ce que j'ai dû.
Je m'immole à vous seul, et je me rends justice;
Et, si ce n'est assez d'un si grand sacrifice,
S'il est quelque rival qui vous ose outrager,
Tout mon sang est à vous, et je cours vous venger.

VENDÔME.

Ah! généreux ami, qu'il faut que je révère,
Oui, le destin dans toi me donne un second frère;

Je n'en étais pas digne, il le faut avouer :
Mon cœur...

COUCY.

Aimez-moi, prince, au lieu de me louer;
Et si vous me devez quelque reconnaissance,
Faites votre bonheur, il est ma récompense.
Vous voyez quelle ardente et fière inimitié
Votre frère nourrit contre votre allié °.
Sur ce grand intérêt souffrez que je m'explique.
Vous m'avez soupçonné de trop de politique,
Quand j'ai dit que bientôt on verrait réunis
Les débris dispersés de l'empire des lis.
Je vous le dis encore au sein de votre gloire;
Et vos lauriers brillans, cueillis par la victoire,
Pourront sur votre front se flétrir désormais,
S'ils n'y sont soutenus de l'olive de paix.
Tous les chefs de l'état, lassés de ces ravages,
Cherchent un port tranquille après tant de naufrages;
Gardez d'être réduit au hasard dangereux
De vous voir, ou trahir, ou prévenir par eux.
Passez-les en prudence, aussi bien qu'en courage.
De cet heureux moment prenez tout l'avantage ;
Gouvernez la fortune, et sachez l'asservir :
C'est perdre ses faveurs que tarder d'en jouir :
Ses retours sont fréquens, vous devez les connaître.
Il est beau de donner la paix à votre maître.
Son égal aujourd'hui, demain dans l'abandon,
Vous vous verrez réduit à demander pardon.
La gloire vous conduit, que la raison vous guide.

VENDÔME.

Brave et prudent Coucy, crois-tu qu'Adelaïde
Dans son cœur amolli partagerait mes feux,
Si le même parti nous unissait tous deux?
Penses-tu qu'à m'aimer je pourrais la réduire?

COUCY.

Dans le fond de son cœur je n'ai point voulu lire :
Mais qu'importent pour vous ses vœux et ses desseins?
Faut-il que l'amour seul fasse ici nos destins?
Lorsque Philippe-Auguste, aux plaines de Bovines,
De l'état déchiré répara les ruines,
Quand seul il arrêta, dans nos champs inondés,
De l'empire germain les torrens débordés,
Tant d'honneurs étaient-ils l'effet de sa tendresse?
Sauva-t-il son pays pour plaire à sa maîtresse?
Verrai-je un si grand cœur à ce point s'avilir?
Le salut de l'état dépend-il d'un soupir?
Aimez, mais en héros qui maîtrise son ame,
Qui gouverne à la fois ses états et sa flamme.
Mon bras contre un rival est prêt à vous servir;
Je voudrais faire plus, je voudrais vous guérir.
On connaît peu l'amour, on craint trop son amorce;
C'est sur nos lâchetés qu'il a fondé sa force;
C'est nous qui sous son nom troublons notre repos;
Il est tyran du faible, esclave du héros.
Puisque je l'ai vaincu, puisque je le dédaigne,
Dans l'ame d'un Bourbon souffrirez-vous qu'il règne?
Vos autres ennemis par vous sont abattus,
Et vous devez en tout l'exemple des vertus.

ACTE II, SCÈNE VII.

VENDÔME.

Le sort en est jeté, je ferai tout pour elle;
Il faut bien à la fin désarmer la cruelle;
Ses lois seront mes lois, son roi sera le mien;
Je n'aurai de parti, de maître que le sien.
Possesseur d'un trésor où s'attache ma vie,
Avec mes ennemis je me réconcilie,
Je lirai dans ses yeux mon sort et mon devoir;
Mon cœur est enivré de cet heureux espoir.
Enfin, plus de prétexte à ses refus injustes;
Raison, gloire, intérêt, et tous ces droits augustes
Des princes de mon sang et de mes souverains,
Sont des liens sacrés resserrés par ses mains.
Du roi, puisqu'il le faut, soutenons la couronne,
La vertu le conseille, et la beauté l'ordonne.
Je veux entre tes mains, en ce fortuné jour,
Sceller tous les sermens que je fais à l'amour :
Quant à mes intérêts, que toi seul en décide.

COUCY.

Souffrez donc près du roi que mon zèle me guide;
Peut-être il eût fallu que ce grand changement
Ne fût dû qu'au héros, et non pas à l'amant;
Mais si d'un si grand cœur une femme dispose,
L'effet en est trop beau pour en blâmer la cause;
Et mon cœur, tout rempli de cet heureux retour,
Bénit votre faiblesse, et rend grace à l'amour.

FIN DU SECOND ACTE.

ACTE TROISIÈME.

SCÈNE I.

NEMOURS, DANGESTE.

NEMOURS.
Combat infortuné, destin qui me poursuis !
O mort, mon seul recours, douce mort qui me fuis !
Ciel ! n'as-tu conservé la trame de ma vie
Que pour tant de malheurs et tant d'ignominie ?
Adelaïde, au moins, pourrai-je la revoir ?
DANGESTE.
Vous la verrez, seigneur.
NEMOURS.
     Ah ! mortel désespoir !
Elle ose me parler, et moi je le souhaite !
DANGESTE.
Seigneur, en quel état votre douleur vous jette !
Vos jours sont en péril, et ce sang agité...
NEMOURS.
Mes déplorables jours sont trop en sûreté ;
Ma blessure est légère, elle m'est insensible :
Que celle de mon cœur est profonde et terrible !
DANGESTE.
Remerciez les cieux de ce qu'ils ont permis

ACTE III, SCÈNE I.

Que vous ayez trouvé de si chers ennemis.
Il est dur de tomber dans des mains étrangères :
Vous êtes prisonnier du plus tendre des frères.

NEMOURS.

Mon frère! ah, malheureux!

DANGESTE.

　　　　　　　　Il vous était lié
Par les nœuds les plus saints d'une pure amitié.
Que n'éprouvez-vous point de sa main secourable!

NEMOURS.

Sa fureur m'eût flatté; son amitié m'accable.

DANGESTE.

Quoi! pour être engagé dans d'autres intérêts,
Le haïssez-vous tant?

NEMOURS.

　　　　　　　Je l'aime, et je me hais;
Et, dans les passions de mon ame éperdue,
La voix de la nature est encore entendue.

DANGESTE.

Si contre un frère aimé vous avez combattu,
J'en ai vu quelque temps frémir votre vertu :
Mais le roi l'ordonnait, et tout vous justifie.
L'entreprise était juste aussi bien que hardie.
Je vous ai vu remplir, dans cet affreux combat,
Tous les devoirs d'un chef et tous ceux d'un soldat;
Et vous avez rendu, par des faits incroyables,
Votre défaite illustre et vos fers honorables.
On a perdu bien peu quand on garde l'honneur.

NEMOURS.

Non, ma défaite, ami, ne fait point mon malheur.

Du Guesclin, des Français l'amour et le modèle,
Aux Anglais si terrible, à son roi si fidèle,
Vit ses honneurs flétris par de plus grands revers :
Deux fois sa main puissante a langui dans les fers :
Il n'en fut que plus grand, plus fier et plus à craindre;
Et son vainqueur tremblant fut bientôt seul à plaindre.
Du Guesclin, nom sacré, nom toujours précieux !
Quoi ! ta coupable nièce évite encor mes yeux !
Ah ! sans doute, elle a dû redouter mes reproches;
Ainsi donc, cher Dangeste, elle fuit tes approches ?
Tu n'as pu lui parler ?

DANGESTE.

Seigneur, je vous ai dit
Que bientôt...

NEMOURS.

Ah ! pardonne à mon cœur interdit.
Trop chère Adelaïde ! Hé bien ! quand tu l'as vue,
Parle, à mon nom du moins paraissait-elle émue ?

DANGESTE.

Votre sort en secret paraissait la toucher ;
Elle versait des pleurs, et voulait les cacher.

NEMOURS.

Elle pleure et m'outrage ! elle pleure et m'opprime !
Son cœur, je le vois bien, n'est pas né pour le crime.
Pour me sacrifier elle aura combattu ;
La trahison la gêne, et pèse à sa vertu :
Faible soulagement à ma fureur jalouse !
T'a-t-on dit en effet que mon frère l'épouse ?

DANGESTE.

S'il s'en vantait lui-même, en pouvez-vous douter ?

NEMOURS.
Il l'épouse! A ma honte elle vient insulter!
Ah Dieu!

SCÈNE II.

ADELAIDE, NEMOURS.

ADELAÏDE.
Le ciel vous rend à mon ame attendrie;
En veillant sur vos jours il conserva ma vie.
Je vous revois, cher prince, et mon cœur empressé...
Juste ciel! quels regards, et quel accueil glacé!
NEMOURS.
L'intérêt qu'à mes jours vos bontés daignent prendre
Est d'un cœur généreux, mais il doit me surprendre.
Vous aviez en effet besoin de mon trépas :
Mon rival plus tranquille eût passé dans vos bras.
Libre dans vos amours, et sans inquiétude,
Vous jouiriez en paix de votre ingratitude;
Et les remords honteux qu'elle traîne après soi,
S'il peut vous en rester, périssaient avec moi.
ADELAÏDE.
Hélas! que dites-vous? Quelle fureur subite...
NEMOURS.
Non, votre changement n'est pas ce qui m'irrite.
ADELAÏDE.
Mon changement? Nemours!
NEMOURS.
A vous seule asservi,
Je vous aimai trop bien pour n'être point trahi :

C'est le sort des amans, et ma honte est commune :
Mais que vous insultiez vous-même à ma fortune !
Qu'en ces murs, où vos yeux ont vu couler mon sang,
Vous acceptiez la main qui m'a percé le flanc,
Et que vous osiez joindre à l'horreur qui m'accable
D'une fausse pitié l'affront insupportable !
Qu'à mes yeux...

ADELAÏDE.

Ah ! plutôt donnez-moi le trépas !
Immolez votre amante, et ne l'accusez pas.
Mon cœur n'est point armé contre votre colère,
Cruel, et vos soupçons manquaient à ma misère.
Ah, Nemours ! de quels maux nos jours empoisonnés...

NEMOURS.

Vous me plaignez, cruelle, et vous m'abandonnez !

ADELAÏDE.

Je vous pardonne, hélas ! cette fureur extrême,
Tout, jusqu'à vos soupçons ; jugez si je vous aime.

NEMOURS.

Vous m'aimeriez ! qui, vous ? Et Vendôme à l'instant
Entoure de flambeaux l'autel qui vous attend !
Lui-même il m'a vanté sa gloire et sa conquête.
Le barbare ! il m'invite à cette horrible fête !
Que plutôt...

ADELAÏDE.

Ah, cruel ! me faut-il employer
Les momens de vous voir à me justifier ?
Votre frère, il est vrai, persécute ma vie,
Et par un fol amour, et par sa jalousie,
Et par l'emportement dont je crains les effets,

Et, le dirai-je encor, seigneur, par ses bienfaits.
J'atteste ici le ciel, témoin de ma conduite...
Mais pourquoi l'attester ? Nemours, suis-je réduite,
Pour vous persuader de si vrais sentimens,
Au secours inutile et honteux des sermens !
Non, non, vous connaissez le cœur d'Adelaïde ;
C'est vous qui conduisez ce cœur faible et timide.

NEMOURS.

Mais mon frère vous aime ?

ADELAÏDE.

Ah ! n'en redoutez rien.

NEMOURS.

Il sauva vos beaux jours !

ADELAÏDE.

Il sauva votre bien.
Dans Cambrai, je l'avoue, il daigna me défendre.
Au roi que nous servons il promit de me rendre ;
Et mon cœur se plaisait, trompé par mon amour,
Puisqu'il est votre frère, à lui devoir le jour.
J'ai répondu, seigneur, à sa flamme funeste,
Par un refus constant, mais tranquille et modeste,
Et mêlé du respect que je devrai toujours
A mon libérateur, au frère de Nemours.
Mais mon respect l'enflamme, et mon refus l'irrite.
J'anime en l'évitant l'ardeur de sa poursuite.
Tout doit, si je l'en crois, céder à son pouvoir [d] ;
Lui plaire est ma grandeur, l'aimer est mon devoir.
Qu'il est loin, juste Dieu ! de penser que ma vie,
Que mon ame à la vôtre est pour jamais unie,
Que vous causez les pleurs dont mes yeux sont chargés,

Que mon cœur vous adore, et que vous m'outragez!
Oui, vous êtes tous deux formés pour mon supplice,
Lui par sa passion, vous par votre injustice;
Vous, Nemours, vous, ingrat, que je vois aujourd'hui
Moins amoureux peut-être, et plus cruel que lui.

NEMOURS.

C'en est trop... pardonnez... voyez mon ame en proie
A l'amour, aux remords, à l'excès de ma joie.
Digne et charmant objet d'amour et de douleur,
Ce jour infortuné, ce jour fait mon bonheur.
Glorieux, satisfait dans un sort si contraire,
Tout captif que je suis, j'ai pitié de mon frère.
Il est le seul à plaindre avec votre courroux;
Et je suis son vainqueur, étant aimé de vous.

SCÈNE III.

VENDOME, NEMOURS, ADELAIDE.

VENDÔME.

Connaissez donc enfin jusqu'où va ma tendresse,
Et tout votre pouvoir, et toute ma faiblesse:
Et vous, mon frère, et vous, soyez ici témoin
Si l'excès de l'amour peut emporter plus loin.
Ce que votre amitié, ce que votre prière,
Les conseils de Coucy, le roi, la France entière,
Exigeaient de Vendôme, et qu'ils n'obtenaient pas,
Soumis et subjugué, je l'offre à ses appas.
L'amour, qui malgré vous nous a faits l'un pour l'autre,
Ne me laisse de choix, de parti que le vôtre.

ACTE III, SCÈNE III.

Je prends mes lois de vous; votre maître est le mien :
De mon frère et de moi soyez l'heureux lien ;
Soyez-le de l'état, et que ce jour commence
Mon bonheur et le vôtre, et la paix de la France.
Vous, courez, mon cher frère, allez dès ce moment
Annoncer à la cour un si grand changement.
Moi, sans perdre de temps, dans ce jour d'allégresse,
Qui m'a rendu mon roi, mon frère et ma maîtresse,
D'un bras vraiment français je vais dans nos remparts
Sous nos lis triomphans briser les léopards.
Soyez libre, partez, et de mes sacrifices
Allez offrir au roi les heureuses prémices.
Puissé-je à ses genoux présenter aujourd'hui
Celle qui m'a dompté, qui me ramène à lui,
Qui d'un prince ennemi fait un sujet fidèle,
Changé par ses regards et vertueux par elle !

NEMOURS.

(à part.)
Il fait ce que je veux, et c'est pour m'accabler !
(à Adélaïde.)
Prononcez notre arrêt, madame, il faut parler.

VENDÔME.

Hé quoi ! vous demeurez interdite et muette ?
De mes soumissions êtes-vous satisfaite ?
Est-ce assez qu'un vainqueur vous implore à genoux ?
Faut-il encor ma vie, ingrate ? elle est à vous.
Vous n'avez qu'à parler ; j'abandonne sans peine
Ce sang infortuné, proscrit par votre haine.

ADÉLAÏDE.

Seigneur, mon cœur est juste ; on ne m'a vu jamais

Mépriser vos bontés, et haïr vos bienfaits ;
Mais je ne puis penser qu'à mon peu de puissance
Vendôme ait attaché le destin de la France ;
Qu'il n'ait lu son devoir que dans mes faibles yeux ;
Qu'il ait besoin de moi pour être vertueux.
Vos desseins ont sans doute une source plus pure ;
Vous avez consulté le devoir, la nature ;
L'amour a peu de part où doit régner l'honneur.

VENDÔME.

L'amour seul a tout fait, et c'est là mon malheur ;
Sur tout autre intérêt ce triste amour l'emporte.
Accablez-moi de honte, accusez-moi, n'importe !
Dussé-je vous déplaire et forcer votre cœur,
L'autel est prêt ; venez.

NEMOURS.

Vous osez...

ADELAÏDE.

Non, seigneur.
Avant que je vous cède, et que l'hymen nous lie,
Aux yeux de votre frère arrachez-moi la vie.
Le sort met entre nous un obstacle éternel.
Je ne puis être à vous.

VENDÔME.

Nemours... ingrate... Ah, ciel !
C'en est donc fait...mais non...mon cœur sait se contrain-
Vous ne méritez pas que je daigne m'en plaindre. [dre :
Vous auriez dû peut-être, avec moins de détour,
Dans ses premiers transports étouffer mon amour ;
Et par un prompt aveu, qui m'eût guéri sans doute,

M'épargner les affronts que ma bonté me coûte.
Mais je vous rends justice; et ces séductions,
Qui vont au fond des cœurs chercher nos passions,
L'espoir qu'on donne à peine afin qu'on le saisisse,
Ce poison préparé des mains de l'artifice,
Sont les armes d'un sexe aussi trompeur que vain,
Que l'œil de la raison regarde avec dédain.
Je suis libre par vous : cet art que je déteste,
Cet art qui m'enchaîna, brise un joug si funeste ;
Et je ne prétends pas, indignement épris,
Rougir devant mon frère, et souffrir des mépris.
Montrez-moi seulement ce rival qui se cache ;
Je lui cède avec joie un poison qu'il m'arrache [4];
Je vous dédaigne assez tous deux pour vous unir,
Perfide ! et c'est ainsi que je dois vous punir.

ADELAÏDE.

Je devrais seulement vous quitter et me taire ;
Mais je suis accusée, et ma gloire m'est chère.
Votre frère est présent, et mon honneur blessé
Doit repousser les traits dont il est offensé.
Pour un autre que vous ma vie est destinée ;
Je vous en fais l'aveu, je m'y vois condamnée [e].
Oui, j'aime ; et je serais indigne, devant vous,
De celui que mon cœur s'est promis pour époux,
Indigne de l'aimer, si, par ma complaisance,
J'avais à votre amour laissé quelque espérance.
Vous avez regardé ma liberté, ma foi,
Comme un bien de conquête, et qui n'est plus à moi.
Je vous devais beaucoup ; mais une telle offense
Ferme à la fin mon cœur à la reconnaissance :

Sachez que des bienfaits qui font rougir mon front,
A mes yeux indignés ne sont plus qu'un affront.
J'ai plaint de votre amour la violence vaine ;
Mais, après ma pitié, n'attirez point ma haine.
J'ai rejeté vos vœux, que je n'ai point bravés ;
J'ai voulu votre estime, et vous me la devez.

VENDÔME.

Je vous dois ma colère, et sachez qu'elle égale
Tous les emportemens de mon amour fatale.
Quoi donc ! vous attendiez, pour oser m'accabler,
Que Nemours fût présent, et me vît immoler ?
Vous vouliez ce témoin de l'affront que j'endure ?
Allez, je le croirais l'auteur de mon injure,
Si... Mais il n'a point vu vos funestes appas ;
Mon frère trop heureux ne vous connaissait pas.
Nommez donc mon rival : mais gardez-vous de croire
Que mon lâche dépit lui cède la victoire.
Je vous trompais, mon cœur ne peut feindre long-temps :
Je vous traîne à l'autel, à ses yeux expirans ;
Et ma main, sur sa cendre, à votre main donnée,
Va tremper dans le sang les flambeaux d'hyménée.
Je sais trop qu'on a vu, lâchement abusés,
Pour des mortels obscurs, des princes méprisés ;
Et mes yeux perceront, dans la foule inconnue,
Jusqu'à ce vil objet qui se cache à ma vue.

NEMOURS.

Pourquoi d'un choix indigne osez-vous l'accuser ?

VENDÔME.

Et pourquoi, vous, mon frère, osez-vous l'excuser ?
Est-il vrai que de vous elle était ignorée ?

Ciel ! à ce piége affreux ma foi serait livrée !
Tremblez.

NEMOURS.

Moi, que je tremble ! ah ! j'ai trop dévoré
L'inexprimable horreur où toi seul m'as livré.
J'ai forcé trop long-temps mes transports au silence :
Connais-moi donc, barbare, et remplis ta vengeance.
Connais un désespoir à tes fureurs égal.
Frappe, voilà mon cœur, et voilà ton rival.

VENDÔME.

Toi, cruel ! toi, Nemours ?

NEMOURS.

Oui, depuis deux années
L'amour la plus secrète a joint nos destinées.
C'est toi dont les fureurs ont voulu m'arracher
Le seul bien sur la terre où j'ai pu m'attacher.
Tu fais depuis trois mois les horreurs de ma vie ;
Les maux que j'éprouvais passaient ta jalousie :
Par tes égaremens juge de mes transports.
Nous puisâmes tous deux dans ce sang dont je sors
L'excès des passions qui dévorent une ame ;
La nature à tous deux fit un cœur tout de flamme.
Mon frère est mon rival, et je l'ai combattu ;
J'ai fait taire le sang, peut-être la vertu.
Furieux, aveuglé, plus jaloux que toi-même,
J'ai couru, j'ai volé, pour t'ôter ce que j'aime ;
Rien ne m'a retenu, ni tes superbes tours,
Ni le peu de soldats que j'avais pour secours,
Ni le lieu, ni le temps, ni surtout ton courage ;
Je n'ai vu que ma flamme et ton feu qui m'outrage.

L'amour fut dans mon cœur plus fort que l'amitié ;
Sois cruel comme moi, punis-moi sans pitié :
Aussi bien tu ne peux t'assurer ta conquête,
Tu ne peux l'épouser qu'aux dépens de ma tête.
A la face des cieux je lui donne ma foi ;
Je te fais de nos vœux le témoin malgré toi.
Frappe, et qu'après ce coup ta cruauté jalouse
Traîne au pied des autels ta sœur et mon épouse.
Frappe, dis-je : oses-tu ?

VENDÔME.

Traître, c'en est assez.
Qu'on l'ôte de mes yeux : soldats, obéissez.

ADELAÏDE.

(aux soldats.)
Non : demeurez, cruels... Ah, prince ! est-il possible
Que la nature en vous trouve une ame inflexible ?
Seigneur !

NEMOURS.

Vous, le prier ! plaignez-le plus que moi.
Plaignez-le : il vous offense, il a trahi son roi.
Va, je suis dans ces lieux plus puissant que toi-même ;
Je suis vengé de toi : l'on te hait, et l'on m'aime.

ADELAÏDE.

(à Nemours.)   (à Vendôme.)
Ah, cher prince... Ah, seigneur ! voyez à vos genoux...

VENDÔME.

(aux soldats.)   (à Adelaïde.)
Qu'on m'en réponde, allez. Madame, levez-vous.
Vos prières, vos pleurs en faveur d'un parjure,
Sont un nouveau poison versé sur ma blessure :
Vous avez mis la mort dans ce cœur outragé ;

Mais, perfide, croyez que je mourrai vengé.
Adieu : si vous voyez les effets de ma rage,
N'en accusez que vous; nos maux sont votre ouvrage.
ADELAÏDE.
Je ne vous quitte pas : écoutez-moi, seigneur.
VENDÔME.
Hé bien! achevez donc de décider mon cœur :
Parlez.

SCÈNE IV.

VENDOME, NEMOURS, ADELAIDE, COUCY, DANGESTE; UN OFFICIER, SOLDATS.

COUCY.
J'allais partir : un peuple téméraire
Se soulève en tumulte au nom de votre frère.
Le désordre est partout : vos soldats consternés
Désertent les drapeaux de leurs chefs étonnés;
Et, pour comble de maux, vers la ville alarmée,
L'ennemi rassemblé fait marcher son armée.
VENDÔME.
Allez, cruelle, allez; vous ne jouirez pas
Du fruit de votre haine et de vos attentats;
Rentrez. Aux factieux je vais montrer leur maître.
    (à l'officier.)   (à Coucy.)
Qu'on la garde. Courons. Vous, veillez sur ce traître.

SCÈNE V.

NEMOURS, COUCY.

COUCY.

Le seriez-vous, seigneur? auriez-vous démenti
Le sang de ces héros dont vous êtes sorti?
Auriez-vous violé, par cette lâche injure,
Et les droits de la guerre et ceux de la nature?
Un prince à cet excès pourrait-il s'oublier?

NEMOURS.

Non; mais suis-je réduit à me justifier?
Coucy, ce peuple est juste, il t'apprend à connaître
Que mon frère est rebelle, et que Charle est son maître.

COUCY.

Écoutez : ce serait le comble de mes vœux
De pouvoir aujourd'hui vous réunir tous deux.
Je vois avec regret la France désolée,
A nos dissensions la nature immolée,
Sur nos communs débris l'Anglais trop élevé,
Menaçant cet état par nous-même énervé.
Si vous avez un cœur digne de votre race,
Faites au bien public servir votre disgrace.
Rapprochez les partis; unissez-vous à moi
Pour calmer votre frère et fléchir votre roi,
Pour éteindre le feu de nos guerres civiles.

NEMOURS.

Ne vous en flattez pas; vos soins sont inutiles.
Si la discorde seule avait armé mon bras,

ACTE III, SCÈNE V.

Si la guerre et la haine avaient conduit mes pas,
Vous pourriez espérer de réunir deux frères,
L'un de l'autre écartés dans des partis contraires.
Un obstacle plus grand s'oppose à ce retour.

COUCY.

Et quel est-il, seigneur?

NEMOURS.

Ah! reconnais l'amour;
Reconnais la fureur qui de nous deux s'empare,
Qui m'a fait téméraire, et qui le rend barbare.

COUCY.

Ciel! faut-il voir ainsi, par des caprices vains,
Anéantir le fruit des plus nobles desseins?
L'amour subjuguer tout? ses cruelles faiblesses
Du sang qui se révolte étouffer les tendresses?
Des frères se haïr, et naître, en tous climats,
Des passions des grands le malheur des états [5]?
Prince, de vos amours laissons là le mystère.
Je vous plains tous les deux; mais je sers votre frère.
Je vais le seconder; je vais me joindre à lui
Contre un peuple insolent qui se fait votre appui.
Le plus pressant danger est celui qui m'appelle.
Je vois qu'il peut avoir une fin bien cruelle:
Je vois les passions plus puissantes que moi;
Et l'amour seul ici me fait frémir d'effroi.
Mon devoir a parlé; je vous laisse, et j'y vole.
Soyez mon prisonnier, mais sur votre parole;
Elle me suffira.

NEMOURS.

Je vous la donne.

COUCY.

Et moi
Je voudrais de ce pas porter la sienne au roi ;
Je voudrais cimenter, dans l'ardeur de lui plaire,
Du sang de nos tyrans une union si chère.
Mais ces fiers ennemis sont bien moins dangereux
Que ce fatal amour qui vous perdra tous deux.

FIN DU TROISIÈME ACTE.

ACTE QUATRIÈME.

SCÈNE I.

NEMOURS, ADELAIDE, DANGESTE.

NEMOURS.
Non, non, ce peuple en vain s'armait pour ma défense;
Mon frère, teint de sang, enivré de vengeance,
Devenu plus jaloux, plus fier et plus cruel,
Va traîner à mes yeux sa victime à l'autel.
Je ne suis donc venu disputer ma conquête,
Que pour être témoin de cette horrible fête !
Et, dans le désespoir d'un impuissant courroux,
Je ne puis me venger qu'en me privant de vous ?
Partez, Adelaïde.

ADELAÏDE.
Il faut que je vous quitte...
Quoi ! vous m'abandonnez... vous ordonnez ma fuite !

NEMOURS.
Il le faut : chaque instant est un péril fatal ;
Vous êtes une esclave aux mains de mon rival.
Remercions le ciel, dont la bonté propice
Nous suscite un secours aux bords du précipice.
Vous voyez cet ami qui doit guider vos pas ;
Sa vigilance adroite a séduit des soldats.

(à Dangeste.)
Dangeste, ses malheurs ont droit à tes services :
Je suis loin d'exiger d'injustes sacrifices ;
Je respecte mon frère, et je ne prétends pas
Conspirer contre lui dans ses propres états.
Écoute seulement la pitié qui te guide ;
Écoute un vrai devoir, et sauve Adelaïde.

ADELAÏDE.

Hélas ! ma délivrance augmente mon malheur.
Je détestais ces lieux, j'en sors avec terreur.

NEMOURS.

Privez-moi par pitié d'une si chère vue :
Tantôt à ce départ vous étiez résolue,
Le dessein était pris, n'osez-vous l'achever ?

ADELAÏDE.

Ah ! quand j'ai voulu fuir, j'espérais vous trouver.

NEMOURS.

Prisonnier sur ma foi, dans l'horreur qui me presse,
Je suis plus enchaîné par ma seule promesse,
Que si de cet état les tyrans inhumains
Des fers les plus pesans avaient chargé mes mains.
Au pouvoir de mon frère ici l'honneur me livre ;
Je peux mourir pour vous, mais je ne peux vous suivre :
Vous suivrez cet ami par des détours obscurs
Qui vous rendront bientôt sous ces coupables murs.
De la Flandre à sa voix on doit ouvrir la porte ;
Du roi sous les remparts il trouvera l'escorte.
Le temps presse, évitez un ennemi jaloux.

ADELAÏDE.

Je vois qu'il faut partir... cher Nemours, et sans vous !

ACTE IV, SCÈNE I.

NEMOURS.

L'amour nous a rejoints, que l'amour nous sépare.

ADELAÏDE.

Qui, moi ! que je vous laisse au pouvoir d'un barbare !
Seigneur, de votre sang l'Anglais est altéré;
Ce sang à votre frère est-il donc si sacré ?
Craindra-t-il d'accorder, dans son courroux funeste,
Aux alliés qu'il aime un rival qu'il déteste ?

NEMOURS.

Il n'oserait.

ADELAÏDE.

Son cœur ne connaît point de frein;
Il vous a menacé, menace-t-il en vain ?

NEMOURS.

Il tremblera bientôt : le roi vient et nous venge;
La moitié de ce peuple à ses drapeaux se range.
Allez : si vous m'aimez, dérobez-vous aux coups
Des foudres allumés grondant autour de nous,
Au tumulte, au carnage, au désordre effroyable,
Dans des murs pris d'assaut malheur inévitable :
Mais craignez encor plus mon rival furieux,
Craignez l'amour jaloux qui veille dans ses yeux.
Je frémis de vous voir encor sous sa puissance;
Redoutez son amour autant que sa vengeance;
Cédez à mes douleurs; qu'il vous perde : partez.

ADELAÏDE.

Et vous vous exposez seul à ses cruautés !

NEMOURS.

Ne craignant rien pour vous, je craindrai peu mon frère;
Et bientôt mon appui lui devient nécessaire.

ADELAÏDE.

Aussi bien que mon cœur mes pas vous sont soumis.
Hé bien ! vous l'ordonnez, je pars et je frémis !
Je ne sais... mais enfin, la fortune jalouse
M'a toujours envié le nom de votre épouse.

NEMOURS.

Partez avec ce nom. La pompe des autels,
Ces voiles, ces flambeaux, ces témoins solennels,
Inutiles garans d'une foi si sacrée,
La rendront plus connue, et non plus assurée.
Vous, mânes des Bourbons, princes, rois mes aïeux,
Du séjour des héros tournez ici les yeux.
J'ajoute à votre gloire en la prenant pour femme ;
Confirmez mes sermens, ma tendresse et ma flamme :
Adoptez-la pour fille, et puisse son époux
Se montrer à jamais digne d'elle et de vous !

ADELAÏDE.

Rempli de vos bontés, mon cœur n'a plus d'alarmes,
Cher époux, cher amant...

NEMOURS.

     Quoi ! vous versez des larmes !
C'est trop tarder, adieu... Ciel, quel tumulte affreux !

SCÈNE II.

ADELAIDE, NEMOURS, VENDOME; GARDES.

VENDÔME.

Je l'entends, c'est lui-même : arrête, malheureux ;
Lâche qui me trahis, rival indigne, arrête.

ACTE IV, SCÈNE II.

NEMOURS.

Il ne te trahit point, mais il t'offre sa tête.
Porte à tous les excès ta haine et ta fureur;
Va, ne perds point de temps, le ciel arme un vengeur.
Tremble, ton roi s'approche, il vient, il va paraître.
Tu n'as vaincu que moi, redoute encor ton maître.

VENDÔME.

Il pourra te venger, mais non te secourir;
Et ton sang...

ADELAÏDE.

Non, cruel; c'est à moi de mourir.
J'ai tout fait; c'est par moi que ta garde est séduite;
J'ai gagné tes soldats, j'ai préparé ma fuite :
Punis ces attentats, et ces crimes si grands,
De sortir d'esclavage et de fuir ses tyrans :
Mais respecte ton frère, et sa femme, et toi-même;
Il ne t'a point trahi, c'est un frère qui t'aime;
Il voulait te servir, quand tu veux l'opprimer.
Quel crime a-t-il commis, cruel, que de m'aimer?
L'amour n'est-il en toi qu'un juge inexorable?

VENDÔME.

Plus vous le défendez, plus il devient coupable;
C'est vous qui le perdez, vous qui l'assassinez;
Vous par qui tous nos jours étaient empoisonnés;
Vous qui, par leur malheur, armiez des mains si chères,
Puisse tomber sur vous tout le sang des deux frères!
Vous pleurez! mais vos pleurs ne peuvent me tromper;
Je suis prêt à mourir, et prêt à le frapper.
Mon malheur est au comble, ainsi que ma faiblesse.
Oui, je vous aime encor; le temps, le péril presse;

Vous pouvez à l'instant parer le coup mortel ;
Voilà ma main, venez : sa grace est à l'autel.
ADELAÏDE.
Moi, seigneur !
VENDÔME.
    C'est assez.
ADELAÏDE.
       Moi, que je le trahisse !
VENDÔME.
Arrêtez... répondez...
ADELAÏDE.
   Je ne puis.
VENDÔME.
       Qu'il périsse.
NEMOURS.
Ne vous laissez pas vaincre en ces affreux combats ;
Osez m'aimer assez pour vouloir mon trépas ;
Abandonnez mon sort au coup qu'il me prépare.
Je mourrai triomphant des coups de ce barbare ;
Et si vous succombiez à son lâche courroux,
Je n'en mourrais pas moins, mais je mourrais par vous.
VENDÔME.
Qu'on l'entraîne à la tour : allez ; qu'on m'obéisse.

SCÈNE III.

VENDOME, ADELAIDE.

ADELAÏDE.

Vous, cruel! vous feriez cet affreux sacrifice!
De son vertueux sang vous pourriez vous couvrir!
Quoi! voulez-vous...

VENDÔME.

Je veux vous haïr et mourir,
Vous rendre malheureuse encor plus que moi-même,
Répandre devant vous tout le sang qui vous aime,
Et vous laisser des jours plus cruels mille fois
Que le jour où l'amour nous a perdus tous trois.
Laissez-moi : votre vue augmente mon supplice.

SCÈNE IV.

VENDOME, ADELAIDE, COUCY.

ADELAÏDE, *à Coucy.*

Ah! je n'attends plus rien que de votre justice;
Coucy, contre un cruel osez me secourir.

VENDÔME.

Garde-toi de l'entendre, ou tu vas me trahir.

ADELAÏDE.

J'atteste ici le ciel...

VENDÔME.

Qu'on l'ôte de ma vue.
Ami, délivre-moi d'un objet qui me tue.

ADELAIDE DU GUESCLIN,

ADELAÏDE.

Va, tyran, c'en est trop; va, dans mon désespoir,
J'ai combattu l'horreur que je sens à te voir;
J'ai cru, malgré ta rage, à ce point emportée,
Qu'une femme du moins en serait respectée.
L'amour adoucit tout, hors ton barbare cœur;
Tigre! je t'abandonne à toute ta fureur.
Dans ton féroce amour, immole tes victimes;
Compte dès ce moment ma mort parmi tes crimes:
Mais compte encor la tienne : un vengeur va venir,
Par ton juste supplice il va tous nous unir.
Tombe avec tes remparts; tombe, et péris sans gloire;
Meurs, et que l'avenir prodigue à ta mémoire,
A tes feux, à ton nom, justement abhorrés,
La haine et le mépris que tu m'as inspirés.

SCÈNE V.

VENDOME, COUCY.

VENDÔME.

Oui, cruelle ennemie, et plus que moi farouche,
Oui, j'accepte l'arrêt prononcé par ta bouche;
Que la main de la haine et que les mêmes coups
Dans l'horreur du tombeau nous réunissent tous.
(Il tombe dans un fauteuil.)

COUCY.

Il ne se connaît plus, il succombe à sa rage.

VENDÔME.

Hé bien! souffriras-tu ma honte et mon outrage?

ACTE IV, SCENE V.

Le temps presse ; veux-tu qu'un rival odieux
Enlève la perfide, et l'épouse à mes yeux ?
Tu crains de me répondre ! attends-tu que le traître
Ait soulevé mon peuple et me livre à son maître ?

COUCY.

Je vois trop, en effet, que le parti du roi
Du peuple fatigué fait chanceler la foi.
De la sédition la flamme réprimée
Vit encor dans les cœurs, en secret rallumée.

VENDÔME.

C'est Nemours qui l'allume, il nous a trahis tous.

COUCY.

Je suis loin d'excuser ses crimes envers vous ;
La suite en est funeste et me remplit d'alarmes.
Dans la plaine déja les Français sont en armes,
Et vous êtes perdu, si le peuple excité
Croit dans la trahison trouver sa sûreté.
Vos dangers sont accrus.

VENDÔME.

    Hé bien ! que faut-il faire ?

COUCY.

Les prévenir, dompter l'amour et la colère.
Ayons encor, mon prince, en cette extrémité,
Pour prendre un parti sûr assez de fermeté.
Nous pouvons conjurer ou braver la tempête ;
Quoi que vous décidiez, ma main est toute prête.
Vous vouliez ce matin, par un heureux traité,
Apaiser avec gloire un monarque irrité ;
Ne vous rebutez pas : ordonnez, et j'espère
Signer en votre nom cette paix salutaire :

Mais s'il vous faut combattre et courir au trépas,
Vous savez qu'un ami ne vous survivra pas.

VENDÔME.

Ami, dans le tombeau laisse-moi seul descendre;
Vis pour servir ma cause et pour venger ma cendre;
Mon destin s'accomplit, et je cours l'achever :
Qui ne veut que la mort est sûr de la trouver :
Mais je la veux terrible, et lorsque je succombe,
Je veux voir mon rival entraîné dans ma tombe.

COUCY.

Comment! de quelle horreur vos sens sont possédés !

VENDÔME.

Il est dans cette tour, où vous seul commandez :
Et vous m'avez promis que contre un téméraire...

COUCY.

De qui me parlez-vous, seigneur? de votre frère ?

VENDÔME.

Non, je parle d'un traître et d'un lâche ennemi,
D'un rival qui m'abhorre, et qui m'a tout ravi.
L'Anglais attend de moi la tête du parjure.

COUCY.

Vous leur avez promis de trahir la nature?

VENDÔME.

Dès long-temps du perfide ils ont proscrit le sang.

COUCY.

Et pour leur obéir vous lui percez le flanc?

VENDÔME.

Non, je n'obéis point à leur haine étrangère ;
J'obéis à ma rage, et veux la satisfaire.
Que m'importent l'état et mes vains alliés?

ACTE IV, SCÈNE V.

COUCY.

Ainsi donc à l'amour vous le sacrifiez ?
Et vous me chargez, moi, du soin de son supplice !

VENDÔME.

Je n'attends pas de vous cette prompte justice.
Je suis bien malheureux ! bien digne de pitié !
Trahi dans mon amour, trahi dans l'amitié !
Ah ! trop heureux dauphin, c'est ton sort que j'envie;
Ton amitié, du moins, n'a point été trahie;
Et Tanguy du Châtel, quand tu fus offensé,
T'a servi sans scrupule, et n'a pas balancé.
Allez; Vendôme encor, dans le sort qui le presse,
Trouvera des amis qui tiendront leur promesse;
D'autres me serviront, et n'allégueront pas
Cette triste vertu, l'excuse des ingrats.

COUCY, *après un long silence.*

Non; j'ai pris mon parti. Soit crime, soit justice,
Vous ne vous plaindrez pas que Coucy vous trahisse.
Je ne souffrirai pas que d'un autre que moi,
Dans de pareils momens, vous éprouviez la foi.
Quand un ami se perd, il faut qu'on l'avertisse,
Il faut qu'on le retienne au bord du précipice;
Je l'ai dû, je l'ai fait malgré votre courroux;
Vous y voulez tomber, je m'y jette avec vous;
Et vous reconnaîtrez, au succès de mon zèle,
Si Coucy vous aimait, et s'il vous fut fidèle.

VENDÔME.

Je revois mon ami... Vengeons-nous, vole... attend...
Non, va, te dis-je, frappe, et je mourrai content.
Qu'à l'instant de sa mort, à mon impatience

Le canon des remparts annonce ma vengeance.
J'irai, je l'apprendrai, sans trouble et sans effroi,
A l'objet odieux qui l'immole par moi.
Allons.

COUCY.

En vous rendant ce malheureux service,
Prince, je vous demande un autre sacrifice.

VENDÔME.

Parle.

COUCY.

Je ne veux pas que l'Anglais en ces lieux,
Protecteur insolent, commande sous mes yeux;
Je ne veux pas servir un tyran qui nous brave.
Ne puis-je vous venger sans être son esclave?
Si vous voulez tomber, pourquoi prendre un appui?
Pour mourir avec vous ai-je besoin de lui?
Du sort de ce grand jour laissez-moi la conduite :
Ce que je fais pour vous peut-être le mérite.
Les Anglais avec moi pourraient mal s'accorder;
Jusqu'au dernier moment je veux seul commander.

VENDÔME.

Pourvu qu'Adelaïde, au désespoir réduite,
Pleure en larmes de sang l'amant qui l'a séduite;
Pourvu que de l'horreur de ses gémissemens
Mon courroux se repaisse à mes derniers momens,
Tout le reste est égal, et je te l'abandonne:
Prépare le combat, agis, dispose, ordonne.
Ce n'est plus la victoire où ma fureur prétend;
Je ne cherche pas même un trépas éclatant.
Aux cœurs désespérés qu'importe un peu de gloire?

Périsse ainsi que moi ma funeste mémoire !
Périsse avec mon nom le souvenir fatal
D'une indigne maîtresse et d'un lâche rival !
COUCY.
Je l'avoue avec vous : une nuit éternelle
Doit couvrir, s'il se peut, une fin si cruelle :
C'était avant ce coup qu'il nous fallait mourir :
Mais je tiendrai parole, et je vais vous servir.

FIN DU QUATRIÈME ACTE.

ACTE CINQUIÈME.

SCÈNE I.

VENDOME; un officier, gardes.

VENDÔME.
O ciel ! me faudra-t-il, de momens en momens,
Voir et des trahisons et des soulèvemens ?
Hé bien ! de ces mutins l'audace est terrassée ?
L'OFFICIER.
Seigneur, ils vous ont vu, leur foule est dispersée.
VENDÔME.
L'ingrat de tous côtés m'opprimait aujourd'hui ;
Mon malheur est parfait, tous les cœurs sont à lui.
Dangeste est-il puni de sa fourbe cruelle ?
L'OFFICIER.
Le glaive a fait couler le sang de l'infidèle.
VENDÔME.
Ce soldat qu'en secret vous m'avez amené,
Va-t-il exécuter l'ordre que j'ai donné ?
L'OFFICIER.
Oui, seigneur, et déja vers la tour il s'avance.
VENDÔME.
Je vais donc à la fin jouir de ma vengeance !
Sur l'incertain Coucy mon cœur a trop compté ;

ACTE V, SCÈNE I.

Il a vu ma fureur avec tranquillité.
On ne soulage point des douleurs qu'on méprise;
Il faut qu'en d'autres mains ma vengeance soit mise.
Vous, que sur nos remparts on porte nos drapeaux ;
Allez, qu'on se prépare à des périls nouveaux.
Vous sortez d'un combat, un autre vous appelle;
Ayez la même audace, avec le même zèle :
Imitez votre maître ; et s'il vous faut périr,
Vous recevrez de moi l'exemple de mourir.

(seul.)

Le sang, l'indigne sang qu'a demandé ma rage,
Sera du moins pour moi le signal du carnage.
Un bras vulgaire et sûr va punir mon rival ;
Je vais être servi : j'attends l'heureux signal.
Nemours, tu vas périr, mon bonheur se prépare...
Un frère assassiné ! quel bonheur ! Ah, barbare !
S'il est doux d'accabler ses cruels ennemis,
Si ton cœur est content, d'où vient que tu frémis ?
Allons... Mais quelle voix gémissante et sévère
Crie au fond de mon cœur : Arrête, il est ton frère !
Ah, prince infortuné ! dans ta haine affermi,
Songe à des droits plus saints; Nemours fut ton ami !
O jours de notre enfance ! ô tendresses passées !
Il fut le confident de toutes mes pensées.
Avec quelle innocence et quels épanchemens
Nos cœurs se sont appris leurs premiers sentimens !
Que de fois, partageant mes naissantes alarmes,
D'une main fraternelle essuya-t-il mes larmes !
Et c'est moi qui l'immole ! et cette même main
D'un frère que j'aimai déchirerait le sein !

O passion funeste ! ô douleur qui m'égare !
Non, je n'étais point né pour devenir barbare.
Je sens combien le crime est un fardeau cruel...
Mais, que dis-je ! Nemours est le seul criminel.
Je reconnais mon sang, mais c'est à sa furie ;
Il m'enlève l'objet dont dépendait ma vie ;
Il aime Adelaïde... Ah, trop jaloux transport !
Il l'aime ! est-ce un forfait qui mérite la mort ?
Hélas ! malgré le temps, et la guerre, et l'absence [6].
Leur tranquille union croissait dans le silence ;
Ils nourrissaient en paix leur innocente ardeur,
Avant qu'un fol amour empoisonnât mon cœur.
Mais lui-même il m'attaque, il brave ma colère,
Il me trompe, il me hait : n'importe, il est mon frère !
Il ne périra point. Nature, je me rends ;
Je ne veux point marcher sur les pas des tyrans.
Je n'ai point entendu le signal homicide,
L'organe des forfaits, la voix du parricide ;
Il en est encor temps.

SCÈNE II.

VENDOME; L'OFFICIER DES GARDES.

VENDÔME.

Que l'on sauve Nemours ;
Portez mon ordre, allez ; répondez de ses jours.
L'OFFICIER.
Hélas, seigneur ! j'ai vu, non loin de cette porte,
Un corps souillé de sang, qu'en secret on emporte ;

ACTE V, SCENE II.

C'est Coucy qui l'ordonne, et je crains que le sort...

VENDÔME.

(On entend le canon.) [est mort!

Quoi, déja... Dieu, qu'entends-je! Ah, ciel! mon frère
Il est mort, et je vis! Et la terre entr'ouverte,
Et la foudre en éclats, n'ont point vengé sa perte!
Ennemi de l'état, factieux, inhumain,
Frère dénaturé, ravisseur, assassin,
Voilà quel est Vendôme! Ah, vérité funeste!
Je vois ce que je suis, et ce que je déteste!
Le voile est déchiré, je m'étais mal connu.
Au comble des forfaits je suis donc parvenu!
Ah, Nemours! ah, mon frère! ah, jour de ma ruine!
Je sens que je t'aimais, et mon bras t'assassine,
Mon frère!

L'OFFICIER.

Adelaïde, avec empressement,
Veut, seigneur, en secret vous parler un moment.

VENDÔME.

Chers amis, empêchez que la cruelle avance;
Je ne puis soutenir ni souffrir sa présence.
Mais non. D'un parricide elle doit se venger;
Dans mon coupable sang sa main doit se plonger;
Qu'elle entre... Ah! je succombe, et ne vis plus qu'à
[peine.

SCÈNE III.

VENDOME, ADELAIDE.

ADELAÏDE.

Vous l'emportez, seigneur, et puisque votre haine,
(Comment puis-je autrement appeler en ce jour
Ces affreux sentimens que vous nommez amour?)
Puisqu'à ravir ma foi, votre haine obstinée
Veut ou le sang d'un frère, ou ce triste hyménée...
Puisque je suis réduite au déplorable sort
Ou de trahir Nemours, ou de hâter sa mort,
Et que de votre rage et ministre et victime,
Je n'ai plus qu'à choisir mon supplice et mon crime,
Mon choix est fait, seigneur, et je me donne à vous :
Par le droit des forfaits vous êtes mon époux.
Brisez les fers honteux dont vous chargez un frère ;
De Lille sous ses pas abaissez la barrière :
Que je ne tremble plus pour des jours si chéris ;
Je trahis mon amant, je le perds à ce prix.
Je vous épargne un crime, et suis votre conquête ;
Commandez, disposez, ma main est toute prête ;
Sachez que cette main que vous tyrannisez
Punira la faiblesse où vous me réduisez.
Sachez qu'au temple même, où vous m'allez conduire...
Mais vous voulez ma foi, ma foi doit vous suffire.
Allons... Hé quoi! d'où vient ce silence affecté?
Quoi! votre frère encor n'est point en liberté?

VENDÔME.

Mon frère?

ACTE V, SCÈNE III.

ADELAÏDE.

Dieu puissant, dissipez mes alarmes !
Ciel ! de vos yeux cruels je vois tomber des larmes !

VENDÔME.

Vous demandez sa vie...

ADELAÏDE.

Ah ! qu'est-ce que j'entends ?
Vous qui m'aviez promis...

VENDÔME.

Madame, il n'est plus temps.

ADELAÏDE.

Il n'est plus temps ! Nemours...

VENDÔME.

Il est trop vrai, cruelle !
Oui, vous avez dicté sa sentence mortelle.
Coucy pour nos malheurs a trop su m'obéir.
Ah ! revenez à vous, vivez pour me punir ;
Frappez : que votre main, contre moi ranimée,
Perce un cœur inhumain qui vous a trop aimée,
Un cœur dénaturé qui n'attend que vos coups.
Oui, j'ai tué mon frère, et l'ai tué pour vous.
Vengez sur un amant coupable et sanguinaire
Tous les crimes affreux que vous m'avez fait faire.

ADELAÏDE.

Nemours est mort ! barbare...

VENDÔME.

Oui ; mais c'est de ta main
Que son sang veut ici le sang de l'assassin.

ADELAÏDE, *soutenue par Taïse, et presque évanouie.*

Il est mort !

ADELAIDE DU GUESCLIN,

VENDÔME.

Ton reproche...

ADELAÏDE.

Épargne ma misère :
Laisse-moi, je n'ai plus de reproche à te faire.
Va, porte ailleurs ton crime et ton vain repentir.
Je veux encor le voir, l'embrasser et mourir.

VENDÔME.

Ton horreur est trop juste. Hé bien, Adelaïde,
Prends ce fer, arme-toi, mais contre un parricide :
Je ne mérite pas de mourir de tes coups ;
Que ma main les conduise.

SCÈNE IV.

VENDOME, ADELAIDE, COUCY.

COUCY.

Ah, ciel ! que faites-vous ?

VENDÔME.

(On le désarme.)
Laisse-moi me punir et me rendre justice.

ADELAÏDE, *à Coucy.*

Vous, d'un assassinat vous êtes le complice ?

VENDÔME.

Ministre de mon crime, as-tu pu m'obéir ?

COUCY.

Je vous avais promis, seigneur, de vous servir.

VENDÔME.

Malheureux que je suis ! ta sévère rudesse

ACTE V, SCENE IV.

A cent fois de mes sens combattu la faiblesse ;
Ne devais-tu te rendre à mes tristes souhaits
Que quand ma passion t'ordonnait des forfaits ?
Tu ne m'as obéi que pour perdre mon frère !

COUCY.

Lorsque j'ai refusé ce sanglant ministère,
Votre aveugle courroux n'allait-il pas soudain
Du soin de vous venger charger une autre main ?

VENDÔME.

L'amour, le seul amour, de mes sens toujours maître,
En m'ôtant ma raison, m'eût excusé peut-être :
Mais toi, dont la sagesse et les réflexions
Ont calmé dans ton sein toutes les passions,
Toi, dont j'avais tant craint l'esprit ferme et rigide,
Avec tranquillité permettre un parricide !

COUCY.

Hé bien ! puisque la honte avec le repentir,
Par qui la vertu parle à qui peut la trahir,
D'un si juste remords ont pénétré votre ame ;
Puisque, malgré l'excès de votre aveugle flamme,
Au prix de votre sang vous voudriez sauver
Ce sang dont vos fureurs ont voulu vous priver ;
Je peux donc m'expliquer, je peux donc vous apprendre
Que de vous-même enfin Coucy sait vous défendre.
Connaissez-moi, madame, et calmez vos douleurs.
    (au duc.)   (à Adelaïde.)
Vous, gardez vos remords ; et vous, séchez vos pleurs.
Que ce jour à tous trois soit un jour salutaire.
Venez, paraissez, prince ; embrassez votre frère.
                (Le théâtre s'ouvre, Nemours paraît.)

SCÈNE V.

VENDOME, ADELAIDE, NEMOURS, COUCY.

ADELAÏDE.

Nemours!

VENDÔME.

Mon frère!

ADELAÏDE.

Ah, ciel!

VENDÔME.

Qui l'aurait pu penser

NEMOURS, *s'avançant du fond du théâtre.*
J'ose encor te revoir, te plaindre et t'embrasser.

VENDÔME.
Mon crime en est plus grand, puisque ton cœur l'oublie.

ADELAÏDE.
Coucy, digne héros, qui me donnez la vie!

VENDÔME.
Il la donne à tous trois.

COUCY.
Un indigne assassin
Sur Nemours à mes yeux avait levé la main;
J'ai frappé le barbare; et, prévenant encore
Les aveugles fureurs du feu qui vous dévore,
J'ai fait donner soudain le signal odieux,
Sûr que le repentir vous ouvrirait les yeux.

VENDÔME.
Après ce grand exemple et ce service insigne,
Le prix que je t'en dois, c'est de m'en rendre digne.

Le fardeau de mon crime est trop pesant pour moi ;
Mes yeux, couverts d'un voile et baissés devant toi,
Craignent de rencontrer et les regards d'un frère,
Et la beauté fatale à tous les deux trop chère.

NEMOURS.

Tous deux auprès du roi nous voulions te servir.
Quel est donc ton dessein ? parle.

VENDÔME.

De me punir,
De nous rendre à tous trois une égale justice,
D'expier devant vous, par le plus grand supplice,
Le plus grand des forfaits, où la fatalité,
L'amour et le courroux m'avaient précipité.
J'aimais Adelaïde, et ma flamme cruelle
Dans mon cœur désolé s'irrite encor pour elle.
Coucy sait à quel point j'adorais ses appas,
Quand ma jalouse rage ordonnait ton trépas ;
Dévoré, malgré moi, du feu qui me possède,
Je l'adore encor plus... et mon amour la cède.
Je m'arrache le cœur, je la mets dans tes bras ;
Aimez-vous : mais au moins ne me haïssez pas.

NEMOURS, *à ses pieds.*

Moi, vous haïr jamais ! Vendôme, mon cher frère !
J'osai vous outrager... vous me servez de père.

ADELAÏDE.

Oui, seigneur, avec lui j'embrasse vos genoux ;
La plus tendre amitié va me rejoindre à vous.
Vous me payez trop bien de ma douleur soufferte.

VENDÔME.

Ah ! c'est trop me montrer mes malheurs et ma perte !

Mais vous m'apprenez tous à suivre la vertu.
Ce n'est point à demi que mon cœur est rendu.
   (à Nemours.)
Trop fortunés époux, oui, mon ame attendrie
Imite votre exemple, et chérit sa patrie.
Allez apprendre au roi, pour qui vous combattez,
Mon crime, mes remords et vos félicités.
Allez ; ainsi que vous, je vais le reconnaître.
Sur nos remparts soumis amenez votre maître ;
Il est déja le mien : nous allons à ses pieds
Abaisser sans regret nos fronts humiliés.
J'égalerai pour lui votre intrépide zèle ;
Bon Français, meilleur frère, ami, sujet fidèle ;
Es-tu content, Coucy ?

    COUCY.
     J'ai le prix de mes soins,
Et du sang des Bourbons je n'attendais pas moins.

FIN D'ADELAÏDE DU GUESCLIN.

VARIANTES

DE LA TRAGÉDIE D'ADELAIDE DU GUESCLIN.

a Variantes de l'édition de Kehl :

J'oublie à vos genoux, charmante Adelaïde,
Le trouble et les horreurs où mon destin me guide.
Vous seule adoucissez les maux que nous souffrons ;
Vous nous rendez plus pur l'air que nous respirons.

La leçon de 1765, que nous avons rétablie dans le texte, nous a paru de tout point préférable à celle-ci, qui lui avait été substituée dans les précédentes éditions. MM. de La Harpe et de Croix en ont porté le même jugement ; et nous nous sommes crus suffisamment autorisés à suivre leur avis. (*Les éditeurs de l'édition en 41 volumes.*)

b
VENDÔME.
Vous qui me tenez lieu de rois et de patrie,
Vous dont les jours...
ADELAÏDE.
Je sais que je vous dois la vie.

c Édition de 1765 :

Le Bourguignon, l'Anglais, dans leur triste alliance,
Ont creusé par nos mains les tombeaux de la France ;
Votre sort est douteux, vos jours sont prodigués
Pour vos vrais ennemis qui nous ont subjugués.
Songez qu'il a fallu trois cents ans de constance
Pour saper par degrés cette vaste puissance ;
Le Dauphin vous offrait une honorable paix.
VENDÔME.
Non, de ses favoris je ne l'aurai jamais ;
Ami, je hais l'Anglais, mais je hais davantage
Ces lâches conseillers dont la faveur m'outrage :
Ce fils de Charles six, cette odieuse cour,

Ce ministre insolent, m'ont aigri sans retour;
De leurs sanglans affronts mon ame est trop frappée;
Contre Charle, en un mot, quand j'ai tiré l'épée,
Ce n'est pas, cher Coucy, pour la mettre à ses pieds,
Pour baisser dans sa cour nos fronts humiliés,
Pour servir lâchement un ministre arbitraire.
COUCY.
Non, c'est pour obtenir une paix nécessaire.
Gardez d'être réduit au hasard dangereux...

d Enflé de sa victoire et teint de votre sang,
Il m'ose offrir la main qui vous perça le flanc.

e Mais je mériterais la haine et le mépris
Du héros dont mon cœur en secret est épris,
Si jamais d'un coup d'œil l'indigne complaisance
Avait à votre amour laissé quelque espérance.
Vous pensez que ma foi, ma liberté, mes jours,
Vous étaient asservis pour prix de vos secours.

f Variante de l'édition de 1765 :

Contre Nemours? Ah, ciel!
VENDÔME.
     Nemours est-il mon frère?
Il me livre à son maître, il m'a seul opprimé,
Il soulève mon peuple ; enfin il est aimé :
Contre moi dans ce jour il commet tous les crimes.
Partage mes fureurs, elles sont légitimes;
Toi seul, après ma mort, en cueilleras le fruit.
Le chef de ces Anglais, dans la ville introduit,
Demande au nom des siens la tête du parjure...

g   COUCY.
Il a payé bien cher ce fatal sacrifice.
VENDÔME.
Le mien coûtera plus; mais je veux ce service:
Oui, je le veux; ma mort à l'instant le suivra;
Mais du moins avant moi mon rival périra.

FIN DES VARIANTES D'ADÉLAÏDE DU GUESCLIN.

NOTES

DE LA TRAGÉDIE D'ADELAIDE DU GUESCLIN.

¹ Imitation de ces vers de *Cinna* :

> Si le ciel me réserve un destin rigoureux,
> Je mourrai tout ensemble heureux et malheureux :
> Heureux pour vous servir d'avoir perdu la vie,
> Malheureux de mourir sans vous avoir servie.

² Vers de *la Henriade*.

³ C'est la réponse du chevalier Bayard mourant au connétable de Bourbon.

⁴ Il y a dans la *Sophonisbe* de Corneille :

> Je lui cède avec joie un poison qu'il me vole.

⁵ Quidquid delirant reges plectuntur Achivi.

⁶ Ces vers rappellent ceux de *Phèdre* :

> Hélas ! ils se voyoient avec pleine licence ;
> Le ciel de leurs soupirs approuvoit l'innocence,
> Ils suivoient sans remords leur penchant amoureux ;
> Tous les jours se levoient clairs et sereins pour eux.

FIN DES NOTES D'ADELAÏDE DU GUESCLIN.

VARIANTES

DE LA TRAGÉDIE D'ADELAIDE DU GUESCLIN,

D'APRÈS LE MANUSCRIT DE 1734.

ACTE PREMIER.

SCÈNE I.

....
L'ame d'un vrai soldat, digne de vous peut-être.
ADELAÏDE.
Vous pouvez tout : parlez.
COUCY.
      J'ai dans les champs de Mars,
De Vendôme en tout temps suivi les étendards ;
Pour lui seul au Dauphin j'ai déclaré la guerre.
C'est Vendôme que j'aime, et non pas l'Angleterre.
L'amitié fut mon guide, et l'honneur fut ma loi :
Et jusqu'à ce moment je n'eus pas d'autre roi.
Non qu'après tout, pour lui mon ame prévenue
Prétende à ses défauts fermer ma faible vue ;
Je ne m'aveugle pas... etc.
....
Ni servir, ni traiter, ni changer qu'avec lui ;
Le temps règlera tout : mais, quoi qu'il en puisse être,
Prenez moins de souci sur l'intérêt d'un maitre.
Nos bras, et non vos vœux, sont faits pour le régler,
Et d'un autre intérêt je cherche à vous parler.
J'aspirai jusqu'à vous... etc.
COUCY.
....
Ce bras qui fut à lui combattra pour tous deux.

Dans Cambrai votre amant, dans Lille ami fidèle,
Soldat de tous les deux, et plein du même zèle :
Je servirai sous lui, comme il faudra qu'un jour,
Quand je commanderai, l'on me serve à mon tour.
Voilà mes sentimens. Considérez, madame,
Le nom de cet amant, ses services, sa flamme ;
J'ose lui souhaiter un cœur tel que le mien :
Oubliez mon amour, et répondez au sien.

ADELAÏDE.

. . . .
. . . .
Connait l'amitié seule, et sait braver l'amour.
Pourrais-tu, Dieu puissant qu'à mon secours j'appelle,
Laisser tant de vertu dans l'ame d'un rebelle !
Pardonnez-moi ce mot, il échappe à ma foi.
Puis-je autrement nommer les sujets de mon roi,
Quand, détruisant un trône affermi par leurs pères,
Ils ont livré la France à des mains étrangères ?
C'est en vain que j'en parle ; hélas ! dans ces horreurs,
Ma voix, ma faible voix ne peut rien sur vos cœurs.
Mais puis-je au moins de vous obtenir une grace ?...

SCÈNE IV.

VENDÔME.

. . . . Je voi
Que vous cachez des pleurs qui ne sont pas pour moi.

ADELAÏDE.

Non, ne doutez jamais de ma reconnaissance.

VENDÔME.

Et vous pouvez le dire avec indifférence !
Ingrate, attendiez-vous ce temps pour m'affliger ?
Est-ce donc près de vous qu'est mon plus grand danger ?
Ah Dieu !

COUCY.

Le temps nous presse.

VENDÔME.

Oui, j'aurais dû vous suivre.
J'ai honte de tarder, de l'aimer et de vivre.
Allez, cruel objet dont je fus trop épris,

VARIANTES

Dans vos yeux, malgré vous, je lis tous vos mépris.
Marchons, brave Coucy; la mort la plus cruelle
A mon cœur malheureux est moins barbare qu'elle...

SCÈNE V.

ADELAÏDE.

Est-il bien vrai, Nemours serait-il dans l'armée ?
Vendôme, et toi, cher prince, objet de tous mes vœux,
Qui de nous trois, ô ciel ! est le plus malheureux ?

ACTE SECOND.

SCÈNE I.

VENDÔME.

. . . . teint du sang des Français.

COUCY.

Quant aux traits dont votre ame a senti la puissance,
Tous les conseils sont vains, agréez mon silence.
Quant à ce sang français que nos mains font couler,
A cet état, au trône, il faut vous en parler.
Je prévois que bientôt, etc.

SCÈNE II.

VENDÔME.

. . . .
A cet indigne mot je m'oublierais peut-être.
Ne corromps point ici la joie et les douceurs
Que ce tendre moment doit verser dans nos cœurs.
Donnons, donnons, mon frère, à ces tristes provinces,
Aux enfans de nos rois, au reste de nos princes,
L'exemple auguste et saint de la réunion,

Comme ils nous l'ont donné de la division.
Dans ce jour malheureux, que l'amitié l'emporte...

SCÈNE V.

ADELAÏDE.

....
Par de justes respects je vous ai répondu.
Seigneur, si votre cœur, moins prévenu, moins tendre,
Moins plein de confiance, avait daigné m'entendre,
Vous auriez honoré de plus dignes beautés
Par des soins plus heureux et bien mieux mérités.
Votre amour vous trompa : votre fatale flamme
Vous promit aisément l'empire de mon ame ;
J'étais entre vos mains, et, sans me consulter,
Vous ne soupçonniez pas qu'on pût vous résister.
Mais puisqu'il faut enfin dévoiler ce mystère,
Puisque je dois répondre, et qu'il faut vous déplaire,
Réduite à m'expliquer, je vous dirai, seigneur,
Que l'amour de mes rois est gravé dans mon cœur.
....

ADELAÏDE.

....
Me la conserviez-vous pour la tyranniser?

VENDÔME.

Quoi ! vous osez... Mais non... j'ai tort... je le confesse,
De mes emportemens ne voyez point l'ivresse ;
Pardonnez un reproche où j'ai pu m'abaisser.
L'amour qui vous parlait doit-il vous offenser ?
Excuse mes fureurs, toi seule en es la cause.
Ce que j'ai fait pour toi sans doute est peu de chose :
Non, tu ne me dois rien ; dans tes fers arrêté,
J'attends tout de toi seule, et n'ai rien mérité.
Te servir, t'adorer est ma grandeur suprême,
C'est moi qui te dois tout, puisque c'est moi qui t'aime.
Tyran que j'idolâtre, à qui je suis soumis,
Ennemi plus cruel que tous mes ennemis,
Au nom de tes attraits, de tes yeux dont la flamme
Sait calmer, sait troubler, pousse et retient mon ame,
Ne réduis point Vendôme au dernier désespoir;
Crains d'étendre trop loin l'excès de ton pouvoir.

VARIANTES

Tu tiens entre tes mains le destin de ma vie,
Mes sentimens, ma gloire et mon ignominie ;
Toutes les passions sont en moi des fureurs,
Et tu vois ma vengeance à travers mes douleurs.
Dans mes soumissions, crains-moi, crains ma colère ;
J'ai chéri la vertu, mais c'était pour te plaire :
Laisse-la dans mon cœur ; c'est assez qu'à jamais
Ta beauté dangereuse en ait chassé la paix.

ADELAÏDE.

Je plains votre tendresse, et je plains davantage
Les excès où s'emporte un si noble courage.
Votre amour est barbare, il est rempli d'horreurs ;
Il ressemble à la haine, il s'exhale en fureurs :
Seigneur, il nous rendrait malheureux l'un et l'autre.
Abandonnez un cœur si peu fait pour le vôtre,
Qui gémit de vous plaire et de vous affliger.

VENDÔME.

Hé bien, c'en est donc fait ?

ADELAÏDE.

Oui, je ne peux changer.
Calmez cette colère où votre ame est ouverte,
Respectez-vous assez pour dédaigner ma perte.
Pour vous, pour votre honneur encor plus que pour moi,
Renvoyez-moi plutôt à la cour de mon roi ;
Loin de ses ennemis souffrez qu'il me revoie.

VENDÔME.

Me punisse le ciel si je vous y renvoie !
Apprenez que ce roi, l'objet de mon courroux,
Je le hais d'autant plus qu'il est servi par vous.
Un rival insolent à sa cour vous rappelle !
Quel qu'il soit, frémissez, tremblez pour lui, cruelle...

SCÈNE VI.

VENDÔME.

Adelaïde ! ingrate ! ah ! tant de fermeté,
Sa funeste douceur, sa tranquille fierté,
L'orgueil de ses vertus redoublent mon injure.
Quel amant, quel héros contre moi la rassure ?
Par qui mon tendre amour est-il donc traversé ?
Ce n'est point le Dauphin, d'autres yeux l'ont blessé.

D'ADELAIDE DU GUESCLIN.

Ce n'est point Richemont, La Trimouille, La Hire;
On sait de quels appas ils ont suivi l'empire:
C'est encor moins mon frère; et d'ailleurs, à ses yeux,
Le sort n'offrit jamais ses charmes odieux.
Que l'on cherche Coucy; je ne sais, mais peut-être,
Sous les traits d'un héros, mon ami n'est qu'un traître.
Mon cœur de noirs soupçons se sent empoisonner.
Quoi! toujours vers son prince elle veut retourner!
Quoi! dans le même instant, Coucy, plus infidèle,
Vient me parler de paix, et s'entend avec elle!
L'aime-t-il? pourrait-il à ce point m'insulter?
Puisqu'il l'a vue, il l'aime; il n'en faut point douter.
Les conseils de Coucy, les vœux d'Adelaïde,
Leurs secrets entretiens, tout m'annonce... Ah, perfide!

SCÈNE VII.

COUCY.

.... Aimez-moi, prince, au lieu de me louer:
Et sur vos intérêts souffrez que je m'explique.
Vous m'avez soupçonné de trop de politique,
Quand j'ai dit que bientôt on verrait réunis
Les débris dispersés de l'empire des lis.
. . . .
COUCY.

Mais qu'importent pour vous ses vœux et ses desseins?
Est-ce donc à l'amour à régler nos destins?
Ce bras victorieux met-il dans la balance
Les plaisirs et la gloire, une femme et la France?
Verrais-je un si grand cœur à ce point s'avilir?
Le salut de l'état dépend-il d'un soupir?
Aimez, mais en héros qui possède son ame,
Qui gouverne à la fois sa maîtresse et sa flamme.
. . . .
Et vous devez en tout l'exemple des vertus.

VENDÔME.

Ah! je n'en puis donner jamais que de faiblesse.
Mon cœur désespéré cherche et craint la sagesse;
Je la vois, je la fuis, j'aime en vain ses attraits,
Et j'embrasse en pleurant les erreurs que je hais.
Ma chaîne est trop pesante, elle est affreuse et chère;

Si tu brisas la tienne, elle fut bien légère ;
D'un feu peu violent ton cœur fut enflammé ;
Non, tu n'as point vaincu, tu n'avais pas aimé.
De la pure amitié l'amour eût été maître.
Par moi, par mon supplice, apprends à le connaître ;
Vois à quel désespoir il peut nous entraîner ;
Sers-moi, plains-moi du moins, mais sans me condamner.
Malgré tous tes conseils, il faut qu'Adelaïde
Gouverne mes destins, ou m'égare, ou me guide.

ACTE TROISIÈME.

SCÈNE II.

ADELAÏDE.
. . . .
. . . .
juste ciel ! quel regard et quel accueil glacé !
NEMOURS.
Vous prenez trop de soin de mon destin funeste.
Que vous importe, ô Dieu ! le déplorable reste
De ces jours conservés par le ciel en courroux,
De ces jours détestés qui ne sont plus à vous ?
ADELAÏDE.
Qui ne sont plus pour moi ! Nemours, pouvez-vous croire...
NEMOURS.
J'ai trop vécu pour vous, trop vécu pour ma gloire.
Mes yeux qui se fermaient se rouvrent-ils au jour
Pour voir trahir mon roi, la France et mon amour ?
Grand Dieu ! qui m'as rendu ma chère Adelaïde,
Me la rends-tu sans foi, me la rends-tu perfide ?
Instruite en l'art affreux des infidélités,
Après tant de sermens...
ADELAÏDE.
   Non, Nemours, arrêtez.
Je vous pardonne, hélas ! cette fureur extrême,
Tout, jusqu'à vos soupçons ; jugez si je vous aime !

D'ADELAIDE DU GUESCLIN.

NEMOURS.

....

Et je suis son vainqueur, étant aimé de vous.
Mais qui peut enhardir sa superbe espérance?
Qui de ses vœux ardens nourrit la confiance?
Comment à cet hymen se peut-il préparer?
Qu'avez-vous répondu? qu'ose-t-il espérer?

ADELAÏDE.

Prince, j'ai renfermé dans le fond de mon ame
Le secret de ma vie et celui de ma flamme.
Tremblante, j'ai parlé de la constante foi
Que le sang de Guesclin doit garder à son roi.
Mais, hélas! cette foi, plus tendre et plus sacrée,
Que je dois à vos feux, que je vous ai jurée,
Qui de tous mes devoirs est le plus précieux,
Voilà ce que je crains qui n'éclate à ses yeux.

SCÈNE III.

VENDÔME.

....

Et par un prompt aveu, qui m'eût guéri sans doute,
M'épargner les affronts que ma bonté me coûte.
Vous avez attendu que ce cœur désolé
Eût tout quitté pour vous, vous eût tout immolé.
Vous vouliez à loisir consommer mon outrage;
Jouir de mon opprobre et de mon esclavage:
Appesantir mes fers quand vous les dédaignez,
Et déchirer en paix un cœur où vous régnez.
Mes maux vous ont instruit du pouvoir de vos charmes;
Votre orgueil s'est nourri du tribut de mes larmes.
Je n'en suis point surpris: et ces séductions
Qui vont au fond des cœurs chercher nos passions,
Tous ces piéges secrets tendus à nos faiblesses,
L'art de nous captiver, d'engager sans promesses,
Sont les armes d'un sexe aussi trompeur que vain.

ADELAÏDE.

....

Je vous en fais l'aveu; je m'y vois condamnée.
Mais je mériterais la haine et le mépris
Du héros dont mon cœur en secret est épris,

VARIANTES

Si jamais d'un coup d'œil l'indigne complaisance
Avait à votre amour laissé quelque espérance.
Vous le savez, seigneur, et malgré ce courroux,
Votre estime est encor ce que j'attends de vous.
Trop tôt pour tous les trois, vous apprendrez peut-être
Quel héros de mon cœur en effet est le maître,
De quel feu vertueux nos cœurs sont embrasés,
Et vous m'en punirez alors, si vous l'osez.

SCÈNE IV.

VENDOME, NEMOURS.

VENDÔME.

Elle me fuit, l'ingrate! elle emporte ma vie :
O honte qui m'accable! ô ma bonté trahie!
Rappelez-la, mon frère, apaisez son courroux ;
Je prétends lui parler, soyez juge entre nous.
Mes discours imprudens l'ont sans doute offensée ;
Fléchissez-la pour moi.

NEMOURS.

Quelle est votre pensée ?
Parlez, que voulez-vous ?

VENDÔME.

Qui, moi ! ce que je veux !
Je veux... je dois briser ce joug impérieux.
Je prétends qu'elle parte, et qu'une fuite prompte
Emporte mon amour et m'arrache à ma honte.
Qu'elle étale à la cour ses charmes dangereux,
Qu'elle me laisse.

NEMOURS.

Hé bien ! votre cœur généreux
Écoute son devoir, et cède à la justice :
Je lui vais annoncer ce juste sacrifice.
Sans doute que son cœur, sensible à vos bontés,
Se souviendra toujours...

VENDÔME.

Non, Nemours, arrêtez,
Je n'y puis consentir ; Nemours, qu'elle demeure.
Je sens qu'en la perdant il faudrait que je meure.
Hé quoi ! vous rougissez des contrariétés

Dont le flux orageux trouble mes volontés!
Vous en étonnez-vous? Je perds tout ce que j'aime.
Je me hais, je me crains, je me combats moi-même.
Mon frère, si l'amour a jamais eu vos soins,
Si vous avez aimé, vous m'excusez du moins.

NEMOURS.

Mon frère, de l'amour j'ai trop senti les charmes:
J'éprouvai, comme vous, ses cruelles alarmes:
J'ai combattu long-temps, j'ai cédé sous ses coups;
Et je me crois peut-être à plaindre autant que vous.

VENDÔME.

Vous, mon frère?

NEMOURS.

Après tout, puisqu'il est impossible
Que jamais à vos feux son cœur soit accessible,
Écoutez votre gloire et vos premiers desseins.
Raffermissez un trône ébranlé par vos mains;
Empêchez que l'Anglais n'opprime et ne partage
De nos rois, nos aïeux, le sanglant héritage;
Et que par les Bourbons tout l'état soutenu...

VENDÔME.

Adélaïde, hélas! aurait tout obtenu.
Je cédais à l'ingrate une entière victoire.
Mon frère, vous m'aimez, du moins j'aime à le croire:
Vous avez, il est vrai, combattu contre moi;
Telle était, dites-vous, la volonté du roi.
Telle était sa fureur, et vous l'avez servie;
Je vous l'ai pardonné, pour jamais je l'oublie.
Dans ces lieux, s'il le faut, partagez mon pouvoir;
Mais si mon infortune a pu vous émouvoir,
Si vous plaignez ma peine, apprenez-moi, mon frère,
Quel est l'heureux amant qu'à Vendôme on préfère.
Ne connaîtrai-je point l'objet de mon courroux?
Porterai-je au hasard ma vengeance et mes coups?
Ne soupçonnez-vous point à qui je dois ma rage?
Vous connaissez la cour, ses mœurs et son langage,
Vous savez que sur nous, sur nos secrets amours,
Des oisifs courtisans les yeux veillent toujours.
Qui nomme-t-on? du moins qui pense-t-on qu'elle aime?

NEMOURS.

Eh! de quels nouveaux traits vous percez-vous vous-même!

De quelque heureux objet dont son cœur soit charmé,
Ne vous suffit-il pas qu'un autre en soit aimé?

VENDÔME.

Quel plaisir vous sentez, cruel, à me le dire!
Je ne suis point aimé! quoi! lâche, je soupire!
Mais, encore une fois, qui puis-je soupçonner?
Aidez ma jalousie à se déterminer.
Je ne suis point aimé! Malheur à qui peut l'être!
Malheur à l'ennemi que je pourrai connaître!
J'ai soupçonné Coucy : sa fausse probité
Peut-être se jouait de ma crédulité.
A tout ce que je dis vous détournez la vue;
L'ingrate, je le sais, vous était inconnue;
Vous n'avez vu qu'ici ses funestes appas,
Et ma tendre amitié ne vous soupçonne pas.
Peut-être qu'elle aura, pour combler mon injure,
Choisi mon ennemi dans une foule obscure.
Dans son abaissement elle a mis son honneur;
Sa fierté s'applaudit de braver ma grandeur,
Et de sacrifier au rang le plus vulgaire
Tout l'orgueil de mon rang, oublié pour lui plaire.

NEMOURS.

Pourquoi d'un choix indigne osez-vous l'accuser?

VENDÔME.

Ah! pourquoi dans mon cœur osez-vous l'excuser?
Quoi! toujours de vos mains déchirer ma blessure!
Allez, je vous croirais l'auteur de mon injure,
Si... Mais est-il bien vrai, n'aviez-vous vu jamais
Cet objet dangereux que j'aime et que je hais?
Est-il vrai... Pardonnez ma jalouse furie.

NEMOURS.

Au nom de la nature et du sang qui nous lie,
Mon frère, permettez que, dès ce même jour,
Pour vous unir au roi, je revole à la cour:
Ces soins détourneront le soin qui vous dévore.

VENDÔME.

Non, périsse plutôt cette cour que j'abhorre!
Périsse l'univers dont mon cœur est jaloux!

NEMOURS.

Eh bien! où courez-vous, mon frère?

VENDÔME.
                              Loin de vous,
Loin de tous les témoins des affronts que j'endure,
Laissez-moi me cacher à toute la nature;
Laissez-moi...

SCÈNE V.

NEMOURS.

          Que veut-il? quel serait son dessein?
Ses yeux fermés sur nous s'ouvriraient-ils enfin?
Allons, n'attendons pas que son inquiétude
De ses premiers soupçons passe à la certitude :
Arrachons ce que j'aime à ses transports affreux,
Dussions-nous pour jamais nous en priver tous deux.
Guerre civile, amour, attentats nécessaires,
Hélas! à quel état réduisez-vous deux frères?

ACTE QUATRIÈME.

SCÈNE I.

ADELAIDE, TAISE.

ADELAÏDE.
Hé bien, c'en est donc fait, ma fuite est assurée?
TAÏSE.
Votre heureuse retraite est déja préparée.
ADELAÏDE.
Déja quitter Nemours!
                    TAÏSE.
              Vous partez cette nuit.
           ADELAÏDE.
Ma gloire me l'ordonne, et l'amour me conduit.
Je fuis d'un furieux l'empressement farouche;

Moi-même je me fuis, je tremble que ma bouche,
Mon silence, mes yeux ne vinssent à trahir
Un secret que mon cœur ne peut plus contenir.
Alors je reverrai le parti le plus juste,
J'implorerai l'appui de ce monarque auguste,
D'un roi qui, comme moi par le sort combattu,
Dans les calamités épura sa vertu.
Enfin Nemours le veut, ce nom seul doit suffire :
Ma faible volonté fléchit sous son empire ;
Il le veut. Ah! Taïse... ah, trop fatal amour !
Combien de changemens, que de maux en un jour !
Mon amant expirait, et quand la destinée
Conserve cette vie à la mienne enchaînée,
Quand mon cœur loin de moi vole pour le chercher,
Quand je le vois, lui parle, il faut m'en arracher.

SCÈNE II.

NEMOURS, ADELAIDE, DANGESTE.

NEMOURS.

Oui, je viens vous presser de combler ma misère,
D'accabler votre amant d'un malheur nécessaire,
De me priver de vous ; au nom de nos liens,
Au nom de tant d'amour, de vos pleurs et des miens,
Partez, Adelaïde.

ADELAÏDE.

Il faut que je vous quitte ?

NEMOURS.

Il le faut.

ADELAÏDE.

Ah! Nemours...

NEMOURS.

De cette heureuse fuite,
Dans l'ombre de la nuit, cet ami prendra soin ;
Ceux qu'il a su gagner vous conduiront plus loin.
* De la Flandre à sa voix on doit ouvrir la porte ;
* Du roi sous les remparts il trouvera l'escorte ;
* Le temps presse, évitez un ennemi jaloux.

ADELAÏDE.

* Je vois qu'il faut partir... mais si tôt... et sans vous !

NEMOURS.

* Prisonnier sur ma foi, dans l'horreur qui me presse,
* Je suis plus enchaîné par ma seule promesse,
* Que si de cet état les tyrans inhumains
* Des fers les plus pesans avaient chargé mes mains.
* Au pouvoir de mon frère ici l'honneur me livre.
* Je peux mourir pour vous, mais je ne peux vous suivre ;
Et j'ai du moins la gloire, en des malheurs si grands,
De sauver vos vertus des mains de vos tyrans.
Allez ; le juste ciel, qui pour vous se déclare,
Prêt à nous réunir, un moment nous sépare.
Demain le roi s'avance et vient venger mes fers.
Aux étendards des lis ces murs seront ouverts ;
Pour lui des citoyens la moitié s'intéresse ;
Leurs bras seconderont sa fidèle noblesse.
Hélas ! si vous m'aimez, dérobez-vous aux traits
De la foudre qui gronde autour de ce palais,
* Au tumulte, au carnage, au désordre effroyable,
* Dans des murs pris d'assaut malheur inévitable ;
Mais craignez encor plus les fureurs d'un jaloux,
Dont les yeux alarmés semblent veiller sur nous.
Vendôme est violent non moins que magnanime,
Instruit à la vertu, mais capable du crime :
Prévenez sa vengeance, éloignez-vous, partez.

ADELAÏDE.

Vous restez exposé seul à ses cruautés.

NEMOURS.

* Ne craignant rien pour vous, je craindrai peu mon frère.
Que dis-je ! mon appui lui devient nécessaire ;
Son captif aujourd'hui, demain son protecteur,
Je saurai de mon roi lui rendre la faveur ;
Et fidèle à la fois aux lois de la nature,
Fidèle à vos bontés, à cette ardeur si pure,
A ces sacrés liens qui m'attachent à vous,
J'attendrai mon bonheur de mon frère et de vous.

ADELAÏDE.

Je vous crois, j'y consens, j'accepte un tel augure.
Favorisez, ô ciel ! une flamme si pure ;
Je ne m'en défends plus : mes pas vous sont soumis.
Je l'ai voulu, je pars... cependant je frémis :
* Je ne sais, mais enfin, la fortune jalouse

VARIANTES

* M'a toujours envié le nom de votre épouse.

NEMOURS.

Ah! que m'avez-vous dit? vous doutez de ma foi!
Ne suis-je plus à vous? n'êtes-vous plus à moi?
Toutes nos factions et tous les rois ensemble
Pourraient-ils affaiblir le nœud qui nous rassemble?
Non: je suis votre époux. La pompe des autels,
* Ces voiles, ces flambeaux, ces témoins solennels,
* Inutiles garans d'une foi si sacrée,
* La rendront plus connue, et non plus assurée.
* Vous, mânes des Bourbons, princes, rois mes aïeux,
* Du séjour des héros tournez ici les yeux!
* J'ajoute à votre gloire en la prenant pour femme.
* Confirmez mes sermens, ma tendresse et ma flamme;
* Adoptez-la pour fille, et puisse son époux
* Se montrer à jamais digne d'elle et de vous!

ADELAÏDE.

Tous mes vœux sont comblés; mes sincères tendresses
Sont loin de soupçonner la foi de vos promesses;
Je n'ai craint que le sort qui va nous séparer.
Mais je ne le crains plus, j'ose tout espérer;
* Rempli de vos bontés, mon cœur n'a plus d'alarmes.
* Cher amant, cher époux...

NEMOURS.

Quoi! vous versez des larmes!
C'est trop tarder, adieu. Ciel! quel tumulte affreux!

SCÈNE III.

VENDOME, GARDES, ADELAIDE, NEMOURS.

VENDÔME.

* Je l'entends, c'est lui-même... Arrête, malheureux!
* Lâche qui me trahis, lâche rival, arrête!

NEMOURS.

Ton frère est sans défense, il t'offre ici sa tête.
Frappe.

ADELAÏDE.

C'est votre frère .. ah, prince! pouvez-vous...

VENDÔME.

Perfide! il vous sied bien de fléchir mon courroux...

Vous-même, frémissez... Soldats, qu'on le saisisse.
NEMOURS.
Va, tu peux te venger au gré de ton caprice ;
Ordonne, tu peux tout, hors m'inspirer l'effroi.
Mais apprends tous nos maux : écoute, et connais-moi.
Oui, je suis ton rival ; et depuis deux années
Le plus secret amour unit nos destinées.
* C'est toi, dont les fureurs ont voulu m'arracher
* Le seul bien sur la terre où j'ai pu m'attacher.
* Tu fais depuis trois mois les horreurs de ma vie :
* Les maux que j'éprouvais passaient ta jalousie.
Juge de mes transports par tes égaremens ;
J'ai voulu dérober à tes emportemens,
A l'amour effréné dont tu l'as poursuivie,
Celle qui te déteste et que tu m'as ravie.
C'est pour te l'arracher que je t'ai combattu ;
* J'ai fait taire le sang, peut-être la vertu ;
Malheureux, aveuglé, jaloux comme toi-même,
J'ai tout fait, tout tenté pour t'ôter ce que j'aime.
Je ne te dirai point que, sans ce même amour,
J'aurais pour te servir voulu perdre le jour ;
Que si tu succombais à tes destins contraires,
Tu trouverais en moi le plus tendre des frères ;
Que Nemours, qui t'aimait, aurait quitté pour toi
Tout dans le monde entier, tout, hors elle et mon roi.
Je ne veux point en lâche apaiser ta vengeance,
Je suis ton ennemi, je suis en ta puissance,
* L'amour fut dans mon cœur plus fort que l'amitié,
* Sois cruel comme moi, punis-moi sans pitié.
* Aussi bien tu ne peux t'assurer ta conquête,
* Tu ne peux l'épouser qu'aux dépens de ma tête.
* A la face des cieux je lui donne ma foi ;
* Je te fais de nos vœux le témoin, malgré toi.
* Frappe, et qu'après ce coup ta cruauté jalouse
* Traîne au pied des autels ta sœur et mon épouse.
* Frappe, dis-je : oses-tu ?
VENDÔME.
Traître... c'en est assez :
* Qu'on l'ôte de mes yeux ; soldats, obéissez.
ADELAÏDE.
* Non, demeurez, cruels ! Ah, prince ! est-il possible

VARIANTES

* Que la nature en vous trouve une ame inflexible ?
(à Vendôme.)
Nemours... Frère inhumain, pouvez-vous oublier...
NEMOURS, *à Adélaïde.*
Vous êtes mon épouse et daignez le prier !
(à Vendôme.)
* Va, je suis dans ces lieux plus puissant que toi-même ;
* Je suis vengé de toi : l'on te hait, et l'on m'aime.
ADELAÏDE.
(à Nemours.)   (à Vendôme.)
* Ah, cher prince... Ah, seigneur ! voyez à vos genoux...
VENDÔME.
(aux gardes.)   (à Adelaïde.)
* Qu'on m'en réponde, allez. Madame, levez-vous ;
Je suis assez instruit du soin qui vous engage,
Je n'en demande point un nouveau témoignage.
Vos pleurs auprès de moi sont d'un puissant secours ;
Allez, rentrez, madame.
ADELAÏDE.
O ciel, sauvez Nemours !

SCÈNE IV.

VENDOME.

Sur qui faut-il d'abord que ma vengeance éclate ?
Que je te vais punir... Adelaïde... ingrate,
Qui joins la haine au crime et la fourbe aux rigueurs.
Hé quoi ! je te déteste, et verse encor des pleurs !
Quoi ! même en m'irritant tu m'attendris encore,
Tu déchires mon ame, et ma fureur t'adore !
Frère indigne du jour, tu m'as seul outragé,
Et mon bras dans ton sang n'est point encor plongé !
. . . .
Ainsi donc ma bonté, ma flamme était trahie.
Par qui ? par des ingrats dont j'ai sauvé la vie !
Par un frère ! ah, perfide ! ah, déplaisir mortel !
Qui des deux dans mon cœur est le plus criminel ?
. . . .
Qu'il meure ; vengeons-nous : c'est lui, c'est le perfide,
Dont les mains m'ont frayé la route au parricide.
Et toi, le prix du crime, et que j'aimais en vain,
Je cours te retrouver, mais sa tête à la main.

SCÈNE V.

VENDOME, COUCY.

COUCY.
Que votre vertu, prince, ici se renouvelle :
Recevez de ma bouche une triste nouvelle :
Apprenez...

VENDÔME.
Je sais tout : je sais qu'on me trahit.
Nemours, l'ingrat, le traître !

COUCY.
Hé quoi ! qui vous a dit...

VENDÔME.
Avec quel artifice, avec quelle bassesse
Ils ont trompé tous deux ma crédule tendresse !
Cruelle Adélaïde !

COUCY.
Ah ! qu'entends-je à mon tour ?
Je vous parle de guerre, et vous parlez d'amour ?
Votre sort se décide, et vous brûlez encore ?
Le roi sous ces remparts arrive avec l'aurore ;
La force et l'artifice ont uni leurs efforts ;
Le trouble est au dedans, le péril au dehors.
Je vois des citoyens la constance ébranlée ;
Leur ame vers le roi semble être rappelée ;
Soit qu'enfin le malheur et le nom de ce roi
Dans leurs cœurs fatigués retrouve un peu de foi,
Soit que plutôt Nemours, en faveur de son maître,
Ait préparé ce feu qui commence à paraître.

VENDÔME.
Nemours ! de tous côtés le perfide me nuit.
Partout il m'a trompé, partout il me poursuit.
Mon frère !

COUCY.
Il n'a rien fait que votre heureuse audace
N'eût tenté dans la guerre, et n'eût fait à sa place.
Mais, quoi qu'il ait osé, quels que soient ses desseins,
Songez à vous, seigneur, et faites vos destins.
Vous pouvez conjurer ou braver la tempête ;

Quoi que vous ordonniez, ma main est toute prête.
Commandez : voulez-vous, par un secret traité,
* Apaiser avec gloire un monarque irrité?
Je me rends dans son camp, je lui parle, et j'espère
* Signer en votre nom cette paix salutaire.
Voulez-vous sur ces murs attendre son courroux?
Je revole à la brèche, et j'y meurs près de vous.
Prononcez ; mais surtout songez que le temps presse.

VENDÔME.

Oui, je me fie à vous, et j'ai votre promesse
Que vous immolerez à mon amour trahi
Le rival insolent pour qui j'étais haï.
Allez venger ma flamme, allez servir ma haine.
Le lâche est découvert, on l'arrête, on l'entraîne ;
Je le mets dans vos mains, et vous m'en répondez.
Conduisez-le à la tour où vous seul commandez ;
Là, sans perdre de temps, qu'on frappe ma victime,
Dans son indigne sang lavez son double crime.
On l'aime, il est coupable, il faut qu'il meure ; et moi,
Je vais chercher la mort, ou la donner au roi.

COUCY.

L'arrêt est-il porté... Ferme en votre colère,
Voulez-vous en effet la mort de votre frère?

VENDÔME.

Si je la veux, grand Dieu ! s'il la sut mériter !
Si ma vengeance est juste ! en pouvez-vous douter ?

COUCY.

* Et vous me chargez, moi, du soin de son supplice !

VENDÔME.

Oui, j'attendais de vous une prompte justice ;
Mais je n'en veux plus rien, puisque vous hésitez :
Vos froideurs sont un crime à mes vœux irrités.
J'attendais plus de zèle et veux moins de prudence,
Et qui doit me venger, me trahit s'il balance.
* Je suis bien malheureux, bien digne de pitié !
* Trahi dans mon amour, trahi dans l'amitié !
* Ah ! trop heureux Dauphin, que je te porte envie !
* Ton amitié du moins n'a pas été trahie ;
* Et Tanguy Du Châtel, quand tu fus offensé,
* T'a servi sans scrupule, et n'a pas balancé.
* Allez, Vendôme encor, dans le sort qui le presse,

* Trouvera des amis qui tiendront leur promesse.
* D'autres me vengeront et n'allégueront pas
* Une fausse vertu, l'excuse des ingrats.

COUCY.

Non, prince, je me rends, et soit crime ou justice,
* Vous ne vous plaindrez pas que Coucy vous trahisse.
* Je ne souffrirai pas que d'un autre que moi,
* Dans de pareils momens, vous éprouviez la foi ;
* Et vous reconnaîtrez, au succès de mon zèle,
* Si Coucy vous aimait, et s'il vous fut fidèle.

VENDÔME.

Ah! je vous reconnais : vengez-moi, vengez-vous.
Perdez un ennemi qui nous trahissait tous.
* Qu'à l'instant de sa mort, à mon impatience,
* Le canon des remparts annonce ma vengeance.
Courez : j'irai moi-même annoncer son trépas
A l'odieux objet dont j'aimai les appas.
Volez : que vois-je? arrête. Hélas! c'est elle encore.

SCÈNE VI.

VENDOME, COUCY, ADELAIDE.

ADELAÏDE.

Écoutez-moi, Coucy, c'est vous seul que j'implore.

VENDÔME, à Coucy.

Non, fuis, ne l'entends pas, ou tu vas me trahir ;
Fuis... mais attends mon ordre avant de me servir.

ADELAÏDE, à Coucy.

Quel est cet ordre affreux ? cruel ! qu'allez-vous faire ?

COUCY.

Croyez-moi, c'est à vous de fléchir sa colère ;
Vous pouvez tout.

SCÈNE VII.

VENDOME, ADELAIDE.

ADELAÏDE.

Cruel ! pardonnez à l'effroi
Qui me ramène à vous, qui parle malgré moi.

Je n'en suis pas maîtresse : éplorée et confuse,
Ce n'est pas que d'un crime, hélas ! je vous accuse
Non, vous ne serez point, seigneur, assez cruel
Pour tremper votre main dans le sang fraternel.
Je le crains cependant : vous voyez mes alarmes ;
Ayez pitié d'un frère, et regardez mes larmes.
Vous baissez devant moi ce visage interdit !
Ah, ciel ! sur votre front son trépas est écrit !
Auriez-vous résolu ce meurtre abominable ?

VENDÔME.

Oui, tout est préparé pour la mort du coupable.

ADELAÏDE.

Quoi ! sa mort !

VENDÔME.

    Vous pouvez disposer de ses jours :
Sauvez-le, sauvez-moi...

ADELAÏDE.

    Je sauverais Nemours !
Ah ! parlez, j'obéis : parlez, que faut-il faire ?

VENDÔME.

Je ne puis vous haïr, et, malgré ma colère,
Je sens que vous régnez dans ce cœur ulcéré,
Par vous toujours vaincu, toujours désespéré.
Je brûle encor pour vous, cruelle que vous êtes.
Écoutez ; mes fureurs vont être satisfaites,
Et votre ordre à l'instant suspend le coup mortel.
* Voilà ma main : venez, sa grace est à l'autel.

ADELAÏDE.

Moi, seigneur !

VENDÔME.

  Il mourra.

ADELAÏDE.

    Moi, que je le trahisse !
* Arrêtez...

VENDÔME.

Répondez.

ADELAÏDE.

Je ne puis.

VENDÔME.

    Qu'il périsse.

ADELAÏDE.
Arrêtez... Je consens...
VENDÔME.
Un mot fait nos destins ;
Achevez.
ADELAÏDE.
Je consens... de périr par vos mains.
Rien ne vous lie à moi, je vous suis étrangère ;
Baignez-vous dans mon sang, mais sauvez votre frère ;
Ce frère en son enfance avec vous élevé,
Qu'au péril de vos jours vous eussiez conservé,
Que vous aimiez, hélas ! qui sans doute vous aime.
Que dis-je ! en ce moment n'en croyez que vous-même :
Rentrez dans votre cœur, examinez les traits
Que la main du devoir y grava pour jamais.
Regardez-y Nemours... voyez s'il est possible
Qu'on garde à ce héros un courroux inflexible,
Si l'on peut le haïr...
VENDÔME.
Ah ! c'est trop me braver :
Et c'est trop me forcer moi-même à m'en priver.
Votre amour le condamne, et ce dernier outrage
A redoublé son crime et ma honte et ma rage.
Je vais...
ADELAÏDE.
Au nom du Dieu que nous adorons tous,
Seigneur, écoutez-moi...

SCÈNE VIII.

VENDOME, ADELAIDE; UN OFFICIER.

L'OFFICIER.
Seigneur, songez à vous :
De lâches citoyens une foule ennemie,
Par vos périls nouveaux contre vous enhardie,
Lève enfin dans ces murs un front séditieux.
La trahison éclate, elle marche en ces lieux ;
Ils s'assemblent en foule, ils veulent reconnaître
Et Nemours pour leur chef, et Charles pour leur maître.
Au pied de la tour même ils demandent Nemours.

VARIANTES

VENDÔME.

Il leur sera rendu, c'en est fait; et j'y cours.
Il vous faut donc, cruelle, immoler vos victimes,
Et je vais commencer votre ouvrage et mes crimes.

SCÈNE IX.

ADELAIDE, TAISE.

ADÉLAÏDE.

Ah, barbare! ah, tyran! que faire? où recourir?
Quel secours implorer? Nemours, tu vas périr!
On me retient : on craint la douleur qui m'enflamme.
(aux soldats.)
Cruels, si la pitié peut entrer dans votre ame,
Allez chercher Coucy, courez sans différer ;
Allez, que je lui parle avant que d'expirer.

TAÏSE.

Hélas! et de Coucy que pouvez-vous attendre?

ADÉLAÏDE.

Puisqu'il a vu Nemours, il le saura défendre.
Je sais quel est Coucy, son cœur est vertueux,
Le crime s'épouvante et fuit devant ses yeux ;
Il ne permettra pas cette horrible injustice.

TAÏSE.

Et qui sait si lui-même il n'en est point complice?
Vous voyez qu'à Vendôme il veut tout immoler ;
Sa froide politique a craint de vous parler.
Il soupira pour vous, et sa flamme outragée
Par les crimes d'un autre aime à se voir vengée.

ADÉLAÏDE.

Quoi! de tous les côtés on me perce le cœur!
Quoi! chez tous les humains l'amour devient fureur!
Cher Nemours, cher amant, ma bouche trop fidèle
Vient donc de prononcer ta sentence mortelle!
(aux gardes.)
Hé bien! souffrez du moins que ma timide voix
S'adresse à votre maître une seconde fois,
Que je lui parle.

TAÏSE.

Hé quoi! votre main se prépare

A s'unir aux autels à la main d'un barbare ?
Pourriez-vous...

ADELAÏDE.

Je peux tout dans cet affreux moment,
Et je saurai sauver ma gloire et mon amant.

ACTE CINQUIÈME.

SCÈNE I.

VENDOME; SUITE.

VENDÔME.
Hé bien ! leur troupe indigne est-elle terrassée ?

UN OFFICIER.
* Seigneur, ils vous ont vu ; leur foule est dispersée.

VENDÔME.
* Ce soldat qu'en secret vous m'avez amené
* Va-t-il exécuter l'ordre que j'ai donné ?

L'OFFICIER.
Vers la tour, à grands pas, vous voyez qu'il s'avance.

VENDÔME.
* Je vais donc à la fin jouir de ma vengeance !
* Allez, qu'on se prépare à des périls nouveaux ;
Que sur nos murs sanglans on porte nos drapeaux.
Hâtez-vous, déployez l'appareil de la guerre ;
Qu'on allume ces feux renfermés sous la terre.
Que l'on vole à la brèche, et s'il nous faut périr,
* Vous recevrez de moi l'exemple de mourir.

(Il reste seul.)
* Le sang, l'indigne sang qu'a demandé ma rage,
* Sera du moins pour moi le signal du carnage.
Vainement à Coucy je m'étais confié :
Ai-je pu m'en remettre à sa faible amitié,
A son esprit tranquille, à sa vertu sauvage,
Qui ne sait ni sentir, ni venger mon outrage ?
* Un bras vulgaire et sûr va punir mon rival.
. . . .

VARIANTES

Et cette même main va chercher dans son flanc
La moitié de moi-même et le sang de mon sang.
Autour de moi, grand Dieu! que j'ai creusé d'abymes!
Que l'amour m'a changé, qu'il me coûte de crimes!
Remords toujours puissans, toujours en vain bannis,
Je voulais me venger, c'est moi que je punis.
Funeste passion dont la fureur m'égare!
* Non, je n'étais pas né pour devenir barbare.
* Je sens combien le crime est un fardeau cruel.
. . . .

SCÈNE III.

VENDÔME.

. . . .
* Oui, j'ai tué mon frère, et l'ai tué pour vous.
Sans vous je l'eusse aimé ; sans ma funeste flamme,
La nature et le sang triomphaient dans mon ame.
Je n'ai pris qu'en vos yeux le malheureux poison
Qui m'ôta l'innocence ainsi que la raison.
Vengez sur ce barbare, indigne de vous plaire,
* Tous les crimes affreux que vous m'avez fait faire.
. . . .

ADELAÏDE.

* Nemours est mort... Nemours!

VENDÔME.

Oui, mais c'est de ta main
* Que son sang veut ici le sang de l'assassin.

ADELAÏDE.

Ote-toi de ma vue...

VENDÔME.

Achève ta vengeance :
Ma mort doit la finir, mon remords la commence.

ADELAÏDE.

Va, porte ailleurs ton crime et ton vain désespoir,
Et laisse-moi mourir sans l'horreur de te voir.

VENDÔME.

Cette horreur est trop juste, elle m'est trop bien due ;
Je vais te délivrer de ma funeste vue ;
Je vais, plein d'un amour qui, même en ce moment,
Est de tous mes forfaits le plus grand châtiment,

Je vais mêler ce sang qu'Adelaïde abhorre,
Au sang que j'ai versé, mais qui m'est cher encore.
ADELAÏDE.
Nemours n'est plus! arrête, exécrable assassin,
Réunis deux amans : tu me retiens en vain ;
Monstre, que cette épée...
VENDÔME.
Hé bien, Adelaïde,
* Prends ce fer, arme-toi... mais contre un parricide :
* Je ne méritais pas de mourir de tes coups...
* Que ma main les conduise...

SCÈNE IV.

VENDOME, ADELAIDE, COUCY.

. . . .

VENDÔME.
Hélas! je te l'avoue, oui, dans ma frénésie,
Moi-même à mon rival j'eusse arraché la vie.
Je n'étais plus à moi ; ce délire odieux
Précipitait ma rage et m'aveuglait les yeux.
* L'amour, le fol amour, de mes sens toujours maitre,
* En m'ôtant la raison, m'eût excusé peut-être.
* Mais toi dont la sagesse et les réflexions
* Ont calmé dans ton sein toutes les passions,
* Toi dont j'ai craint cent fois l'esprit ferme et rigide,
* Avec tranquillité commettre un parricide !
ADELAÏDE.
Barbare!
COUCY.
Ainsi l'horreur et l'exécration,
Qui suivent de si près cette indigne action,
D'un repentir utile ont pénétré votre ame ;
Et malgré tout l'excès de votre injuste flamme,
* Au prix de votre sang vous voudriez sauver
* Ce sang dont vos fureurs ont voulu vous priver ?
VENDÔME.
Plût au ciel être mort avant ce coup funeste !
ADELAÏDE.
Ah! cessez des regrets que ma douleur déteste :

VARIANTES

Tournez sur moi vos mains, achevez vos fureurs.
COUCY.
(à Vendôme.)   (à Adelaïde.)
Conservez vos remords; et vous, séchez vos pleurs.
VENDÔME.
Coucy, que dites-vous?
ADELAÏDE.
Quel bonheur, quel mystère...
COUCY, *en fesant avancer Nemours.*
* Venez, paraissez, prince, embrassez votre frère.
. . . .

SCÈNE V.

VENDÔME.
. . . . Ah! mon appui, mon père!
COUCY.
Que j'aime à voir en vous cette douleur sincère!
VENDÔME.
Nemours... mon frère... hélas! mon crime est devant moi:
Mes yeux n'osent encor se retourner vers toi:
De quel œil revois-tu ce monstre parricide?
NEMOURS.
Je suis entre tes mains avec Adelaïde.
Nos cœurs te sont connus; et tu vas décider
De quel œil désormais je te dois regarder.
ADELAÏDE.
J'ai vu vos sentimens si purs, si magnanimes.
VENDÔME.
J'étais né vertueux, vous avez fait mes crimes.
COUCY.
Ah! ne rappelez plus cet affreux souvenir.
NEMOURS.
* Quel est donc ton dessein? parle.
VENDÔME.
De me punir.
. . . .
VENDÔME.
* Ah! c'est trop me montrer mes malheurs et ma perte!
Éloignez-vous plutôt, et fuyez-moi tous deux;
Je m'arrache le cœur en vous rendant heureux.

De ce cœur malheureux ménagez la blessure ;
Ce n'est qu'en frémissant qu'il cède à la nature.
Craignez mon repentir, profitez d'un effort
Plus douloureux pour moi, plus cruel que la mort.

SCÈNE VI.

VENDOME, NEMOURS, COUCY ; OFFICIER DES GARDES.

L'OFFICIER.

Seigneur, qu'à vos guerriers votre ordre se déclare :
Le roi paraît, il marche, et l'assaut se prépare.

COUCY.

Hé bien, seigneur ?

NEMOURS.

Mon frère, à quoi te résous-tu ?
N'est-ce donc qu'à demi que ton cœur s'est rendu ?
Ta générosité vient de me faire grace,
Ne veux-tu pas souffrir que ton roi te la fasse ?
Veux-tu haïr la France et perdre ton pays,
Pour de fiers étrangers qui nous ont tant haïs ?
Es tu notre ennemi ? ton maître est à tes portes :
Eh bien...

VENDÔME.

Je suis Français, mon frère, tu l'emportes :
Va, mon cœur est vaincu, je me rends tout entier.
Je veux oublier tout, et tout sacrifier.
* Trop fortunés époux, oui, mon ame attendrie, etc.

FIN DES VARIANTES D'ADELAÏDE DU GUESCLIN.

AMÉLIE,

ou

LE DUC DE FOIX,

TRAGÉDIE EN CINQ ACTES,

Représentée pour la première fois au mois de décembre 1752.

PERSONNAGES.

LE DUC DE FOIX.
AMÉLIE.
VAMIR, frère du duc de Foix.
LISOIS.
TAISE, confidente d'Amélie.
Un officier du duc de Foix.
ÉMAR, confident de Vamir.

La scène est dans le palais du duc de Foix.

AMÉLIE,

OU

LE DUC DE FOIX,

TRAGÉDIE.

ACTE PREMIER.

SCÈNE I.

AMÉLIE, LISOIS.

LISOIS.
* Souffrez qu'en arrivant dans ce séjour d'alarmes,
* Je dérobe un moment au tumulte des armes :
Le grand cœur d'Amélie est du parti des rois ;
Contre eux, vous le savez, je sers le duc de Foix ;
Ou plutôt je combats ce redoutable maire,
Ce Pepin qui, du trône heureux dépositaire,
En subjuguant l'état, en soutient la splendeur,
Et de Thierri son maître ose être protecteur.
Le duc de Foix ici vous tient sous sa puissance :
J'ai de sa passion prévu la violence ;
Et sur lui, sur moi-même, et sur votre intérêt,

Je viens ouvrir mon cœur, et dicter mon arrêt.
* Écoutez-moi, madame, et vous pourrez connaître
* L'ame d'un vrai soldat, digne de vous peut-être.

AMÉLIE.

* Je sais quel est Lisois; sa noble intégrité
* Sur ses lèvres toujours plaça la vérité.
* Quoi que vous m'annonciez, je vous croirai sans peine.

LISOIS.

* Sachez que si dans Foix mon zèle me ramène,
Si de ce prince altier j'ai suivi les drapeaux,
Si je cours pour lui seul à des périls nouveaux,
* Je n'approuvai jamais la fatale alliance
* Qui le soumet au Maure et l'enlève à la France;
* Mais, dans ces temps affreux de discorde et d'horreur,
* Je n'ai d'autre parti que celui de mon cœur.
* Non que pour ce héros mon ame prévenue
* Prétende à ses défauts fermer toujours ma vue;
* Je ne m'aveugle pas; je vois avec douleur
* De ses emportemens l'indiscrète chaleur :
* Je vois que de ses sens l'impétueuse ivresse
* L'abandonne aux excès d'une ardente jeunesse;
* Et ce torrent fougueux, que j'arrête avec soin,
* Trop souvent me l'arrache, et l'emporte trop loin.
* Mais il a des vertus qui rachètent ses vices.
* Eh! qui saurait, madame, où placer ses services,
* S'il ne vous fallait suivre et ne chérir jamais
* Que des cœurs sans faiblesse et des princes parfaits?
* Tout le mien est à lui; mais enfin cette épée
* Dans le sang des Français à regret s'est trempée;
Je voudrais à l'état rendre le duc de Foix.

ACTE I, SCÈNE I.

AMÉLIE.

Seigneur, qui le peut mieux que le sage Lisois?
Si ce prince égaré chérit encor sa gloire,
C'est à vous de parler, et c'est vous qu'il doit croire.
Dans quel affreux parti s'est-il précipité!

LISOIS.

* Je ne peux à mon choix fléchir sa volonté.
* J'ai souvent, de son cœur aigrissant les blessures,
* Révolté sa fierté par des vérités dures:
* Vous seule à votre roi le pourriez rappeler,
* Et c'est de quoi surtout je cherche à vous parler.
Dans des temps plus heureux j'osai, belle Amélie,
Consacrer à vos lois le reste de ma vie;
* Je crus que vous pouviez, approuvant mon dessein,
* Accepter sans mépris mon hommage et ma main;
Mais à d'autres destins je vous vois réservée.
Par les Maures cruels dans Leucate enlevée,
Lorsque le sort jaloux portait ailleurs mes pas,
Cet heureux duc de Foix vous sauva de leurs bras:
* La gloire en est à lui, qu'il en ait le salaire;
* Il a par trop de droits mérité de vous plaire;
* Il est prince, il est jeune, il est votre vengeur:
* Ses bienfaits et son nom, tout parle en sa faveur.
* La justice et l'amour vous pressent de vous rendre:
* Je n'ai rien fait pour vous, je n'ai rien à prétendre:
* Je me tais... Cependant s'il faut vous mériter,
* A tout autre qu'à lui j'irais vous disputer;
* Je céderais à peine aux enfans des rois même;
* Mais ce prince est mon chef, il me chérit, je l'aime;
* Lisois, ni vertueux, ni superbe à demi,

* Aurait bravé le prince, et cède à son ami.
* Je fais plus; de mes sens maîtrisant la faiblesse,
* J'ose de mon rival appuyer la tendresse,
* Vous montrer votre gloire, et ce que vous devez
* Au héros qui vous sert et par qui vous vivez.
* Je verrai d'un œil sec, et d'un cœur sans envie,
* Cet hymen qui pouvait empoisonner ma vie.
* Je réunis pour vous mon service et mes vœux ;
* Ce bras qui fut à lui combattra pour tous deux :
* Voilà mes sentimens. Si je me sacrifie,
* L'amitié me l'ordonne, et surtout la patrie.
* Songez que si l'hymen vous range sous sa loi,
* Si le prince est à vous, il est à votre roi.

AMÉLIE.

* Qu'avec étonnement, seigneur, je vous contemple !
* Que vous donnez au monde un rare et grand exemple !
* Quoi ! ce cœur (je le crois sans feinte et sans détour)
* Connaît l'amitié seule, et peut braver l'amour !
* Il faut vous admirer quand on sait vous connaître :
* Vous servez votre ami, vous servirez mon maître.
* Un cœur si généreux doit penser comme moi :
* Tous ceux de votre sang sont l'appui de leur roi.
* Hé bien ! de vos vertus je demande une grace.

LISOIS.

* Vos ordres sont sacrés : que faut-il que je fasse ?

AMÉLIE.

* Vos conseils généreux me pressent d'accepter
* Ce rang dont un grand prince a daigné me flatter.
* Je ne me cache point combien son choix m'honore;
* J'en vois toute la gloire; et quand je songe encore

ACTE I, SCÈNE I.

* Qu'avant qu'il fût épris de ce funeste amour,
* Il daigna me sauver et l'honneur et le jour,
* Tout ennemi qu'il est de son roi légitime,
* Tout allié du Maure, et protecteur du crime,
* Accablée à ses yeux du poids de ses bienfaits,
* Je crains de l'affliger, seigneur, et je me tais.
* Mais, malgré son service et ma reconnaissance,
* Il faut par des refus répondre à sa constance;
* Sa passion m'afflige; il est dur à mon cœur,
* Pour prix de ses bontés, de causer son malheur.
Non, seigneur, il lui faut épargner cet outrage.
Qui pourrait mieux que vous gouverner son courage?
Est-ce à ma faible voix d'annoncer son devoir?
Je suis loin de chercher ce dangereux pouvoir.
Quel appareil affreux! quel temps pour l'hyménée!
* Des armes de mon roi la ville environnée
N'attend que des assauts, ne voit que des combats;
Le sang de tous côtés coule ici sous mes pas.
Armé contre mon maître, armé contre son frère!
Que de raisons... Seigneur, c'est en vous que j'espère.
Pardonnez... achevez vos desseins généreux;
Qu'il me rende à mon roi, c'est tout ce que je veux.
Ajoutez cet effort à l'effort que j'admire;
Vous devez sur son cœur avoir pris quelque empire.
Un esprit mâle et ferme, un ami respecté,
Fait parler le devoir avec autorité;
Ses conseils sont des lois.

LISOIS.
Il en est peu, madame,
Contre les passions qui subjuguent son ame;

Et son emportement a droit de m'alarmer.
Le prince est soupçonneux, et j'osai vous aimer.
* Quels que soient les ennuis dont votre cœur soupire,
* Je vous ai déja dit ce que j'ai dû vous dire.
Laissez-moi ménager son esprit ombrageux;
Je crains d'effaroucher ses feux impétueux;
* Je sais à quels excès irait sa jalousie,
* Quel poison mes discours répandraient sur sa vie :
* Je vous perdrais peut-être, et mes soins dangereux,
* Madame, avec un mot, feraient trois malheureux.
* Vous, à vos intérêts rendez-vous moins contraire,
* Pesez sans passion l'honneur qu'il vous veut faire.
* Moi, libre entre vous deux, souffrez que dès ce jour,
* Oubliant à jamais le langage d'amour,
* Tout entier à la guerre, et maître de mon ame,
* J'abandonne à leur sort et vos vœux et sa flamme.
* Je crains de l'outrager, je crains de vous trahir,
* Et ce n'est qu'aux combats que je dois le servir.
* Laissez-moi d'un soldat garder le caractère,
* Madame; et puisque enfin la France vous est chère,
* Rendez-lui ce héros qui serait son appui :
* Je vous laisse y penser, et je cours près de lui.

SCÈNE II.

AMÉLIE, TAISE.

AMÉLIE.

Ah! s'il faut à ce prix le donner à la France,
Un si grand changement n'est pas en ma puissance,

ACTE I, SCÈNE II.

Taïse, et cet hymen est un crime à mes yeux.

TAÏSE.

Quoi ! le prince à ce point vous serait odieux !
* Quoi ! dans ces tristes temps de ligues et de haines,
* Qui confondent des droits les bornes incertaines,
* Où le meilleur parti semble encor si douteux,
* Où les enfans des rois sont divisés entre eux ;
* Vous qu'un astre plus doux semblait avoir formée
Pour l'unique douceur d'aimer et d'être aimée,
Pouvez-vous n'opposer qu'un sentiment d'horreur
Aux soupirs d'un héros qui fut votre vengeur ?
Vous savez que ce prince au rang de ses ancêtres
Compte les premiers rois que la France eut pour maî-
D'un puissant apanage il est né souverain ; [tres.
Il vous aime, il vous sert, il vous offre sa main.
Ce rang à qui tout cède, et pour qui tout s'oublie,
Brigué par tant d'appas, objet de tant d'envie,
* Ce rang qui touche au trône, et qu'on met à vos pieds,
* Peut-il causer les pleurs dont vos yeux sont noyés ?

AMÉLIE.

Quoi ! pour m'avoir sauvée, il faudra qu'il m'opprime !
De son fatal secours je serai la victime !
Je lui dois tout sans doute, et c'est pour mon malheur.

TAÏSE.

C'est être trop injuste.

AMÉLIE.

Hé bien, connais mon cœur,
Mon devoir, mes douleurs, le destin qui me lie ;
Je mets entre tes mains le secret de ma vie :
De ta foi désormais c'est trop me défier,

Et je me livre à toi pour me justifier.
Vois combien mon devoir à ses vœux est contraire;
Mon cœur n'est point à moi, ce cœur est à son frère.

TAÏSE.

Quoi! ce vaillant Vamir?

AMÉLIE.

Nos sermens mutuels
Devançaient les sermens réservés aux autels.
J'attendais, dans Leucate en secret retirée,
Qu'il y vînt dégager la foi qu'il m'a jurée,
Quand les Maures cruels, inondant nos déserts,
Sous mes toits embrasés me chargèrent de fers.
Le duc est l'allié de ce peuple indomptable;
Il me sauva, Taïse, et c'est ce qui m'accable.
Mes jours à mon amant seront-ils réservés?
* Jours tristes, jours affreux, qu'un autre a conservés!

TAÏSE.

Pourquoi donc, avec lui vous obstinant à feindre,
Nourrir en lui des feux qu'il vous faudrait éteindre?
Il eût pu respecter ces saints engagemens.
Vous eussiez mis un frein à ses emportemens.

AMÉLIE.

Je ne le puis; le ciel, pour combler mes misères,
Voulut l'un contre l'autre animer les deux frères.
Vamir, toujours fidèle à son maître, à nos lois,
A contre un révolté vengé l'honneur des rois.
De son rival altier tu vois la violence;
J'oppose à ses fureurs un douloureux silence.
Il ignore du moins qu'en des temps plus heureux
Vamir a prévenu ses desseins amoureux:

S'il en était instruit, sa jalousie affreuse
Le rendrait plus à craindre, et moi plus malheureuse.
C'en est trop, il est temps de quitter ses états :
Fuyons des ennemis, mon roi me tend les bras.
Ces prisonniers, Taïse, à qui le sang te lie,
De ces murs en secret méditent leur sortie :
Ils pourront me conduire, ils pourront m'escorter ;
Il n'est point de péril que je n'ose affronter.
Je hasarderai tout, pourvu qu'on me délivre
De la prison illustre où je ne saurais vivre.

TAÏSE.

Madame, il vient à vous.

AMÉLIE.

Je ne puis lui parler,
Il verrait trop mes pleurs toujours prêts à couler.
Que ne puis-je à jamais éviter sa poursuite !

SCÈNE III.

LE DUC DE FOIX, LISOIS, TAISE.

LE DUC, *à Taïse.*

Est-ce elle qui m'échappe ? est-ce elle qui m'évite ?
Taïse, demeurez ; vous connaissez trop bien
Les transports douloureux d'un cœur tel que le mien.
Vous savez si je l'aime, et si je l'ai servie,
Si j'attends d'un regard le destin de ma vie.
Qu'elle n'étende pas l'excès de son pouvoir
Jusqu'à porter ma flamme au dernier désespoir :
Je hais ces vains respects, cette reconnaissance,

Que sa froideur timide oppose à ma constance.
Le plus léger délai m'est un cruel refus,
Un affront que mon cœur ne pardonnera plus.
C'est en vain qu'à la France, à son maître fidèle,
Elle étale à mes yeux le faste de son zèle;
Il est temps que tout cède à mon amour, à moi,
Qu'elle trouve en moi seul sa patrie et son roi.
Elle me doit la vie, et jusqu'à l'honneur même;
Et moi je lui dois tout, puisque c'est moi qui l'aime.
Unis par tant de droits, c'est trop nous séparer;
L'autel est prêt, j'y cours; allez l'y préparer.

SCÈNE IV

LE DUC, LISOIS.

LISOIS.

Seigneur, songez-vous bien que de cette journée
Peut-être de l'état dépend la destinée?

LE DUC.

Oui, vous me verrez vaincre ou mourir son époux.

LISOIS.

L'ennemi s'avançait, et n'est pas loin de nous.

LE DUC.

Je l'attends sans le craindre, et je vais le combattre.
Crois-tu que ma faiblesse ait pu jamais m'abattre?
Penses-tu que l'amour, mon tyran, mon vainqueur,
De la gloire en mon ame ait étouffé l'ardeur?
Si l'ingrate me hait, je veux qu'elle m'admire;
Elle a sur moi sans doute un souverain empire,

Et n'en a point assez pour flétrir ma vertu.
Ah! trop sévère ami, que me reproches-tu?
Non, ne me juge point avec tant d'injustice.
* Est-il quelque Français que l'amour avilisse?
* Amans aimés, heureux, ils vont tous aux combats,
Et du sein du bonheur ils volent au trépas.
Je mourrai digne au moins de l'ingrate que j'aime.

LISOIS.

Que mon prince plutôt soit digne de lui-même!
Le salut de l'état m'occupait en ce jour;
Je vous parle du vôtre, et vous parlez d'amour!
Seigneur, des ennemis j'ai visité l'armée;
Déja de tous côtés la nouvelle est semée
Que Vamir votre frère est armé contre nous.
Je sais que dès long-temps il s'éloigna de vous.
Vamir ne m'est connu que par la renommée :
Mais si par le devoir, par la gloire animée,
Son ame écoute encor ces premiers sentimens
Qui l'attachaient à vous dans la fleur de vos ans,
Il peut vous ménager une paix nécessaire;
Et mes soins...

LE DUC.

Moi, devoir quelque chose à mon frère!
Près de mes ennemis mendier sa faveur!
Pour le haïr sans doute il en coûte à mon cœur;
Je n'ai point oublié notre amitié passée;
Mais puisque ma fortune est par lui traversée,
Puisque mes ennemis l'ont détaché de moi,
Qu'il reste au milieu d'eux, qu'il serve sous un roi.
Je ne veux rien de lui.

LISOIS.
                    Votre fière constance
D'un monarque irrité brave trop la vengeance.
LE DUC.
Quel monarque! un fantôme, un prince efféminé,
Indigne de sa race, esclave couronné,
Sur un trône avili soumis aux lois d'un maire!
De Pepin son tyran je crains peu la colère;
Je déteste un sujet qui croit m'intimider,
Et je méprise un roi qui n'ose commander :
Puisqu'il laisse usurper sa grandeur souveraine,
Dans mes états au moins je soutiendrai la mienne.
Ce cœur est trop altier pour adorer les lois
De ce maire insolent, l'oppresseur de ses rois;
Et Clovis, que je compte au rang de mes ancêtres,
N'apprit point à ses fils à ramper sous des maîtres.
Les Arabes du moins s'arment pour me venger,
Et tyran pour tyran, j'aime mieux l'étranger.
LISOIS.
Vous haïssez un maire, et votre haine est juste;
Mais ils ont des Français sauvé l'empire auguste,
Tandis que nous aidons l'Arabe à l'opprimer;
Cette triste alliance a de quoi m'alarmer;
Nous préparons peut-être un avenir horrible.
L'exemple de l'Espagne est honteux et terrible;
Ces brigands africains sont des tyrans nouveaux,
Qui font servir nos mains à creuser nos tombeaux.
Ne vaudrait-il pas mieux fléchir avec prudence?
LE DUC.
Non, je ne peux jamais implorer qui m'offense.

LISOIS.

Mais vos vrais intérêts, oubliés trop long-temps...

LE DUC.

Mes premiers intérêts sont mes ressentimens.

LISOIS.

Ah! vous écoutez trop l'amour et la colère.

LE DUC.

Je le sais, je ne peux fléchir mon caractère.

LISOIS.

On le peut, on le doit, je ne vous flatte pas;
Mais en vous condamnant je suivrai tous vos pas.
Il faut à son ami montrer son injustice,
* L'éclairer, l'arrêter au bord du précipice.
* Je l'ai dû, je l'ai fait, malgré votre courroux;
* Vous y voulez tomber, et j'y cours avec vous.

LE DUC.

Ami, que m'as-tu dit?

LISOIS.

Ce que j'ai dû vous dire.
Écoutez un peu plus l'amitié qui m'inspire.
Quel parti prendrez-vous?

LE DUC.

Quand mes brûlans désirs
Auront soumis l'objet qui brave mes soupirs;
Quand l'ingrate Amélie, à son devoir rendue,
Aura remis la paix dans cette ame éperdue,
Alors j'écouterai tes conseils généreux.
Mais jusqu'à ce moment sais-je ce que je veux?

Tant d'agitations, de tumultes, d'orages,
Ont sur tous les objets répandu des nuages.
Puis-je prendre un parti? puis-je avoir un dessein?
Allons près du tyran qui seul fait mon destin;
Que l'ingrate à son gré décide de ma vie,
Et nous déciderons du sort de la patrie.

FIN DU PREMIER ACTE.

ACTE SECOND.

SCÈNE I.

LE DUC.

Osera-t-elle encor refuser de me voir?
Ne craindra-t-elle point d'aigrir mon désespoir?
Ah! c'est moi seul ici qui tremble de déplaire.
Ame superbe et faible! esclave volontaire!
Cours aux pieds de l'ingrate abaisser ton orgueil;
Vois tes jours dépendans d'un mot et d'un coup d'œil.
Lâche, consume-les dans l'éternel passage
Du dépit aux respects, et des pleurs à la rage.
Pour la dernière fois je prétends lui parler.
Allons...

SCÈNE II.

LE DUC, AMÉLIE et TAISE *dans le fond.*

AMÉLIE.

J'espère encore, et tout me fait trembler.
Vamir tenterait-il une telle entreprise?
Que de dangers nouveaux! Ah, que vois-je, Taïse!

LE DUC.

J'ignore quel objet attire ici vos pas,
Mais vos yeux disent trop qu'ils ne me cherchent pas;

Quoi! vous les détournez! Quoi! vous voulez encore
Insulter aux tourmens d'un cœur qui vous adore,
Et de la tyrannie exerçant le pouvoir,
Nourrir votre fierté de mon vain désespoir!
C'est à ma triste vie ajouter trop d'alarmes,
Trop flétrir des lauriers arrosés de mes larmes,
Et qui me tiendront lieu de malheur et d'affront,
S'ils ne sont par vos mains attachés sur mon front;
* Si votre incertitude, alarmant mes tendresses,
* Peut encor démentir la foi de vos promesses.

AMÉLIE.

* Je ne vous promis rien : vous n'avez point ma foi,
* Et la reconnaissance est tout ce que je doi.

LE DUC.

* Quoi! lorsque de ma main je vous offrais l'hommage...

AMÉLIE.

* D'un si noble présent j'ai vu tout l'avantage;
* Et sans chercher ce rang qui ne m'était pas dû,
* Par de justes respects je vous ai répondu.
* Vos bienfaits, votre amour, et mon amitié même,
* Tout vous flattait sur moi d'un empire suprême;
* Tout vous a fait penser qu'un rang si glorieux,
* Présenté par vos mains, éblouirait mes yeux.
* Vous vous trompiez : il faut rompre enfin le silence.
* Je vais vous offenser; je me fais violence;
* Mais, réduite à parler, je vous dirai, seigneur,
* Que l'amour de mes rois est gravé dans mon cœur.
Votre sang est auguste, et le mien est sans crime;
Il coula pour l'état, que l'étranger opprime.
Cominge, mon aïeul, dans mon cœur a transmis

ACTE II, SCÈNE II.

* La haine qu'un Français doit à ses ennemis;
* Et sa fille jamais n'acceptera pour maître
* L'ami de nos tyrans, quelque grand qu'il puisse être.
* Voilà les sentimens que son sang m'a tracés,
* Et s'ils vous font rougir, c'est vous qui m'y forcez.

LE DUC.

* Je suis, je l'avouerai, surpris de ce langage;
* Je ne m'attendais pas à ce nouvel outrage;
* Et n'avais pas prévu que le sort en courroux,
* Pour m'accabler d'affronts, dût se servir de vous.
* Vous avez fait, madame, une secrète étude
* Du mépris, de l'insulte et de l'ingratitude;
* Et votre cœur, enfin, lent à se déployer,
* Hardi par ma faiblesse, a paru tout entier.
* Je ne connaissais pas tout ce zèle héroïque,
* Tant d'amour pour l'état, et tant de politique.
* Mais vous qui m'outragez me connaissez-vous bien?
* Vous reste-t-il ici de parti que le mien?
M'osez-vous reprocher une heureuse alliance,
Qui fait ma sûreté, qui soutient ma puissance,
Sans qui vous gémiriez dans la captivité,
A qui vous avez dû l'honneur, la liberté?
* Est-ce donc là le prix de vous avoir servie?

AMÉLIE.

* Oui, vous m'avez sauvée; oui, je vous dois la vie;
* Mais de mes tristes jours ne puis-je disposer?
* Me les conserviez-vous pour les tyranniser?

LE DUC.

* Je deviendrai tyran, mais moins que vous, cruelle;
* Mes yeux lisent trop bien dans votre ame rebelle;

* Tous vos prétextes faux m'apprennent vos raisons,
* Je vois mon déshonneur, je vois vos trahisons.
* Quel que soit l'insolent que ce cœur me préfère,
* Redoutez mon amour, tremblez de ma colère;
* C'est lui seul désormais que mon bras va chercher;
* De son cœur tout sanglant j'irai vous arracher;
* Et si, dans les horreurs du sort qui nous accable,
* De quelque joie encor ma fureur est capable,
* Je la mettrai, perfide, à vous désespérer.

AMÉLIE.

* Non, seigneur, la raison saura vous éclairer.
* Non, votre ame est trop noble, elle est trop élevée,
* Pour opprimer ma vie, après l'avoir sauvée.
* Mais si votre grand cœur s'avilissait jamais
* Jusqu'à persécuter l'objet de vos bienfaits,
* Sachez que ces bienfaits, vos vertus, votre gloire,
* Plus que vos cruautés, vivront dans ma mémoire.
* Je vous plains, vous pardonne, et veux vous respecter;
* Je vous ferai rougir de me persécuter;
* Et je conserverai, malgré votre menace,
* Une ame sans courroux, sans crainte et sans audace.

LE DUC.

* Arrêtez; pardonnez aux transports égarés,
* Aux fureurs d'un amant que vous désespérez.
* Je vois trop qu'avec vous Lisois d'intelligence,
* D'une cour qui me hait embrasse la défense;
* Que vous voulez tous deux m'unir à votre roi,
* Et de mon sort enfin disposer malgré moi.
* Vos discours sont les siens. Ah! parmi tant d'alarmes,
* Pourquoi recourez-vous à ces nouvelles armes?

* Pour gouverner mon cœur, l'asservir, le changer,
* Aviez-vous donc besoin d'un secours étranger?
* Aimez, il suffira d'un mot de votre bouche.

AMÉLIE.

* Je ne vous cache point que du soin qui me touche,
* A votre ami, seigneur, mon cœur s'était remis;
* Je vois qu'il a plus fait qu'il ne m'avait promis.
* Ayez pitié des pleurs que mes yeux lui confient;
* Vous les faites couler, que vos mains les essuient.
* Devenez assez grand pour apprendre à dompter
* Des feux que mon devoir me force à rejeter.
* Laissez-moi toute entière à la reconnaissance.

LE DUC.

* Ainsi le seul Lisois a votre confiance!
* Mon outrage est connu; je sais vos sentimens.

AMÉLIE.

* Vous les pourrez, seigneur, connaître avec le temps;
* Mais vous n'aurez jamais le droit de les contraindre,
* Ni de les condamner, ni même de vous plaindre.
* Du généreux Lisois j'ai recherché l'appui;
* Imitez sa grande ame, et pensez comme lui.

SCÈNE III.

LE DUC.

* Hé bien, c'en est donc fait; l'ingrate, la parjure,
* A mes yeux sans rougir étale mon injure :
* De tant de trahisons l'abyme est découvert;
* Je n'avais qu'un ami, c'est lui seul qui me perd.

* Amitié, vain fantôme, ombre que j'ai chérie,
* Toi qui me consolais des malheurs de ma vie,
* Bien que j'ai trop aimé, que j'ai trop méconnu,
* Trésor cherché sans cesse, et jamais obtenu !
* Tu m'as trompé, cruelle, autant que l'amour même;
* Et maintenant, pour prix de mon erreur extrême,
* Détrompé des faux biens, trop faits pour me charmer,
* Mon destin me condamne à ne plus rien aimer.
* Le voilà cet ingrat qui, fier de son parjure,
* Vient encor de ses mains déchirer ma blessure.

SCÈNE IV.

LE DUC, LISOIS.

LISOIS.

A vos ordres, seigneur, vous me voyez rendu.
D'où vient sur votre front ce chagrin répandu ?
Votre ame, aux passions long-temps abandonnée,
A-t-elle en liberté pesé sa destinée ?

LE DUC.

Oui.

LISOIS.

Quel est le projet où vous vous arrêtez ?

LE DUC.

D'ouvrir enfin les yeux aux infidélités,
De sentir mon malheur, et d'apprendre à connaître
La perfide amitié d'un rival et d'un traître.

LISOIS.

Comment ?

LE DUC.

C'en est assez.

LISOIS.

C'en est trop, entre nous.
Ce traître, quel est-il ?

LE DUC.

Me le demandez-vous ?
De l'affront inouï qui vient de me confondre,
Quel autre était instruit ? quel autre en doit répondre ?
Je sais trop qu'Amélie ici vous a parlé ;
* En vous nommant à moi, l'infidèle a tremblé ;
* Vous affectez sur elle un odieux silence,
* Interprète muet de votre intelligence.
Je ne sais qui des deux je dois plus détester.

LISOIS.

Vous sentez-vous capable au moins de m'écouter ?

LE DUC.

* Je le veux.

LISOIS.

Pensez-vous que j'aime encor la gloire ?
* M'estimez-vous encore, et pouvez-vous me croire ?

LE DUC.

* Oui, jusqu'à ce moment je vous crus vertueux,
* Je vous crus mon ami.

LISOIS.

Ces titres précieux
Ont été jusqu'ici la règle de ma vie ;
Mais vous, méritez-vous que je me justifie ?
* Apprenez qu'Amélie avait touché mon cœur,

* Avant que, de sa vie heureux libérateur,
* Vous eussiez, par vos soins, par cet amour sincère,
* Surtout par vos bienfaits, tant de droits de lui plaire.
* Moi, plus soldat que tendre, et dédaignant toujours
* Ce grand art de séduire inventé dans les cours,
* Ce langage flatteur et souvent si perfide,
* Peu fait pour mon esprit peut-être trop rigide,
* Je lui parlai d'hymen ; et ce nœud respecté,
* Resserré par l'estime et par l'égalité,
* Pouvait lui préparer des destins plus propices
* Qu'un rang plus élevé, mais sur des précipices.
* Hier avec la nuit je vins dans vos remparts ;
* Tout votre cœur parut à mes premiers regards.
* Aujourd'hui j'ai revu cet objet de vos larmes,
* D'un œil indifférent j'ai regardé ses charmes,
Et je me suis vaincu, sans rendre de combats.
J'ai fait valoir vos feux, que je n'approuve pas ;
* J'ai de tous vos bienfaits rappelé la mémoire,
* L'éclat de votre rang, celui de votre gloire,
* Sans cacher vos défauts vantant votre vertu ;
* Et pour vous, contre moi, j'ai fait ce que j'ai dû.
* Je m'immole à vous seul, et je me rends justice ;
* Et si ce n'est assez d'un pareil sacrifice,
* S'il est quelque rival qui vous ose outrager,
* Tout mon sang est à vous, et je cours vous venger.

LE DUC.

Que tout ce que j'entends t'élève et m'humilie !
Ah ! tu devais sans doute adorer Amélie :
Mais qui peut commander à son cœur enflammé ?
Non, tu n'as pas vaincu ; tu n'avais point aimé.

ACTE II, SCENE IV.

LISOIS.

J'aimais; et notre amour suit notre caractère.

LE DUC.

Je ne peux t'imiter : mon ardeur m'est trop chère.
Je t'admire avec honte, il le faut avouer.
* Mon cœur...

LISOIS.

Aimez-moi, prince, au lieu de me louer;
* Et si vous me devez quelque reconnaissance,
* Faites votre bonheur, il est ma récompense.
* Vous voyez quelle ardente et fière inimitié
* Votre frère nourrit contre votre allié :
La suite, croyez-moi, peut en être funeste;
Vous êtes sous un joug que ce peuple déteste.
Je prévois que bientôt on verra réunis
* Les débris dispersés de l'empire des lis.
Chaque jour nous produit un nouvel adversaire;
Hier le Béarnais, aujourd'hui votre frère.
* Le pur sang de Clovis est toujours adoré;
* Tôt ou tard il faudra que de ce tronc sacré
* Les rameaux divisés et courbés par l'orage,
* Plus unis et plus beaux, soient notre unique ombrage.
Vous, placé près du trône, à ce trône attaché,
Si les malheurs des temps vous en ont arraché,
A des nœuds étrangers s'il fallut vous résoudre,
L'intérêt qui les forme a droit de les dissoudre.
On pourrait balancer avec dextérité
Des maires du palais la fière autorité;
Et bientôt par vos mains leur puissance affaiblie...

LE DUC.

Je le souhaite au moins ; mais crois-tu qu'Amélie
* Dans son cœur amolli partagerait mes feux,
* Si le même parti nous unissait tous deux ?
* Penses-tu qu'à m'aimer je pourrais la réduire ?

LISOIS.

* Dans le fond de son cœur je n'ai point voulu lire ;
* Mais qu'importent pour vous ses vœux et ses desseins?
* Faut-il que l'amour seul fasse ici nos destins ?
Lorsque le grand Clovis, aux champs de la Touraine,
Détruisit les vainqueurs de la grandeur romaine,
Quand son bras arrêta, dans nos champs inondés,
Des Ariens sanglans les torrens débordés,
* Tant d'honneurs étaient-ils l'effet de sa tendresse ?
* Sauva-t-il son pays pour plaire à sa maîtresse ?
Mon bras contre un rival est prêt à vous servir ;
* Je voudrais faire plus, je voudrais vous guérir.
* On connaît peu l'amour, on craint trop son amorce ;
* C'est sur nos passions qu'il a fondé sa force ;
* C'est nous qui, sous son nom, troublons notre repos ;
* Il est tyran du faible, esclave du héros.
* Puisque je l'ai vaincu, puisque je le dédaigne,
Sur le sang de nos rois souffrirez-vous qu'il règne ?
* Vos autres ennemis par vous sont abattus ;
* Et vous devez en tout l'exemple des vertus.

LE DUC.

* Le sort en est jeté, je ferai tout pour elle :
* Il faut bien à la fin désarmer la cruelle.
* Ses lois seront mes lois, son roi sera le mien :
* Je n'aurai de parti, de maître que le sien.

* Possesseur d'un trésor où s'attache ma vie,
* Avec mes ennemis je me réconcilie.
* Je lirai dans ses yeux mon sort et mon devoir.
* Mon cœur est enivré de cet heureux espoir.
Je n'ai point de rival, j'avais tort de me plaindre ;
Si tu n'es point aimé, quel mortel ai-je à craindre ?
Qui pourrait, dans mon cœur, avoir poussé l'orgueil
Jusqu'à laisser vers elle échapper un coup d'œil ?
* Enfin plus de prétexte à ses refus injustes ;
* Raison, gloire, intérêt, et tous ces droits augustes
* Des princes de mon sang et de mes souverains,
* Sont des liens sacrés resserrés par ses mains.
* Du roi, puisqu'il le faut, soutenons la couronne ;
* La vertu le conseille, et la beauté l'ordonne.
* Je veux entre tes mains, dans ce fortuné jour,
* Sceller tous les sermens que je fais à l'amour.
* Quant à mes intérêts, que toi seul en décide.

LISOIS.

* Souffrez donc près du roi que mon zèle me guide.
* Peut-être il eût fallu que ce grand changement
* Ne fût dû qu'au héros, et non pas à l'amant ;
* Mais si d'un si grand cœur une femme dispose,
* L'effet en est trop beau pour en blâmer la cause ;
* Et mon cœur, tout rempli de cet heureux retour,
* Bénit votre faiblesse, et rend grace à l'amour.

SCÈNE V.

LE DUC, LISOIS; un officier.

L'OFFICIER.

Seigneur, auprès des murs les ennemis paraissent :
On prépare l'assaut; le temps, les périls pressent :
Nous attendons votre ordre.

LE DUC.

Hé bien, cruels destins,
Vous l'emportez sur moi, vous trompez mes desseins
Plus d'accord, plus de paix, je vole à la victoire;
Méritons Amélie en me couvrant de gloire.
Je ne suis pas en peine, ami, de résister
Aux téméraires mains qui m'osent insulter.
De tous les ennemis qu'il faut combattre encore,
Je n'en redoute qu'un, c'est celui que j'adore.

FIN DU SECOND ACTE.

ACTE TROISIÈME.

SCÈNE I.

LE DUC, LISOIS.

LE DUC.
La victoire est à nous, vos soins l'ont assurée.
Vous avez su guider ma jeunesse égarée.
* Lisois m'est nécessaire aux conseils, aux combats,
* Et c'est à sa grande ame à diriger mon bras.
LISOIS.
* Prince, ce feu guerrier, qu'en vous on voit paraître,
* Sera maître de tout, quand vous en serez maître :
* Vous l'avez pu régler, et vous avez vaincu.
* Ayez dans tous les temps cette heureuse vertu :
L'effet en est illustre, autant qu'il est utile.
Le faible est inquiet, le grand homme est tranquille.
LE DUC.
Ah! l'amour est-il fait pour la tranquillité?
Mais le chef inconnu sur nos remparts monté,
Qui tint seul si long-temps la victoire en balance,
Qui m'a rendu jaloux de sa haute vaillance,
Que devient-il?
LISOIS.
Seigneur, environné de morts,

Il a seul repoussé nos plus puissans efforts.
Mais ce qui me confond, et qui doit vous surprendre,
Pouvant nous échapper, il est venu se rendre;
Sans vouloir se nommer, et sans se découvrir,
Il accusait le ciel, et cherchait à mourir.
Un seul de ses suivans auprès de lui partage
La douleur qui l'accable, et le sort qui l'outrage.

LE DUC.

Quel est donc, cher ami, ce chef audacieux,
Qui, cherchant le trépas, se cachait à nos yeux?
Son casque était fermé. Quel charme inconcevable,
Quand je l'ai combattu, le rendait respectable?
* Un je ne sais quel trouble en moi s'est élevé:
* Soit que ce triste amour, dont je suis captivé,
* Sur mes sens égarés répandant sa tendresse,
* Jusqu'au sein des combats m'ait prêté sa faiblesse;
* Qu'il ait voulu marquer toutes mes actions
* Par la molle douceur de ses impressions;
* Soit plutôt que la voix de ma triste patrie
* Parle encore en secret au cœur qui l'a trahie,
Ou que le trait fatal enfoncé dans ce cœur
Corrompe en tous les temps ma gloire et mon bonheur.

LISOIS.

Quant aux traits dont votre ame a senti la puissance,
Tous les conseils sont vains, agréez mon silence.
Mais ce sang des Français, que nos mains font couler,
Mais l'état, la patrie, il faut vous en parler.
Vos nobles sentimens peuvent encor paraître:
* Il est beau de donner la paix à votre maître:
* Son égal aujourd'hui, demain dans l'abandon,

ACTE III, SCÈNE II.

* Vous vous verriez réduit à demander pardon.
Sûr enfin d'Amélie et de votre fortune,
Fondez votre grandeur sur la cause commune ;
Ce guerrier, quel qu'il soit, remis entre vos mains,
Pourra servir lui-même à vos justes desseins :
* De cet heureux moment saisissons l'avantage.

LE DUC.

Ami, de ma parole Amélie est le gage ;
Je la tiendrai : je vais dès ce même moment
Préparer les esprits à ce grand changement.
A tes conseils heureux tous mes sens s'abandonnent ;
La gloire, l'hyménée et la paix me couronnent ;
Et, libre des chagrins où mon cœur fut noyé,
Je dois tout à l'amour, et tout à l'amitié.

SCÈNE II.

LISOIS ; VAMIR, ÉMAR, *dans le fond du théâtre.*

LISOIS.

Je me trompe, ou je vois ce captif qu'on amène ;
Un des siens l'accompagne ; il se soutient à peine ;
Il paraît accablé d'un désespoir affreux.

VAMIR.

Où suis-je ? où vais-je ? ô ciel !

LISOIS.

     Chevalier généreux,
Vous êtes dans des murs où l'on chérit la gloire,
Où l'on n'abuse point d'une faible victoire,
Où l'on sait respecter de braves ennemis :

C'est en de nobles mains que le sort vous a mis.
Ne puis-je vous connaître? et faut-il qu'on ignore
De quel grand prisonnier le duc de Foix s'honore?

VAMIR.

Je suis un malheureux, le jouet des destins,
Dont la moindre infortune est d'être entre vos mains.
Souffrez qu'au souverain de ce séjour funeste
Je puisse au moins cacher un sort que je déteste :
Me faut-il des témoins encor de mes douleurs?
On apprendra trop tôt mon nom et mes malheurs.

LISOIS.

Je ne vous presse point, seigneur, je me retire;
Je respecte un chagrin dont votre cœur soupire.
Croyez que vous pourrez retrouver parmi nous
Un destin plus heureux et plus digne de vous.

SCÈNE III.

VAMIR, ÉMAR.

VAMIR.

Un destin plus heureux! mon cœur en désespère :
J'ai trop vécu.

ÉMAR.

Seigneur, dans un sort si contraire,
Rendez graces au ciel de ce qu'il a permis
Que vous soyez tombé sous de tels ennemis,
Non sous le joug affreux d'une main étrangère.

VAMIR.

Qu'il est dur bien souvent d'être aux mains de son frère!

ÉMAR.

Mais ensemble élevés, dans des temps plus heureux,
La plus tendre amitié vous unissait tous deux.

VAMIR.

Il m'aimait autrefois, c'est ainsi qu'on commence;
Mais bientôt l'amitié s'envole avec l'enfance :
Il ne sait pas encor ce qu'il me fait souffrir,
Et mon cœur déchiré ne saurait le haïr.

ÉMAR.

Il ne soupçonne pas qu'il ait en sa puissance
Un frère infortuné qu'animait la vengeance.

VAMIR.

Non, la vengeance, ami, n'entra point dans mon cœur;
Qu'un soin trop différent égara ma valeur!
Juste ciel! est-il vrai ce que la renommée
Annonçait dans la France à mon ame alarmée?
Est-il vrai qu'Amélie, après tant de sermens,
Ait violé la foi de ses engagemens?
Et pour qui? juste ciel! ô comble de l'injure!
O nœuds du tendre amour! ô lois de la nature!
Liens sacrés des cœurs, êtes-vous tous trahis?
Tous les maux dans ces lieux sont sur moi réunis.
Frère injuste et cruel !

ÉMAR.

   Vous disiez qu'il ignore
Que parmi tant de biens qu'il vous enlève encore,
Amélie en effet est le plus précieux;
Qu'il n'avait jamais su le secret de vos feux.

VAMIR.

Elle le sait, l'ingrate; elle sait que ma vie

Par d'éternels sermens à la sienne est unie ;
Elle sait qu'aux autels nous allions confirmer
Ce devoir que nos cœurs s'étaient fait de s'aimer,
Quand le Maure enleva mon unique espérance :
Et je n'ai pu sur eux achever ma vengeance !
Et mon frère a ravi le bien que j'ai perdu !
Il jouit des malheurs dont je suis confondu.
Quel est donc en ces lieux le dessein qui m'entraîne ?
La consolation, trop funeste et trop vaine,
De faire avant ma mort à ses traîtres appas
Un reproche inutile, et qu'on n'entendra pas ?
Allons ; je périrai, quoi que le ciel décide,
Fidèle au roi mon maître, et même à la perfide.
Peut-être, en apprenant ma constance et mon sort,
Dans les bras de mon frère elle plaindra ma mort.

ÉMAR.
Cachez vos sentimens ; c'est lui qu'on voit paraître.

VAMIR.
Des troubles de mon cœur puis-je me rendre maître ?

SCÈNE IV.

LE DUC, VAMIR, ÉMAR.

LE DUC.
Ce mystère m'irrite, et je prétends savoir
Quel guerrier les destins ont mis en mon pouvoir :
Il semble avec horreur qu'il détourne la vue.

VAMIR.
O lumière du jour ! pourquoi m'es-tu rendue ?

Te verrai-je, infidèle! en quels lieux? à quel prix?
LE DUC.
Qu'entends-je, et quels accens ont frappé mes esprits?
VAMIR.
* M'as-tu pu méconnaître?
LE DUC.
     Ah, Vamir! ah, mon frère!
VAMIR.
* Ce nom jadis si cher, ce nom me désespère.
* Je ne le suis que trop, ce frère infortuné,
* Ton ennemi vaincu, ton captif enchaîné.
LE DUC.
* Tu n'es plus que mon frère, et mon cœur te pardonne;
Mais je te l'avouerai, ta cruauté m'étonne.
Si ton roi me poursuit, Vamir, était-ce à toi
A briguer, à remplir cet odieux emploi?
Que t'ai-je fait?
VAMIR.
    Tu fais le malheur de ma vie;
Je voudrais qu'aujourd'hui ta main me l'eût ravie.
LE DUC.
De nos troubles civils quels effets malheureux!
VAMIR.
Les troubles de mon cœur sont encor plus affreux.
LE DUC.
* J'eusse aimé contre un autre à montrer mon courage.
* Vamir, que je te plains!
VAMIR.
     Je te plains davantage
* De haïr ton pays, de trahir sans remords

* Et le roi qui t'aimait, et le sang dont tu sors.
LE DUC.
* Arrête : épargne-moi l'infame nom de traître;
* A cet indigne mot je m'oublierais peut-être.
Non, mon frère, jamais je n'ai moins mérité
Le reproche odieux de l'infidélité.
Je suis prêt de donner à nos tristes provinces,
A la France sanglante, au reste de nos princes,
L'exemple auguste et saint de la réunion,
Après l'avoir donné de la division.
VAMIR.
Toi, tu pourrais...
LE DUC.
Ce jour, qui semble si funeste,
Des feux de la discorde éteindra ce qui reste.
VAMIR.
Ce jour est trop horrible.
LE DUC.
Il va combler mes vœux.
VAMIR.
Comment?
LE DUC.
Tout est changé, ton frère est trop heureux.
VAMIR.
* Je le crois; on disait que d'un amour extrême,
* Violent, effréné (car c'est ainsi qu'on aime),
* Ton cœur depuis trois mois s'occupait tout entier.
LE DUC.
* J'aime; oui, la renommée a pu le publier;
* Oui, j'aime avec fureur : une telle alliance

* Semblait pour mon bonheur attendre ta présence :
* Oui, mes ressentimens, mes droits, mes alliés,
* Gloire, amis, ennemis, je mets tout à ses pieds.
(à sa suite.)
* Allez, et dites-lui que deux malheureux frères,
* Jetés par le destin dans des partis contraires,
* Pour marcher désormais sous le même étendard,
* De ses yeux souverains n'attendent qu'un regard.
(à Vamir.)
* Ne blâme point l'amour où ton frère est en proie :
* Pour me justifier il suffit qu'on la voie.

VAMIR.

* Cruel ! elle vous aime ?

LE DUC.

Elle le doit du moins :
* Il n'était qu'un obstacle au succès de mes soins ;
* Il n'en est plus ; je veux que rien ne nous sépare.

VAMIR.

* Quels effroyables coups le cruel me prépare !
* Écoute ; à ma douleur ne veux-tu qu'insulter ?
* Me connais-tu ? sais-tu ce que j'osais tenter ?
* Dans ces funestes lieux sais-tu ce qui m'amène ?

LE DUC.

* Oublions ces sujets de discorde et de haine.

SCÈNE V.

LE DUC, VAMIR, AMÉLIE.

AMÉLIE.

Ciel! qu'est-ce que je vois? Je me meurs.

LE DUC.

Écoutez.
Mon bonheur est venu de nos calamités :
* J'ai vaincu, je vous aime, et je retrouve un frère;
* Sa présence à mes yeux vous rend encor plus chère.
* Et vous, mon frère, et vous, soyez ici témoin
* Si l'excès de l'amour peut emporter plus loin.
* Ce que votre reproche, ou bien votre prière,
* Le généreux Lisois, le roi, la France entière,
Demanderaient ensemble, et qu'ils n'obtiendraient pas,
* Soumis et subjugué, je l'offre à ses appas.
De l'ennemi des rois vous avez craint l'hommage :
Vous aimez, vous servez une cour qui m'outrage;
Eh bien, il faut céder; vous disposez de moi;
Je n'ai plus d'alliés, je suis à votre roi.
* L'amour, qui malgré vous nous a faits l'un pour l'au-
* Ne me laisse de choix, de parti que le vôtre. [tre,
* Vous, courez, mon cher frère, allez dès ce moment
* Annoncer à la cour un si grand changement.
* Soyez libre, partez, et de mes sacrifices
* Allez offrir au roi les heureuses prémices.
* Puissé-je à ses genoux présenter aujourd'hui
* Celle qui m'a dompté, qui me ramène à lui,

ACTE III, SCÈNE V.

* Qui d'un prince ennemi fait un sujet fidèle,
* Changé par ses regards, et vertueux par elle !

VAMIR, *à part.*

* Il fait ce que je veux, et c'est pour m'accabler.
(à Amélie.)
* Prononcez notre arrêt, madame, il faut parler.

LE DUC.

* Hé quoi ! vous demeurez interdite et muette !
* De mes soumissions êtes-vous satisfaite ?
* Est-ce assez qu'un vainqueur vous implore à genoux ?
* Faut-il encor ma vie, ingrate ? elle est à vous :
Un mot peut me l'ôter ; la fin m'en sera chère.
Je vivais pour vous seule, et mourrai pour vous plaire.

AMÉLIE.

Je demeure éperdue, et tout ce que je vois
Laisse à peine à mes sens l'usage de la voix.
Ah, seigneur ! si votre ame, en effet attendrie,
Plaint le sort de la France et chérit la patrie,
Un si noble dessein, des soins si vertueux,
Ne seront point l'effet du pouvoir de mes yeux :
Ils auront dans vous-même une source plus pure.
* Vous avez écouté la voix de la nature ;
* L'amour a peu de part où doit régner l'honneur.

LE DUC.

Non, tout est votre ouvrage, et c'est là mon malheur.
* Sur tout autre intérêt ce triste amour l'emporte.
* Accablez-moi de honte, accusez-moi, n'importe.
* Dussé-je vous déplaire et forcer votre cœur,
* L'autel est prêt, venez.

VAMIR.
Vous osez...
AMÉLIE.
Non, seigneur.
* Avant que je vous cède, et que l'hymen nous lie,
* Aux yeux de votre frère arrachez-moi la vie.
* Le sort met entre nous un obstacle éternel.
* Je ne puis être à vous.
LE DUC.
Vamir... Ingrate... ah, ciel !
* C'en est donc fait... mais non... mon cœur sait se
[contraindre.
* Vous ne méritez pas que je daigne m'en plaindre.
* Je vous rends trop justice; et ces séductions,
* Qui vont au fond des cœurs chercher nos passions,
* L'espoir qu'on donne à peine afin qu'on le saisisse,
* Ce poison préparé des mains de l'artifice,
Sont les effets d'un charme aussi trompeur que vain,
* Que l'œil de la raison regarde avec dédain.
* Je suis libre par vous : cet art que je déteste,
* Cet art qui m'enchaîna, brise un joug si funeste ;
* Et je ne prétends pas, indignement épris,
* Rougir devant mon frère, et souffrir des mépris.
* Montrez-moi seulement ce rival qui se cache,
* Je lui cède avec joie un poison qu'il m'arrache.
* Je vous dédaigne assez tous deux pour vous unir,
* Perfide ! et c'est ainsi que je dois vous punir.
AMÉLIE.
* Je devrais seulement vous quitter et me taire ;
* Mais je suis accusée, et ma gloire m'est chère.

ACTE III, SCÈNE V.

* Votre frère est présent, et mon honneur blessé
* Doit repousser les traits dont il est offensé.
* Pour un autre que vous ma vie est destinée;
* Je vous en fais l'aveu, je m'y vois condamnée.
* Oui, j'aime; et je serais indigne, devant vous,
* De celui que mon cœur s'est promis pour époux,
* Indigne de l'aimer, si par ma complaisance
* J'avais à votre amour laissé quelque espérance.
* Vous avez regardé ma liberté, ma foi,
* Comme un bien de conquête, et qui n'est plus à moi.
* Je vous devais beaucoup; mais une telle offense
* Ferme à la fin mon cœur à la reconnaissance.
* Sachez que des bienfaits qui font rougir mon front
* A mes yeux indignés ne sont plus qu'un affront.
* J'ai plaint de votre amour la violence vaine;
* Mais, après ma pitié, n'attirez point ma haine.
* J'ai rejeté vos vœux, que je n'ai point bravés;
* J'ai voulu votre estime, et vous me la devez.

LE DUC.

* Je vous dois ma colère, et sachez qu'elle égale
* Tous les emportemens de mon amour fatale.
* Quoi donc! vous attendiez, pour oser m'accabler,
* Que Vamir fût présent, et me vît immoler?
* Vous vouliez ce témoin de l'affront que j'endure?
* Allez, je le croirais l'auteur de mon injure,
* Si... Mais il n'a point vu vos funestes appas;
* Mon frère trop heureux ne vous connaissait pas.
* Nommez donc mon rival; mais gardez-vous de croire
* Que mon lâche dépit lui cède la victoire.
* Je vous trompais : mon cœur ne peut feindre long-

* Je vous traîne à l'autel à ses yeux expirans ;
* Et ma main, sur sa cendre, à votre main donnée,
* Va tremper dans le sang les flambeaux d'hyménée.
* Je sais trop qu'on a vu, lâchement abusés,
* Pour des mortels obscurs des princes méprisés ;
* Et mes yeux perceront, dans la foule inconnue,
* Jusqu'à ce vil objet qui se cache à ma vue.

VAMIR.

* Pourquoi d'un choix indigne osez-vous l'accuser ?

LE DUC.

* Et pourquoi vous, mon frère, osez-vous l'excuser ?
* Est-il vrai que de vous elle était ignorée ?
* Ciel ! à ce piége affreux ma foi serait livrée !
* Tremblez.

VAMIR.

Moi, que je tremble ! ah ! j'ai trop dévoré
* L'inexprimable horreur où toi seul m'as livré :
* J'ai forcé trop long-temps mes transports au silence.
* Connais-moi donc, barbare, et remplis ta vengeance :
* Connais un désespoir à tes fureurs égal ;
* Frappe, voilà mon cœur, et voilà ton rival.

LE DUC.

* Toi, cruel ! toi, Vamir !

VAMIR.

Oui, depuis deux années,
* L'amour la plus secrète a joint nos destinées.
* C'est toi dont les fureurs ont voulu m'arracher
* Le seul bien sur la terre où j'ai pu m'attacher.
* Tu fais depuis trois mois les horreurs de ma vie :

* Les maux que j'éprouvais passaient ta jalousie.
* Par tes égaremens juge de mes transports.
* Nous puisâmes tous deux dans ce sang dont je sors
* L'excès des passions qui dévorent une ame;
* La nature à tous deux fit un cœur tout de flamme,
* Mon frère est mon rival, et je l'ai combattu;
* J'ai fait taire le sang, peut-être la vertu.
* Furieux, aveuglé, plus jaloux que toi-même,
* J'ai couru, j'ai volé, pour t'ôter ce que j'aime;
* Rien ne m'a retenu, ni tes superbes tours,
* Ni le peu de soldats que j'avais pour secours,
* Ni le lieu, ni le temps, ni surtout ton courage;
* Je n'ai vu que ma flamme, et ton feu qui m'outrage.
* L'amour fut dans mon cœur plus fort que l'amitié;
* Sois cruel comme moi, punis-moi sans pitié :
* Aussi bien tu ne peux t'assurer ta conquête,
* Tu ne peux l'épouser qu'aux dépens de ma tête.
* A la face des cieux je lui donne ma foi;
* Je te fais de nos vœux le témoin malgré toi.
* Frappe, et qu'après ce coup ta cruauté jalouse
* Traîne au pied des autels ta sœur et mon épouse.
* Frappe, dis-je : oses-tu?

LE DUC.
                Traître, c'en est assez.
* Qu'on l'ôte de mes yeux; soldats, obéissez.

AMÉLIE.
(aux soldats.)   (au duc.)
* Non; demeurez, cruels... Ah, prince! est-il possible
* Que la nature en vous trouve une ame inflexible?
* Seigneur!

VAMIR.

Vous, le prier! plaignez-le plus que moi.
* Plaignez-le; il vous offense, il a trahi son roi.
* Va, je suis dans ces lieux plus puissant que toi-même;
* Je suis vengé de toi : l'on te hait, et l'on m'aime.

AMÉLIE.

(à Vamir.)   (au duc.)
* Ah, cher prince... Ah, seigneur! voyez à vos genoux..

LE DUC.

(aux gardes.)   (à Amélie.)
* Qu'on m'en réponde, allez. Madame, levez-vous.
* Vos prières, vos pleurs en faveur d'un parjure,
* Sont un nouveau poison versé sur ma blessure :
* Vous avez mis la mort dans ce cœur outragé;
* Mais, perfide, croyez que je mourrai vengé.
* Adieu : si vous voyez les effets de ma rage,
* N'en accusez que vous; nos maux sont votre ouvrage.

AMÉLIE.

* Je ne vous quitte pas; écoutez-moi, seigneur.

LE DUC.

* Hé bien! achevez donc de déchirer mon cœur :
* Parlez.

SCÈNE VI.

LE DUC, VAMIR, AMÉLIE, LISOIS;
UN OFFICIER, ETC.

LISOIS.

J'allais partir : un peuple téméraire
* Se soulève en tumulte au nom de votre frère.

* Le désordre est partout; vos soldats consternés
* Désertent les drapeaux de leurs chefs étonnés;
* Et, pour comble de maux, vers la ville alarmée
* L'ennemi rassemblé fait marcher son armée.

LE DUC.

* Allez, cruelle, allez; vous ne jouirez pas
* Du fruit de votre haine et de vos attentats :
* Rentrez. Aux factieux je vais montrer leur maître.
(à l'officier.)   (à Lisois.)
* Qu'on la garde. Courons. Vous, veillez sur ce traître.

SCÈNE VII.

VAMIR, LISOIS.

LISOIS.

* Le seriez-vous, seigneur? auriez-vous démenti
* Le sang de ces héros dont vous êtes sorti?
* Auriez-vous violé, par cette lâche injure,
* Et les droits de la guerre, et ceux de la nature?
* Un prince à cet excès pourrait-il s'oublier?

VAMIR.

* Non; mais suis-je réduit à me justifier?
* Lisois, ce peuple est juste; il t'apprend à connaître
* Que mon frère est rebelle, et qu'il trahit son maître.

LISOIS.

* Écoutez : ce serait le comble de mes vœux
* De pouvoir aujourd'hui vous réunir tous deux.
* Je vois avec regret la France désolée,
* A nos dissensions la nature immolée,

* Sur nos communs débris l'Africain élevé,
* Menaçant cet état par nous-même énervé.
* Si vous avez un cœur digne de votre race,
* Faites au bien public servir votre disgrace;
* Rapprochez les partis, unissez-vous à moi
* Pour calmer votre frère et fléchir votre roi,
* Pour éteindre le feu de nos guerres civiles.

VAMIR.

* Ne vous en flattez pas : vos soins sont inutiles.
* Si la discorde seule avait armé mon bras,
* Si la guerre et la haine avaient conduit mes pas,
* Vous pourriez espérer de réunir deux frères,
* L'un de l'autre écartés dans des partis contraires :
* Un obstacle plus grand s'oppose à ce retour.

LISOIS.

* Et quel est-il, seigneur ?

VAMIR.

Ah! reconnais l'amour;
* Reconnais la fureur qui de nous deux s'empare,
* Qui m'a fait téméraire, et qui le rend barbare.

LISOIS.

* Ciel! faut-il voir ainsi, par des caprices vains,
* Anéantir le fruit des plus nobles desseins,
* L'amour subjuguer tout, ses cruelles faiblesses
* Du sang qui se révolte étouffer les tendresses,
* Des frères se haïr, et naître en tous climats
* Des passions des grands le malheur des états ?
* Prince, de vos amours laissons là le mystère;
* Je vous plains tous les deux, mais je sers votre frère;
* Je vais le seconder, je vais me joindre à lui

* Contre un peuple insolent qui se fait votre appui.
* Le plus pressant danger est celui qui m'appelle;
* Je vois qu'il peut avoir une fin bien cruelle :
* Je vois les passions plus puissantes que moi,
* Et l'amour seul ici me fait frémir d'effroi.
* Je lui dois mon secours; je vous laisse, et j'y vole.
* Soyez mon prisonnier, mais sur votre parole;
* Elle me suffira.

VAMIR.
Je vous la donne.

LISOIS.
Et moi

* Je voudrais de ce pas porter la sienne au roi;
* Je voudrais cimenter, dans l'ardeur de lui plaire,
* Du sang de nos tyrans une union si chère.
* Mais ces fiers ennemis sont bien moins dangereux
* Que ce fatal amour qui vous perdra tous deux.

FIN DU TROISIÈME ACTE.

ACTE QUATRIÈME.

SCÈNE I.

VAMIR, AMÉLIE, ÉMAR.

AMÉLIE.

Quelle suite, grand Dieu, d'affreuses destinées !
Quel tissu de douleurs l'une à l'autre enchaînées !
Un orage imprévu m'enlève à votre amour :
Un orage nous joint; et, dans le même jour,
Quand je vous suis rendue, un autre nous sépare !
Vamir, frère adoré d'un frère trop barbare,
Vous le voulez, Vamir; je pars, et vous restez.

VAMIR.

Voyez par quels liens mes pas sont arrêtés.
* Au pouvoir d'un rival ma parole me livre :
* Je puis mourir pour vous, et je ne puis vous suivre.

AMÉLIE.

Vous l'osâtes combattre, et vous n'osez le fuir !

VAMIR.

L'honneur est mon tyran : je lui dois obéir.
Profitez du tumulte où la ville est livrée;
La retraite à vos pas déja semble assurée;
On vous attend : le ciel a calmé son courroux.
Espérez...

ACTE IV, SCÈNE I.

AMÉLIE.

Eh! que puis-je espérer loin de vous?

VAMIR.

Ce n'est qu'un jour.

AMÉLIE.

Ce jour est un siècle funeste.
Rendez vains mes soupçons, ciel vengeur que j'atteste!
* Seigneur, de votre sang le Maure est altéré.
* Ce sang à votre frère est-il donc si sacré?
Il aime en furieux, mais il hait plus encore :
Il est votre rival et l'allié du Maure.
Je crains...

VAMIR.

Il n'oserait...

AMÉLIE.

Son cœur n'a point de frein.
Il vous a menacé, menace-t-il en vain?

VAMIR.

* Il tremblera bientôt : le roi vient et nous venge;
* La moitié de ce peuple à ses drapeaux se range.
* Allez : si vous m'aimez, dérobez-vous aux coups
* Des foudres allumés grondans autour de nous;
* Au tumulte, au carnage, au désordre effroyable,
* Dans des murs pris d'assaut malheur inévitable :
* Mais redoutez encor mon rival furieux;
* Craignez l'amour jaloux qui veille dans ses yeux :
Cet amour méprisé se tournerait en rage.
Fuyez sa violence : évitez un outrage
Qu'il me faudrait laver de son sang et du mien.
Seul espoir de ma vie, et mon unique bien,

Mettez en sûreté ce seul bien qui me reste :
Ne vous exposez pas à cet éclat funeste.
* Cédez à mes douleurs; qu'il vous perde : partez.

AMÉLIE.

* Et vous vous exposez seul à ses cruautés !

VAMIR.

* Ne craignant rien pour vous, je craindrai peu mon
* Que dis-je ! mon appui lui devient nécessaire. [frère.
Son captif aujourd'hui, demain son bienfaiteur,
Je pourrai de son roi lui rendre la faveur.
Protéger mon rival est la gloire où j'aspire.
Arrachez-vous surtout à son fatal empire :
Songez que ce matin vous quittiez ses états.

AMÉLIE.

Ah ! je quittais des lieux que vous n'habitiez pas.
Dans quelque asile affreux que mon destin m'entraîne,
Vamir, j'y porterai mon amour et ma haine.
Je vous adorerai dans le fond des déserts,
Au milieu des combats, dans l'exil, dans les fers,
Dans la mort que j'attends de votre seule absence.

VAMIR.

C'en est trop; vos douleurs ébranlent ma constance :
Vous avez trop tardé... Ciel ! quel tumulte affreux !

SCÈNE II.

AMÉLIE, VAMIR, LE DUC; GARDES.

LE DUC.

* Je l'entends; c'est lui-même. Arrête, malheureux :
* Lâche qui me trahis, rival indigne, arrête !

ACTE IV, SCÈNE II.

VAMIR.

* Il ne te trahit point, mais il t'offre sa tête.
* Porte à tous les excès ta haine et ta fureur;
* Va, ne perds point de temps : le ciel arme un vengeur.
* Tremble, ton roi s'approche; il vient, il va paraître;
* Tu n'as vaincu que moi, redoute encor ton maître.

LE DUC.

* Il pourra te venger, mais non te secourir;
* Et ton sang...

AMÉLIE.

Non, cruel, c'est à moi de mourir.
* J'ai tout fait; c'est par moi que ta garde est séduite;
* J'ai gagné tes soldats, j'ai préparé ma fuite.
* Punis ces attentats et ces crimes si grands
* De sortir d'esclavage, et de fuir ses tyrans :
* Mais respecte ton frère, et sa femme, et toi-même :
* Il ne t'a point trahi, c'est un frère qui t'aime;
* Il voulait te servir quand tu veux l'opprimer.
* Quel crime a-t-il commis, cruel, que de m'aimer?
* L'amour n'est-il en toi qu'un juge inexorable?

LE DUC.

* Plus vous le défendez, plus il devient coupable.
* C'est vous qui le perdez, vous qui l'assassinez;
* Vous, par qui tous nos jours étaient empoisonnés;
* Vous qui pour leur malheur armiez des mains si chères.
* Puisse tomber sur vous tout le sang des deux frères!
* Vous pleurez! mais vos pleurs ne peuvent me tromper;
* Je suis prêt à mourir, et prêt à le frapper.
* Mon malheur est au comble, ainsi que ma faiblesse.
* Oui, je vous aime encor; le temps, le péril presse.

* Vous pouvez à l'instant parer le coup mortel :
* Voilà ma main, venez : sa grace est à l'autel.

AMÉLIE.

* Moi, seigneur ?

LE DUC.

C'est assez.

AMÉLIE.

Moi, que je le trahisse !

LE DUC.

* Arrêtez... répondez...

AMÉLIE.

Je ne puis.

LE DUC.

Qu'il périsse.

VAMIR.

* Ne vous laissez pas vaincre en ces affreux combats;
* Osez m'aimer assez pour vouloir mon trépas :
* Abandonnez mon sort au coup qu'il me prépare.
* Je mourrai triomphant des mains de ce barbare;
* Et si vous succombiez à son lâche courroux,
* Je n'en mourrais pas moins, mais je mourrais par vous.

LE DUC.

* Qu'on l'entraîne à la tour; allez, qu'on m'obéisse.

SCÈNE III.

LE DUC, AMÉLIE.

AMÉLIE.
* Vous, cruel, vous feriez cet affreux sacrifice !
* De son vertueux sang vous pourriez vous couvrir !
* Quoi ! voulez-vous...

LE DUC.
Je veux vous haïr et mourir,
* Vous rendre malheureuse encor plus que moi-même,
* Répandre devant vous tout le sang qui vous aime,
* Et vous laisser des jours plus cruels mille fois
* Que le jour où l'amour nous a perdus tous trois.
* Laissez-moi : votre vue augmente mon supplice.

SCÈNE IV.

LE DUC, AMÉLIE, LISOIS.

AMÉLIE, *à Lisois.*
* Ah ! je n'attends plus rien que de votre justice :
* Lisois, contre un cruel osez me secourir.

LE DUC.
* Garde-toi de l'entendre, ou tu vas me trahir.

AMÉLIE.
* J'atteste ici le ciel...

LE DUC.
Éloignez de ma vue,
* Amis... délivrez-moi de l'objet qui me tue.

AMÉLIE.

* Va, tyran, c'en est trop : va, dans mon désespoir,
* J'ai combattu l'horreur que je sens à te voir.
* J'ai cru, malgré ta rage à ce point emportée,
* Qu'une femme du moins en serait respectée :
* L'amour adoucit tout, hors ton barbare cœur;
* Tigre, je t'abandonne à toute ta fureur.
* Dans ton féroce amour immole tes victimes;
* Compte dès ce moment ma mort parmi tes crimes;
* Mais compte encor la tienne. Un vengeur va venir;
* Par ton juste supplice il va tous nous unir.
* Tombe avec tes remparts, tombe, et péris sans gloire;
* Meurs, et que l'avenir prodigue à ta mémoire,
* A tes feux, à ton nom, justement abhorrés,
* La haine et le mépris que tu m'as inspirés!

SCÈNE V.

LE DUC, LISOIS.

LE DUC.

* Oui, cruelle ennemie, et plus que moi farouche,
* Oui, j'accepte l'arrêt prononcé par ta bouche.
* Que la main de la haine, et que les mêmes coups
* Dans l'horreur du tombeau nous réunissent tous!

(Il tombe dans un fauteuil.)

LISOIS.

* Il ne se connaît plus; il succombe à sa rage.

LE DUC.

* Hé bien! souffriras-tu ma honte et mon outrage?

ACTE IV, SCÈNE V.

* Le temps presse : veux-tu qu'un rival odieux
* Enlève la perfide, et l'épouse à mes yeux ?
* Tu crains de me répondre! Attends-tu que le traître
* Ait soulevé le peuple, et me livre à son maître?

LISOIS.

* Je vois trop, en effet, que le parti du roi
* Des peuples fatigués fait chanceler la foi.
* De la sédition la flamme réprimée
* Vit encor dans les cœurs, en secret rallumée.

LE DUC.

* C'est Vamir qui l'allume; il nous a trahis tous.

LISOIS.

* Je suis loin d'excuser ses crimes envers vous;
* La suite en est funeste, et me remplit d'alarmes.
* Dans la plaine déja les Français sont en armes;
* Et vous êtes perdu, si le peuple excité
* Croit dans la trahison trouver sa sûreté.
* Vos dangers sont accrus.

LE DUC.

Eh bien! que faut-il faire?

LISOIS.

* Les prévenir, dompter l'amour et la colère.
* Ayons encor, mon prince, en cette extrémité,
* Pour prendre un parti sûr assez de fermeté.
* Nous pouvons conjurer ou braver la tempête :
* Quoi que vous décidiez, ma main est toute prête.
* Vous vouliez ce matin, par un heureux traité,
* Apaiser avec gloire un monarque irrité;
* Ne vous rebutez pas : ordonnez, et j'espère
* Signer en votre nom cette paix salutaire.

* Mais s'il vous faut combattre, et courir au trépas,
* Vous savez qu'un ami ne vous survivra pas.

LE DUC.

* Ami, dans le tombeau laisse-moi seul descendre :
* Vis pour servir ma cause et pour venger ma cendre.
* Mon destin s'accomplit, et je cours l'achever.
* Qui ne veut que la mort est sûr de la trouver;
* Mais je la veux terrible, et lorsque je succombe,
* Je veux voir mon rival entraîné dans ma tombe.

LISOIS.

* Comment! de quelle horreur vos sens sont possédés!

LE DUC.

* Il est dans cette tour, où vous seul commandez;
* Et vous m'avez promis que contre un téméraire...

LISOIS.

* De qui me parlez-vous, seigneur? de votre frère?

LE DUC.

* Non, je parle d'un traître et d'un lâche ennemi,
* D'un rival qui m'abhorre, et qui m'a tout ravi.
* Le Maure attend de moi la tête du parjure.

LISOIS.

* Vous leur avez promis de trahir la nature?

LE DUC.

* Dès long-temps du perfide ils ont proscrit le sang.

LISOIS.

* Et pour leur obéir vous lui percez le flanc?

LE DUC.

* Non, je n'obéis point à leur haine étrangère;
* J'obéis à ma rage, et veux la satisfaire.
* Que m'importent l'état et mes vains alliés?

LISOIS.

* Ainsi donc à l'amour vous le sacrifiez,
* Et vous me chargez, moi, du soin de son supplice !

LE DUC.

* Je n'attends pas de vous cette prompte justice.
* Je suis bien malheureux, bien digne de pitié !
* Trahi dans mon amour, trahi dans l'amitié !
* Allez; je puis encor, dans le sort qui me presse,
* Trouver de vrais amis qui tiendront leur promesse.
* D'autres me serviront, et n'allégueront pas
* Cette triste vertu, l'excuse des ingrats.

LISOIS, *après un long silence.*

* Non ; j'ai pris mon parti. Soit crime, soit justice,
* Vous ne vous plaindrez plus qu'un ami vous trahisse.
Vamir est criminel : vous êtes malheureux ;
Je vous aime, il suffit : je me rends à vos vœux.
Je vois qu'il est des temps pour les partis extrêmes,
Que les plus saints devoirs peuvent se taire eux-mêmes.
* Je ne souffrirai pas que d'un autre que moi,
* Dans de pareils momens, vous éprouviez la foi :
* Et vous reconnaîtrez, au succès de mon zèle,
* Si Lisois vous aimait, et s'il vous fut fidèle.

LE DUC.

Je te retrouve enfin dans mon adversité :
L'univers m'abandonne, et toi seul m'es resté.
Tu ne souffriras pas que mon rival tranquille
Insulte impunément à ma rage inutile ;
Qu'un ennemi vaincu, maître de mes états,
Dans les bras d'une ingrate insulte à mon trépas.

LISOIS.

* Non; mais en vous rendant ce malheureux service,
* Prince, je vous demande un autre sacrifice.

LE DUC.

* Parle.

LISOIS.

 Je ne veux pas que le Maure en ces lieux,
* Protecteur insolent, commande sous mes yeux :
* Je ne veux pas servir un tyran qui nous brave.
* Ne puis-je vous venger sans être son esclave ?
* Si vous voulez tomber, pourquoi prendre un appui ?
* Pour mourir avec vous ai-je besoin de lui ?
* Du sort de ce grand jour laissez-moi la conduite :
* Ce que je fais pour vous peut-être le mérite.
* Les Maures avec moi pourraient mal s'accorder ;
* Jusqu'au dernier moment je veux seul commander.

LE DUC.

* Oui, pourvu qu'Amélie, au désespoir réduite,
* Pleure en larmes de sang l'amant qui l'a séduite ;
* Pourvu que de l'horreur de ses gémissemens
* Ma douleur se repaisse à mes derniers momens,
* Tout le reste est égal, et je te l'abandonne.
* Prépare le combat, agis, dispose, ordonne.
* Ce n'est plus la victoire où ma fureur prétend ;
* Je ne cherche pas même un trépas éclatant.
* Aux cœurs désespérés qu'importe un peu de gloire ?
* Périsse ainsi que moi ma funeste mémoire !
* Périsse avec mon nom le souvenir fatal
* D'une indigne maîtresse et d'un lâche rival !

ACTE IV, SCÈNE V.

LISOIS.

* Je l'avoue avec vous : une nuit éternelle
* Doit couvrir, s'il se peut, une fin si cruelle.
* C'était avant ce coup qu'il nous fallait mourir :
* Mais je tiendrai parole, et je vais vous servir.

FIN DU QUATRIÈME ACTE.

ACTE CINQUIÈME.

SCÈNE I.

LE DUC; UN OFFICIER, GARDES.

LE DUC.
* O ciel! me faudra-t-il, de momens en momens,
* Voir et des trahisons et des soulèvemens?
* Hé bien! de ces mutins l'audace est terrassée?

L'OFFICIER.
* Seigneur, ils vous ont vu : leur foule est dispersée.

LE DUC.
* L'ingrat de tous côtés m'opprimait aujourd'hui;
* Mon malheur est parfait, tous les cœurs sont à lui.
Que fait Lisois?

L'OFFICIER.
        Seigneur, sa prompte vigilance
A partout des remparts assuré la défense.

LE DUC.
* Ce soldat, qu'en secret vous m'avez amené,
* Va-t-il exécuter l'ordre que j'ai donné?

L'OFFICIER.
* Oui, seigneur, et déja vers la tour il s'avance.

LE DUC.
Ce bras vulgaire et sûr va remplir ma vengeance.
* Sur l'incertain Lisois mon cœur a trop compté :

ACTE V, SCÈNE I.

* Il a vu ma fureur avec tranquillité.
* On ne soulage point des douleurs qu'on méprise :
* Il faut qu'en d'autres mains ma vengeance soit mise.
* Vous, que sur nos remparts on porte nos drapeaux ;
* Allez, qu'on se prépare à des périls nouveaux.
* Vous sortez d'un combat, un autre vous appelle ;
* Ayez la même audace avec le même zèle ;
* Imitez votre maître ; et s'il vous faut périr,
* Vous recevrez de moi l'exemple de mourir.

(Il reste seul.)

Eh bien, c'en est donc fait ! une femme perfide
Me conduit au tombeau chargé d'un parricide !
Qui ? moi, je tremblerais des coups qu'on va porter ?
J'ai chéri la vengeance, et ne puis la goûter.
* Je frissonne : une voix gémissante et sévère
* Crie au fond de mon cœur : Arrête, il est ton frère.
* Ah ! prince infortuné, dans ta haine affermi,
* Songe à des droits plus saints, Vamir fut ton ami.
* O jours de notre enfance ! ô tendresses passées !
* Il fut le confident de toutes mes pensées.
* Avec quelle innocence et quels épanchemens
* Nos cœurs se sont appris leurs premiers sentimens !
* Que de fois, partageant mes naissantes alarmes,
* D'une main fraternelle essuya-t-il mes larmes !
* Et c'est moi qui l'immole ! et cette même main
* D'un frère que j'aimai déchirerait le sein !
* O passion funeste ! ô douleur qui m'égare !
* Non, je n'étais point né pour devenir barbare.
* Je sens combien le crime est un fardeau cruel !
* Mais que dis-je ! Vamir est le seul criminel.

* Je reconnais mon sang, mais c'est à sa furie :
* Il m'enlève l'objet dont dépendait ma vie.
Ah! de mon désespoir injuste et vain transport!
* Il l'aime, est-ce un forfait qui mérite la mort?
* Hélas! malgré le temps, et la guerre, et l'absence,
* Leur tranquille union croissait dans le silence.
* Ils nourrissaient en paix leur innocente ardeur,
* Avant qu'un fol amour empoisonnât mon cœur.
* Mais lui-même il m'attaque, il brave ma colère;
* Il me trompe, il me hait. N'importe, il est mon frère.
C'est à lui seul de vivre; on l'aime, il est heureux :
C'est à moi de mourir, mais mourons généreux.
La pitié m'ébranlait, la nature décide.
Il en est temps encor.

SCÈNE II.

LE DUC, L'OFFICIER.

LE DUC.

Préviens un parricide,
Ami, vole à la tour : que tout soit suspendu;
Que mon frère...

L'OFFICIER.
Seigneur...

LE DUC.

De quoi t'alarmes-tu?
Cours, obéis.

L'OFFICIER.
* J'ai vu non loin de cette porte

* Un corps souillé de sang qu'en secret on emporte;
* C'est Lisois qui l'ordonne, et je crains que le sort...

LE DUC.

* Qu'entends-je... malheureux! Ah, ciel! mon frère est
* Il est mort, et je vis! et la terre entr'ouverte, [mort!
* Et la foudre en éclats, n'ont point vengé sa perte!
* Ennemi de l'état, factieux, inhumain,
* Frère dénaturé, ravisseur, assassin :
O ciel! autour de moi que j'ai creusé d'abymes!
Que l'amour m'a changé! qu'il me coûte de crimes!
* Le voile est déchiré; je m'étais mal connu.
* Au comble des forfaits je suis donc parvenu!
* Ah, Vamir! ah, mon frère! ah, jour de ma ruine!
* Je sens que je t'aimais, et mon bras t'assassine!
* Quoi! mon frère!

L'OFFICIER.

Amélie, avec empressement,
* Veut, seigneur, en secret vous parler un moment.

LE DUC.

* Chers amis, empêchez que la cruelle avance,
* Je ne puis soutenir ni souffrir sa présence;
* Mais non : d'un parricide elle doit se venger;
* Dans mon coupable sang sa main doit se plonger :
* Qu'elle entre... Ah! je succombe, et ne vis plus qu'à
[peine.

SCÈNE III.

LE DUC, AMÉLIE, TAISE.

AMÉLIE.

* Vous l'emportez, seigneur; et puisque votre haine,
* (Comment puis-je autrement appeler en ce jour
* Ces affreux sentimens que vous nommez amour?)
* Puisqu'à ravir ma foi votre haine obstinée
* Veut ou le sang d'un frère, ou ce triste hyménée...
* Mon choix est fait, seigneur, et je me donne à vous :
* A force de forfaits vous êtes mon époux.
* Brisez les fers honteux dont vous chargez un frère ;
* De vos murs sous ses pas abaissez la barrière.
* Que je ne tremble plus pour des jours si chéris;
* Je trahis mon amant, je le perds à ce prix :
* Je vous épargne un crime, et suis votre conquête.
* Commandez, disposez; ma main est toute prête.
* Sachez que cette main, que vous tyrannisez,
* Punira la faiblesse où vous me réduisez.
* Sachez qu'au temple même où vous m'allez conduire...
* Mais vous voulez ma foi, ma foi doit vous suffire.
* Allons... Eh quoi ! d'où vient ce silence affecté ?
* Quoi ! votre frère encor n'est point en liberté ?

LE DUC.

* Mon frère ?

AMÉLIE.

Dieu puissant ! dissipez mes alarmes.
* Ciel ! de vos yeux cruels je vois tomber des larmes !

ACTE V, SCÈNE III.

LE DUC.

* Vous demandez sa vie...

AMÉLIE.

Ah! qu'est-ce que j'entends?
* Vous qui m'aviez promis...

LE DUC.

Madame, il n'est plus temps.

AMÉLIE.

Il n'est plus temps! Vamir...

LE DUC.

Il est trop vrai, cruelle,
Que l'amour a conduit cette main criminelle :
* Lisois, pour mon malheur, a trop su m'obéir.
* Ah! revenez à vous, vivez pour me punir.
* Frappez : que votre main contre moi ranimée
* Perce un cœur inhumain qui vous a trop aimée,
* Un cœur dénaturé qui n'attend que vos coups.
* Oui, j'ai tué mon frère, et l'ai tué pour vous.
Vengez sur un coupable, indigne de vous plaire,
* Tous les crimes affreux que vous m'avez fait faire.

AMÉLIE, *se jetant entre les bras de Taïse.*

* Vamir est mort! barbare...

LE DUC.

Oui; mais c'est de ta main
* Que son sang veut ici le sang de l'assassin.

AMÉLIE, *soutenue par Taïse, et presque évanouie.*

* Il est mort!

LE DUC.

Ton reproche...

AMÉLIE.

Épargne ma misère.
* Laisse-moi ; je n'ai plus de reproche à te faire.
* Va, porte ailleurs ton crime et ton vain repentir ;
Laisse-moi l'adorer, l'embrasser, et mourir.

LE DUC.

* Ton horreur est trop juste. Hé bien, chère Amélie,
Par pitié, par vengeance, arrache-moi la vie.
* Je ne mérite pas de mourir de tes coups.
* Que ma main les conduise...

SCÈNE IV.

LE DUC, AMÉLIE, LISOIS.

LISOIS.

Ah, ciel ! que faites-vous ?
LE DUC. (*On le désarme.*)
* Laissez-moi me punir et me rendre justice.

AMÉLIE, *à Lisois.*

* Vous, d'un assassinat vous êtes le complice ?

LE DUC.

* Ministre de mon crime, as-tu pu m'obéir ?

LISOIS.

* Je vous avais promis, seigneur, de vous servir.

LE DUC.

* Malheureux que je suis ! ta sévère rudesse
* A cent fois de mes sens combattu la faiblesse.
* Ne devais-tu te rendre à mes tristes souhaits
* Que quand ma passion t'ordonnait des forfaits ?

ACTE V, SCENE IV.

* Tu ne m'as obéi que pour perdre mon frère !

LISOIS.

* Lorsque j'ai refusé ce sanglant ministère,
* Votre aveugle courroux n'allait-il pas soudain
* Du soin de vous venger charger une autre main ?

LE DUC.

* L'amour, le seul amour, de mes sens toujours maître,
* En m'ôtant ma raison, m'eût excusé peut-être;
* Mais toi, dont la sagesse et les réflexions
* Ont calmé dans ton sein toutes les passions,
* Toi dont j'avais tant craint l'esprit ferme et rigide,
* Avec tranquillité permettre un parricide!

LISOIS.

* Hé bien! puisque la honte avec le repentir,
* Par qui la vertu parle à qui peut la trahir,
* D'un si juste remords ont pénétré votre ame;
* Puisque, malgré l'excès de votre aveugle flamme,
* Au prix de votre sang vous voudriez sauver
* Le sang dont vos fureurs ont voulu vous priver;
* Je puis donc m'expliquer : je puis donc vous appren- [dre
* Que de vous-même enfin Lisois sait vous défendre.
* Connaissez-moi, madame, et calmez vos douleurs.

(au duc.)   (à Amélie.)
* Vous, gardez vos remords; et vous, séchez vos pleurs.
* Que ce jour à tous trois soit un jour salutaire.
* Venez, paraissez, prince, embrassez votre frère.

(Le théâtre s'ouvre, Vamir paraît.)

SCÈNE V.

LE DUC, AMÉLIE, VAMIR, LISOIS.

AMÉLIE.

*Qui ? vous ?

LE DUC.

Mon frère ?

AMÉLIE.

Ah, ciel !

LE DUC.

Qui l'aurait pu penser ?

VAMIR, *s'avançant du fond du théâtre.*

* J'ose encor te revoir, te plaindre et t'embrasser.

LE DUC.

Mon crime en est plus grand, puisque ton cœur l'ouble.

AMÉLIE.

* Lisois, digne héros qui me donnez la vie...

LE DUC.

* Il la donne à tous trois.

LISOIS.

Un indigne assassin
* Sur Vamir à mes yeux avait levé la main.
* J'ai frappé le barbare; et prévenant encore
* Les aveugles fureurs du feu qui vous dévore,
J'ai feint d'avoir versé ce sang si précieux,
* Sûr que le repentir vous ouvrirait les yeux.

LE DUC.

* Après ce grand exemple, et ce service insigne,
* Le prix que je t'en dois, c'est de m'en rendre digne.

* Le fardeau de mon crime est trop pesant pour moi;
* Mes yeux couverts d'un voile, et baissés devant toi,
* Craignent de rencontrer et les regards d'un frère,
* Et la beauté fatale à tous les deux trop chère.

VAMIR.

* Tous deux auprès du roi nous voulions te servir.
* Quel est donc ton dessein? parle.

LE DUC.

De me punir;
* De nous rendre à tous trois une égale justice;
* D'expier devant vous, par le plus grand supplice,
* Le plus grand des forfaits, où la fatalité,
* L'amour et le courroux m'avaient précipité.
* J'adorais Amélie, et ma flamme cruelle
* Dans mon cœur désolé s'irrite encor pour elle.
* Lisois sait à quel point j'adorais ses appas,
* Quand ma jalouse rage ordonnait ton trépas.
* Dévoré malgré moi du feu qui me possède,
* Je l'adore encor plus... et mon amour la cède.
* Je m'arrache le cœur en vous rendant heureux :
* Aimez-vous; mais au moins pardonnez-moi tous deux.

VAMIR.

Ah! ton frère à tes pieds, digne de ta clémence,
Égale tes bienfaits par sa reconnaissance.

AMÉLIE.

* Oui, seigneur, avec lui j'embrasse vos genoux;
* La plus tendre amitié va me rejoindre à vous.
* Vous me payez trop bien de mes douleurs souffertes.

LE DUC.

* Ah! c'est trop me montrer mes malheurs et mes pertes.

* Mais vous m'apprenez tous à suivre la vertu.
* Ce n'est point à demi que mon cœur est rendu :
(à Vamir.)
Je suis en tout ton frère ; et mon ame attendrie
* Imite votre exemple, et chérit sa patrie.
* Allons apprendre au roi, pour qui vous combattez,
* Mon crime, mes remords et vos félicités.
Oui, je veux égaler votre foi, votre zèle,
Au sang, à la patrie, à l'amitié fidèle ;
Et vous faire oublier, après tant de tourmens,
A force de vertus, tous mes égaremens

FIN DU DUC DE FOIX.

LA MORT DE CÉSAR,

TRAGÉDIE,

Publiée en 1735, et représentée pour la première fois, au Théâtre français, le 29 auguste 1743.

AVERTISSEMENT

DES ÉDITEURS

DE L'ÉDITION EN 41 VOLUMES IN-8°.

Nous avons lieu de croire que cette pièce suivit immédiatement la tragédie de *Brutus*, dans l'ordre des pièces composées, et que l'auteur en conçut le projet en Angleterre, où il avait pris du goût pour les beautés fortes et les idées républicaines. Pendant près de quarante ans elle parut très peu au théâtre. Ce ne fut qu'après *Mérope*, la première tragédie sans amour qui eût réussi depuis *Athalie*, que M. de Voltaire crut pouvoir risquer *la Mort de César;* mais cette tentative ne fut pas heureuse : abandonnée après quelques représentations, cette pièce fut livrée aux froides plaisanteries de l'abbé Desfontaines et des autres ennemis de l'auteur. Le célèbre Le Kain eut le crédit de la faire remettre au théâtre en 1763, mais il fallut encore la retirer : on ne pouvait s'habituer à croire qu'une pièce sans amour et sans rôle de femme pût s'établir sur la scène française, et ce ne fut que vingt ans plus tard qu'elle obtint cet honneur.

En 1747, c'est-à-dire dans le temps où cette tragédie était généralement regardée comme une pièce de collége, les pensionnaires du couvent de Beaune la représentèrent pour la fête de la prieure. Elles s'étaient adressées à l'auteur pour lui demander un prologue. « Comment ! s'écria M. de Voltaire en déchirant leur lettre, « c'est bien à des filles de représenter une conjuration

« de fiers républicains ! » Ce moment d'humeur passé, et reprenant sa tranquillité : « Ce sont pourtant, dit-il, « de bonnes filles ! Elles ne sont pas trop raisonnables « de vouloir un prologue pour cette tragédie ; mais je le « suis encore moins de me fâcher pour un prologue. » Il le fit sur-le-champ, et le leur envoya. Ce morceau ne se trouve dans aucune des éditions qui ont précédé celle-ci ; il a été publié pour la première fois, le 13 juin 1803, dans *le Publiciste,* et nous avons pensé qu'on nous saurait peut-être quelque gré de l'avoir recueilli. Le voici :

>Osons-nous retracer de féroces vertus
>>Devant des vertus si paisibles ?
>
>Osons-nous présenter des spectacles terribles
>A ces regards si doux à nous plaire assidus ?
>César, ce roi de Rome, et si digne de l'être,
>Tout heros qu'il était, fut un injuste maître,
>Et vous régnez sur nous par le plus saint des droits.
>On détestait son joug, nous adorons vos lois.
>Pour vous et pour ces lieux quelle scene étrangère
>Que ces troubles, ces cris, ce sénat sanguinaire,
>Ce vainqueur de Pharsale au temple assassiné,
>Ces meurtriers sanglans, ce peuple forcené !
>Toutefois des Romains on aime encor l'histoire ;
>Leur grandeur, leurs forfaits vivent dans la mémoire ;
>La jeunesse s'instruit dans ces faits éclatans.
>Dieu lui-même a conduit ces grands événemens :
>Adorons de sa main ces coups épouvantables,
>Et jouissons en paix de ces jours favorables
>Qu'il fait luire aujourd'hui sur des peuples soumis,
>Éclairés par sa grace, et sauvés par son fils.

PRÉFACE

DE L'ÉDITION DE 1738 [1].

Nous donnons cette édition de la tragédie de *la Mort de César*, de M. de Voltaire; et nous pouvons dire qu'il est le premier qui ait fait connaître les muses anglaises en France. Il traduisit en vers, il y a quelques années, plusieurs morceaux des meilleurs poëtes d'Angleterre, pour l'instruction de ses amis, et par là il engagea beaucoup de personnes à apprendre l'anglais; en sorte que cette langue est devenue familière aux gens de lettres. C'est rendre service à l'esprit humain de l'orner ainsi des richesses des pays étrangers.

Parmi les morceaux les plus singuliers des poëtes anglais que notre ami nous traduisit, il nous donna la scène d'Antoine et du peuple romain, prise de la tragédie de *Jules César*, écrite il y a cent cinquante ans par le fameux Shakespeare, et jouée encore aujourd'hui avec un très grand concours sur le théâtre de Londres. Nous le priâmes de nous donner le reste de la pièce; mais il était impossible de la traduire.

Shakespeare était un grand génie, mais il vivait dans un siècle grossier; et l'on retrouve dans ses pièces la grossièreté de ce temps, beaucoup plus que le génie de l'auteur. M. de Voltaire, au lieu de traduire l'ouvrage monstrueux de Shakespeare, composa, dans le goût anglais, ce *Jules César* que nous donnons au public.

[1] On croit que cette préface est de l'abbé de La Marre, à qui l'auteur avait donné son manuscrit.

Ce n'est pas ici une pièce telle que le *Sir Politick* de M. de Saint-Évremond, qui, n'ayant aucune connaissance du théâtre anglais, et n'en sachant pas même la langue, donna son *Sir Politick* pour faire connaître la comédie de Londres aux Français. On peut dire que cette comédie du *Sir Politick* n'était ni dans le goût des Anglais, ni dans celui d'aucune autre nation.

Il est aisé d'apercevoir dans la tragédie de *la Mort de César* le génie et le caractère des écrivains anglais, aussi bien que celui du peuple romain. On y voit cet amour dominant de la liberté, et ces hardiesses que les auteurs français ont rarement.

Il y a encore en Angleterre une autre tragédie de *la Mort de César*, composée par le duc de Buckingham. Il y en a une en italien, de l'abbé Conti, noble vénitien. Ces pièces ne se ressemblent qu'en un seul point, c'est qu'on n'y trouve point d'amour. Aucun de ces auteurs n'a avili ce grand sujet par une intrigue de galanterie. Mais il y a environ trente-cinq ans qu'un des plus beaux génies de France s'étant associé avec mademoiselle Barbier pour composer un *Jules Cesar*, il ne manqua pas de représenter César et Brutus amoureux et jaloux. Cette petitesse ridicule est un des plus grands exemples de la force de l'habitude : personne n'ose guérir le théâtre français de cette contagion. Il a fallu que dans Racine, Mithridate, Alexandre, Porus, aient été galans. Corneille n'a jamais évité cette faiblesse : il n'a fait aucune pièce sans amour; et il faut avouer que dans ses tragédies, si vous exceptez *le Cid* et *Polyeucte*, cette passion est aussi mal peinte qu'elle y est étrangère.

Notre auteur a donné peut-être ici dans un autre excès. Bien des gens trouvent dans sa pièce trop de férocité : ils voient avec horreur que Brutus sacrifie à l'amour de sa patrie non seulement son bienfaiteur, mais encore son père. On n'a autre chose à répondre, sinon que tel était le caractère de Brutus, et qu'il faut peindre les hommes tels qu'ils étaient. On a encore une lettre de ce fier Romain, dans laquelle il dit qu'il tuerait son père pour le salut de la république. On sait que César était son père; il n'en faut pas davantage pour justifier cette hardiesse.

On imprime au devant de cette tragédie une lettre du comte Algarotti, jeune homme déja connu pour un bon poëte et pour un bon philosophe, ami de M. de Voltaire.

LETTRE DE M. ALGAROTTI

A M. L'ABBÉ FRANCHINI,

ENVOYÉ DE FLORENCE,

SUR LA TRAGÉDIE DE JULES CÉSAR, PAR M. DE VOLTAIRE.

J'ai différé jusqu'à présent, monsieur, de vous envoyer le *Jules César* que vous me demandez, pour vous faire part de celui de M. de Voltaire. L'édition qu'on a faite à Paris est très informe; on y reconnaît assez la main de quelqu'un du genre de ceux que Pétrone appelle *Doctores umbratici;* elle est défectueuse au point qu'on y trouve des vers qui n'ont pas le nombre de syllabes nécessaire : cependant la critique a jugé cette pièce avec la même sévérité que si M. de Voltaire l'eût donnée lui-même au public. Ne serait-il pas injuste d'imputer au Titien le mauvais coloris d'un de ses tableaux, barbouillé par un peintre moderne? J'ai été assez heureux pour qu'il m'en soit tombé entre les mains un manuscrit digne de vous être envoyé: et voilà enfin le tableau tel qu'il est sorti des mains du maître; j'ose même l'accompagner des réflexions que vous m'avez demandées.

Il faudrait ignorer qu'il y a une langue française et un théâtre pour ne pas savoir à quel degré de perfection Corneille et Racine ont porté l'art dramatique; il semblait qu'après ces grands hommes il ne restait plus rien à souhaiter, et que tâcher de les imiter était tout ce que l'on pouvait faire de mieux. Désirait-on quelque chose dans la peinture après la Galatée de Raphaël? Cependant la célèbre tête de Michel-Ange, dans le petit Farnèse, donna l'idée d'un genre plus terrible et plus fier, auquel cet art pouvait être élevé.

LETTRE DE M. ALGAROTTI.

Il semble que dans les beaux arts on ne s'aperçoit qu'il y avait des vides qu'après qu'ils sont remplis. La plupart des tragédies de ces maîtres, soit que l'action se passe à Rome, à Athènes ou à Constantinople, ne contiennent qu'un mariage concerté, traversé ou rompu. On ne peut s'attendre à rien de mieux dans ce genre, où l'Amour donne avec un souris ou la paix ou la guerre. Il me paraît qu'on pourrait donner au drame un ton supérieur à celui-ci. Le *Jules César* en est une preuve; l'auteur de la tendre *Zaïre* ne respire ici que des sentimens d'ambition, de vengeance et de liberté.

La tragédie doit être l'imitation des grands hommes; c'est ce qui la distingue de la comédie : mais si les actions qu'elle représente sont aussi des plus grandes, cette distinction n'en sera que plus marquée, et l'on peut atteindre par ce moyen à un genre supérieur. N'admire-t-on pas davantage Marc-Antoine à Philippes qu'à Actium? Je ne doute pourtant pas que ces raisons ne puissent essuyer de fortes contradictions. Il faudrait avoir bien peu de connaissance de l'homme pour ne pas savoir que les préjugés l'emportent presque toujours sur la raison, et surtout les préjugés autorisés par un sexe qui impose une loi qu'on suit toujours avec plaisir.

L'amour est depuis trop long-temps en possession du théâtre français pour souffrir que d'autres passions y prennent sa place. C'est ce qui me fait croire que le *Jules César* pourrait bien avoir le même sort que les Thémistocle, les Alcibiade, et les autres grands hommes d'Athènes, admirés de toute la terre pendant que l'ostracisme les bannissait de leur patrie.

M. de Voltaire a imité, en quelques endroits, Shakespeare, poëte anglais, qui a réuni dans la même pièce les puérilités les plus ridicules et les morceaux les plus sublimes; il en a fait le même usage que Virgile fesait des ouvrages d'Ennius : il a imité de l'auteur anglais les deux dernières scènes, qui sont les plus beaux modèles d'éloquence qu'il y ait au théâtre.

Quum flueret lutulentus, erat quod tollere velles

N'est-ce point un reste de barbarie en Europe de vouloir que les bornes que la politique et la fantaisie des hommes ont prescrites pour la séparation des états servent aussi de limites aux sciences et aux beaux arts, dont les progrès pourraient s'étendre par un commerce mutuel des lumières de ses voisins? Cette réflexion convient même mieux à la nation française qu'à toute autre : elle est dans le cas de ces auteurs dont le public exige plus à mesure qu'il en a plus reçu ; elle est si généralement polie et cultivée, que cela met en droit d'exiger d'elle que non seulement elle approuve, mais qu'elle cherche même à s'enrichir de ce qu'elle trouve de bon chez ses voisins :

Tros, Rutulusve fuat, nullo discrimine habeto.

Une objection dont je ne vous parlerais pas, si je ne l'eusse entendu faire, est sur ce que cette tragédie n'est qu'en trois actes : c'est, dit-on, pécher contre le théâtre, qui veut que le nombre des actes soit fixé à cinq. Il est vrai qu'une des règles est qu'à toute rigueur la représentation ne dure pas plus de temps que n'aurait duré l'action, si véritablement elle fût arrivée. On a borné avec raison le temps à trois heures, parce qu'une plus longue durée lasserait l'attention, et empêcherait qu'on ne pût réunir aisément dans le même point de vue les différentes circonstances de l'action qui les passe. Sur ce principe, on a divisé les pièces en cinq actes, pour la commodité des spectateurs et de l'auteur, qui peut faire arriver dans ces intervalles quelque événement nécessaire au nœud ou au dénoûment de la pièce : toute l'objection se réduit donc à n'avoir fait durer l'action du *César* que deux heures au lieu de trois. Si ce n'est pas un défaut, le nombre des actes n'en doit pas être un non plus, puisque la même raison qui veut qu'une action de trois heures soit partagée en cinq actes, demande aussi qu'une action de deux heures ne le soit qu'en trois. Il ne s'ensuit pas de ce que la plus grande étendue qui a été prescrite est de trois heures, qu'on ne puisse pas la rendre moindre, et je ne vois point pourquoi une tragédie assujétie aux trois unités, d'ailleurs pleine d'intérêt, excitant la terreur et la compassion, enfin produisant en deux heures le même effet que les autres en trois, ne serait pas une excellente tragédie.

Une statue dans laquelle les belles proportions et les autres règles de l'art sont observées ne laisse pas d'être une belle statue, quoiqu'elle soit plus petite qu'une autre faite sur les mêmes règles. Je ne crois pas que personne trouve la Vénus de Médicis moins belle dans son genre que le Gladiateur, parce qu'elle n'a que quatre pieds de haut, et que le Gladiateur en a six.

M. de Voltaire a peut-être voulu donner à son *César* moins d'étendue que l'on n'en donne communément aux pièces dramatiques, pour sonder le goût du public par un essai, si l'on peut appeler de ce nom une pièce aussi achevée. Il s'agit pour cela d'une révolution dans le théâtre français, et c'eût été peut-être trop hasarder que de commencer par parler de liberté et de politique trois heures de suite à une nation accoutumée à voir soupirer Mithridate sur le point de marcher au Capitole. On doit tenir compte à M. de Voltaire de ce ménagement, et ne lui point faire d'ailleurs un crime de n'avoir mis ni amour ni femmes dans sa pièce : nées pour inspirer la mollesse et les sentimens tendres, elles ne pourraient jouer qu'un rôle ridicule entre Brutus et Cassius, *atroces animæ*. Elles en jouent de si brillans partout ailleurs, qu'elles ne doivent pas se plaindre de n'en avoir aucun dans *César*.

Je ne vous parlerai point des beautés de détail, qui sont sans nombre dans cette pièce, ni de la force de la poésie, pleine d'images et de sentimens. Que ne doit-on pas attendre de l'auteur de *Brutus* et de la *Henriade!* La scène de la conspiration me paraît des plus belles et des plus fortes qu'on ait encore vues sur le théâtre; elle fait voir en action ce qui jusqu'à présent ne s'était presque toujours passé qu'en récit :

Segnius irritant animos demissa per aures

Quam quæ sunt oculis subjecta fidelibus, et quæ
Ipse sibi tradit spectator...

La mort même de César se passe presque à la vue des spectateurs, ce qui nous épargne un récit qui, quelque beau qu'il fût, ne pourrait qu'être froid, les événemens et les circonstances qui l'accompagnent étant trop connus de tout le monde.

Je ne puis assez admirer combien cette tragédie est pleine de choses, et combien les caractères sont grands et soutenus. Quel prodigieux contraste entre César et Brutus! Ce qui d'ailleurs rend ce sujet extrêmement difficile à traiter, c'est l'art qu'il faut pour peindre d'un côté Brutus avec une vertu féroce à la vérité, et presque ingrat, mais ayant en main la bonne cause, au moins selon les apparences et par rapport au temps où l'auteur nous transporte; et de l'autre, César rempli de clémence et des vertus les plus aimables, mais voulant opprimer la liberté de sa patrie. Il faut s'intéresser également pour tous les deux pendant le cours de la pièce, quoiqu'il semble que ces passions doivent s'entre-nuire et se détruire réciproquement, comme feraient deux forces égales et opposées, et par conséquent ne produire aucun effet, et renvoyer les spectateurs sans agitation.

Ce sont ces réflexions qui ont fait dire à un homme du métier [1] qu'il regardait ce sujet comme l'écueil des poëtes tragiques, et qu'il l'aurait proposé volontiers à quelqu'un de ses rivaux.

Il semble que M. de Voltaire, non content de ces difficultés, en ait voulu faire naître de nouvelles en fesant Brutus fils de César, ce qui d'ailleurs est fondé sur l'histoire. Il a aussi trouvé par là le moyen de se ménager de très belles situations, et de jeter dans sa pièce un nouvel intérêt, qui se

---

[1] M. Martelli, qui a écrit beaucoup de tragedies en italien. Il s'est servi d'une nouvelle espèce de vers rimés qu'il avait imaginée d'après les vers alexandrins. Cette nouveauté n'a pas été favorable à ses pièces.

réunit tout entier à la fin pour César. La harangue d'Antoine produit cet effet; et elle est, à mon avis, un modèle de l'éloquence la plus séduisante : enfin je crois que l'on peut dire avec vérité que M. de Voltaire a ouvert une nouvelle carrière et qu'il a atteint le but en même temps.

LETTERA

DEL SIGNOR CONTE ALGAROTTI

AL SIGNOR ABATE FRANCHINI,

INVIATO DI S. A. R. GRAN DUCA DI TOSCANA A PARIGI [*].

Cirey, 12 octobre 1735.

Adunque cotesti signori prendonsi grand maraviglia, che io me ne resti tuttavia alla campagna, e in un angolo, per dir come loro, di una provincia. Non così ella; che sa quel che mi muova a cercare varj paesi. Qui, lungi dal tumulto di Parigi, si fa una vita condita da' piaceri della mente : e ben si può dire con quel poeta, che a queste cene non manca nè Lambert nè Moliere. Io do l'ultima mano a' miei Dialoghi, che pur han trovata molta grazia innanzi gli occhi così della bella Emilia, come del dotto Voltaire; e da essi sto raccogliendo i bei modi della conversazione, che vorrei poter trasfondere nella mia operetta. Ma ecco che da questa provincia io le mando cosa che dovrebbono aver pur cara cotesti signori *inter beatæ fumum et opes strepitumque Romæ*. Le mando il Giulio Cesare del nostro Voltaire non alterato o guasto, ma tal quale egli uscì dalla penna dell'autor suo. E mi pare esser certo che a lei dovrà sommamente piacere di scorgere in questa tragedia un nuovo genere di bellezza, a che può esser innalzato il teatro francese. Sebbene troppo la nuova cosa parrà cotesto a' quelli che credono dopo la morte di Cornelio e Racine spenta la fortuna di esso, e nulla sanno vedere al

---

[*] Cette lettre, plus correcte et d'un bien meilleur style que celle qui se lit dans toutes les autres éditions de Voltaire, est ici imprimée d'après l'édition italienne des Œuvres d'Algarotti. *Crémone*, 1783, in-8°. (R.)

La lettre française qui précède celle-ci n'en est pas une traduction; nous avons cru devoir les conserver toutes deux dans la langue où vraisemblablement chacune a été écrite.

di là delle costoro produzioni. A chi un tempo fa sarebbe caduto nel pensiero, che restasse da aggiungere nulla alla musica vocale dopo lo Scarlatti, ovvero alla strumentale dopo il Corelli. Pur nondimeno il Marcello, e il Tartini ci hanno mostrato, che ci avea così nell' una come nell' altra alcun segno più là. E pare che l'uomo non s' accorga de' luoghi che rimangono ancora vacui nelle arti, se non dopo occupati. Così il Giulio Cesare mostrerà *nescio quid majus* quanto al genere delle tragedie francesi. Che se la tragedia, a distinzion della commedia, è la imitazion di un' azione che abbia in se del terribile e del compassionevole, è facile a veder quanto questa, che non è intorno a un matrimonio, o a un amoretto, ma intorno a un fatto atrocissimo, e alla più gran rivoluzione che sia avvenuta nel più grande imperio del mondo; è facile, dico, a vedere quanto ella venga ad essere più distinta dalla commedia, che non sono le altre tragedie francesi, è salga sopra un coturno più alto di assai. Ma tutto questo è niente dinanzi al più delle persone: non fa mestieri aver veduto *mores hominum multorum et urbes*, per sapere che i più bei ragionamenti del mondo se ne vanno quasi sempre con la peggio, quando eglino hanno a combattere opinioni avvalorate dall' usanza e dall' autorità di quel sesso, il cui imperio si stende sino alle provincie scientifiche. L' amore è signor despotico delle scene francesi; e una tragedia, dove non han che far donne, tutta sentimenti di libertà, e pratiche di politica, non darà naturalmente nella cruna di gente avvezza ad udire Mitridate fare il galante sul punto di muovere il campo verso Roma, e a vedere Sertorio e Regolo damerini. Nè sarebbe da farsi maraviglia, che il Cesare del Voltaire corresse la medesima fortuna a Parigi, che Temistocle, Alcibiade, e quegli altri grandi uomini della Grecia corsero in Atene, ammirati da tutto il mondo, e sbanditi dalla loro patria.

In questa tragedia il Voltaire ha preso ad imitare la severità del teatro inglese, e singolarmente Shakespeare, in cui dicesi, e con ragione, che ci sono errori innumerabili e pensieri inimitabili, *faults innumerable, and thoughts inimitable*. Del che è una riprova la medesima sua Morte del Giulio Cesare. E ben ella può credere che il nostro poeta ha tolto di Shakespeare quello che di Ennio toglieva Virgilio. Egli ha espresso in francese le due ultime scene di quella tragedia, le quali, toltone alcune mende, sono un vero specchio di eloquenza, come le due di Burro e di Narciso con Nerone, nel trarre gli animi delle medesime persone in sentenze contrarie. Ma chi sa, se per tale imitazione appunto non venga fatto a questa tragedia meno applauso. A niuno è nascosto come la Francia e l'Inghilterra sono rivali nelle cose di stato, nel commercio, nella gloria delle armi e delle lettere.

> Littora littoribus contraria, fluctibus undæ.

E potrebbe darsi che la poesia degl'Inglesi fosse accolta a Parigi allo stesso modo che la loro filosofia. Ma finalmente dovranno sapere i Francesi non picciolo grado ad uno che in certo modo arricchisce il loro Parnaso di una sorgente novella. Tanto più che grandissima è la discrezione con che il nostro poeta fecesi ad imitare il teatro inglese trasportando nel suo la severità di quello, e non la ferocità. Nel che egli ha di gran lungo superato Addisono, il quale nel Catone ha mostrato agl'Inglesi non tanto la regolarità del teatro francese, quanto la sconvenevolezza di que' suoi amori. E con ciò è venuto a guastare uno dei pochissimi drammi moderni, in cui lo stile è veramente tragico, e i Romani parlano romano, e non spagnuolo.

Ma quando non si storcessero contro a questa tragedia per altro motivo, lo farebbono almeno perch'è di tre soli atti. Aristotile, in vero, parlando nella Poetica della lunghezza dell'azion teatrale, non si spiega così chiaramente sopra il numero degli atti in che vuolsi dividerla. Ognuno però sa a mente quei versi della Poetica latina:

> Neve minor, neu sit quinto productior actu
> Fabula, quæ posci vult et spectata reponi.

ALL' ABATE FRANCHINI.

Precetto che viene da Orazio prescritto non meno per la commedia che per la tragedia. Ora se pur vi ha delle commedie di Moliere di tre atti e non più, e che ciò non ostante son tenute buone; non so perchè non vi possa ancora essere una buona tragedia che sia di tre atti, e non di cinque.

>   Quid autem
> Cæcilio Plautoque dabit Romanus ademptum
> Virgilio Varioque?

E forse non sarebbe del tutto fuor di ragione, che una gran parte delle moderne tragedie si riducessero a tre atti solamente; mentre si vede, che per arrivare ai cinque, i più degli autori vi appiccano episodj che allungano il componimento, e ne tolgon l'unità. E però l'istesso Racine non volle distendere la sua Ester più là di tre atti. Che se i Greci nelle loro tragedie, benchè semplicissime, ritennero costantemente la divisione in cinque atti, bisogna far considerazione che ciò non sempre torna così bene al nostro teatro; non tanto perchè nostro costume è il fare gli atti più lunghi, quanto perchè tra noi non ha luogo il coro, che appresso di loro occupava una grandissima parte del dramma.

Ma che mi distendo io in parole sopra tali cose con lei? *Pollio et ipse facit nova carmina.* A lei sta il diffinire, se il Voltaire, siccome egli ha aperto tra' suoi una nuova via, così ancora ne sia giunto al termine. E che non vien ella a Cirey a comunicarci in persona le dotte sue riflessioni? Ora massimamente che siamo assicurati essere per la pace già segnata composte le cose di Europa. Niente allora qui mancherebbe al desiderio mio, e a niuno in Parigi potrebbe parer nuovo, che io mi rimanessi in una provincia.

PERSONNAGES.

JULES CÉSAR, dictateur.
MARC ANTOINE, consul.
JULIUS BRUTUS, préteur.
CASSIUS,
CIMBER,
DÉCIME,
DOLABELLA, } sénateurs.
CASCA,
CINNA,
Les Romains.
Licteurs.

La scène est à Rome, au Capitole.

LA MORT DE CÉSAR,

TRAGÉDIE.

ACTE PREMIER.

SCÈNE I.

CÉSAR, ANTOINE.

ANTOINE.
César, tu vas régner; voici le jour auguste
Où le peuple romain, pour toi toujours injuste,
Changé par tes vertus, va reconnaître en toi
Son vainqueur, son appui, son vengeur et son roi.
Antoine, tu le sais, ne connaît point l'envie :
J'ai chéri plus que toi la gloire de ta vie ;
J'ai préparé la chaîne où tu mets les Romains,
Content d'être sous toi le second des humains ;
Plus fier de t'attacher ce nouveau diadème,
Plus grand de te servir que de régner moi-même.
Quoi! tu ne me réponds que par de longs soupirs !
Ta grandeur fait ma joie, et fait tes déplaisirs !
Roi de Rome et du monde, est-ce à toi de te plaindre?
César peut-il gémir, ou César peut-il craindre?
Qui peut à ta grande ame inspirer la terreur ?
CÉSAR.
L'amitié, cher Antoine : il faut t'ouvrir mon cœur.

Tu sais que je te quitte, et le destin m'ordonne
De porter nos drapeaux aux champs de Babylone.
Je pars, et vais venger sur le Parthe inhumain
La honte de Crassus et du peuple romain.
L'aigle des légions, que je retiens encore,
Demande à s'envoler vers les mers du Bosphore;
Et mes braves soldats n'attendent pour signal
Que de revoir mon front ceint du bandeau royal.
Peut-être avec raison César peut entreprendre
D'attaquer un pays qu'a soumis Alexandre :
Peut-être les Gaulois, Pompée et les Romains
Valent bien les Persans subjugués par ses mains :
J'ose au moins le penser; et ton ami se flatte
Que le vainqueur du Rhin peut l'être de l'Euphrate.
Mais cet espoir m'anime et ne m'aveugle pas ;
Le sort peut se lasser de marcher sur mes pas ;
La plus haute sagesse en est' souvent trompée :
Il peut quitter César, ayant trahi Pompée ;
Et, dans les factions, comme dans les combats,
Du triomphe à la chute il n'est souvent qu'un pas.
J'ai servi, commandé, vaincu quarante années ;
Du monde entre mes mains j'ai vu les destinées ;
Et j'ai toujours connu qu'en chaque événement
Le destin des états dépendait d'un moment.
Quoi qu'il puisse arriver, mon cœur n'a rien à craindre :
Je vaincrai sans orgueil, ou mourrai sans me plaindre.
Mais j'exige en partant, de ta tendre amitié,
Qu'Antoine à mes enfans soit pour jamais lié ;
Que Rome par mes mains défendue et conquise,
Que la terre à mes fils, comme à toi, soit soumise:

ACTE I, SCÈNE I.

Et qu'emportant d'ici le grand titre de roi,
Mon sang et mon ami le prennent après moi.
Je te laisse aujourd'hui ma volonté dernière;
Antoine, à mes enfans il faut servir de père.
Je ne veux point de toi demander des sermens,
De la foi des humains sacrés et vains garans;
Ta promesse suffit, et je la crois plus pure
Que les autels des dieux entourés du parjure.

ANTOINE.

C'est déja pour Antoine une assez dure loi
Que tu cherches la guerre et le trépas sans moi,
Et que ton intérêt m'attache à l'Italie,
Quand la gloire t'appelle aux bornes de l'Asie.
Je m'afflige encor plus de voir que ton grand cœur
Doute de ta fortune, et présage un malheur :
Mais je ne comprends point ta bonté qui m'outrage.
César, que me dis-tu de tes fils, de partage?
Tu n'as de fils qu'Octave, et nulle adoption
N'a d'un autre César appuyé ta maison.

CÉSAR.

Il n'est plus temps, ami, de cacher l'amertume
Dont mon cœur paternel en secret se consume :
Octave n'est mon sang qu'à la faveur des lois;
Je l'ai nommé César, il est fils de mon choix :
Le destin (dois-je dire ou propice ou sévère?)
D'un véritable fils en effet m'a fait père;
D'un fils que je chéris, mais qui, pour mon malheur,
A ma tendre amitié répond avec horreur.

ANTOINE.

Et quel est cet enfant? quel ingrat peut-il être

Si peu digne du sang dont les dieux l'ont fait naître ?
CÉSAR.
Écoute : tu connais ce malheureux Brutus,
Dont Caton cultiva les farouches vertus.
De nos antiques lois ce défenseur austère,
Ce rigide ennemi du pouvoir arbitraire,
Qui toujours contre moi les armes à la main,
De tous mes ennemis a suivi le destin ;
Qui fut mon prisonnier aux champs de Thessalie ;
A qui j'ai malgré lui sauvé deux fois la vie ;
Né, nourri loin de moi chez mes fiers ennemis...
ANTOINE.
Brutus ! il se pourrait...
CÉSAR.
Ne m'en crois pas, tiens, lis.
ANTOINE.
Dieux ! la sœur de Caton, la fière Servilie !
CÉSAR.
Par un hymen secret elle me fut unie.
Ce farouche Caton, dans nos premiers débats,
La fit presque à mes yeux passer en d'autres bras :
Mais le jour qui forma ce second hyménée
De son nouvel époux trancha la destinée.
Sous le nom de Brutus mon fils fut élevé.
Pour me haïr, ô ciel ! était-il réservé ?
Mais lis : tu sauras tout par cet écrit funeste.
ANTOINE *lit.*
« César, je vais mourir. La colère céleste
« Va finir à la fois ma vie et mon amour.
« Souviens-toi qu'à Brutus César donna le jour.

ACTE I, SCÈNE I.

« Adieu : puisse ce fils éprouver pour son père
« L'amitié qu'en mourant te conservait sa mère :
SERVILIE. »

Quoi! faut-il que du sort la tyrannique loi,
César, te donne un fils si peu semblable à toi?

CÉSAR.

Il a d'autres vertus : son superbe courage
Flatte en secret le mien, même alors qu'il l'outrage.
Il m'irrite, il me plaît; son cœur indépendant
Sur mes sens étonnés prend un fier ascendant.
Sa fermeté m'impose, et je l'excuse même
De condamner en moi l'autorité suprême :
Soit qu'étant homme et père, un charme séducteur,
L'excusant à mes yeux, me trompe en sa faveur;
Soit qu'étant né Romain, la voix de ma patrie
Me parle malgré moi contre ma tyrannie,
Et que la liberté que je viens d'opprimer,
Plus forte encor que moi, me condamne à l'aimer.
Te dirai-je encor plus? si Brutus me doit l'être,
S'il est fils de César, il doit haïr un maître.
J'ai pensé comme lui dès mes plus jeunes ans;
J'ai détesté Sylla, j'ai haï les tyrans.
J'eusse été citoyen, si l'orgueilleux Pompée
N'eût voulu m'opprimer sous sa gloire usurpée.
Né fier, ambitieux, mais né pour les vertus,
Si je n'étais César, j'aurais été Brutus.
Tout homme à son état doit plier son courage [1].
Brutus tiendra bientôt un différent langage,
Quand il aura connu de quel sang il est né.
Crois-moi, le diadème à son front destiné

Adoucira dans lui sa rudesse importune;
Il changera de mœurs en changeant de fortune.
La nature, le sang, mes bienfaits, tes avis,
Le devoir, l'intérêt, tout me rendra mon fils.

ANTOINE.

J'en doute. Je connais sa fermeté farouche :
La secte dont il est n'admet rien qui la touche.
Cette secte intraitable, et qui fait vanité
D'endurcir les esprits contre l'humanité,
Qui dompte et foule aux pieds la nature irritée,
Parle seule à Brutus, et seule est écoutée.
Ces préjugés affreux, qu'ils appellent devoir,
Ont sur ces cœurs de bronze un absolu pouvoir.
Caton même, Caton, ce malheureux stoïque,
Ce héros forcené, la victime d'Utique,
Qui, fuyant un pardon qui l'eût humilié,
Préféra la mort même à ta tendre amitié;
Caton fut moins altier, moins dur et moins à craindre
Que l'ingrat qu'à t'aimer ta bonté veut contraindre.

CÉSAR.

Cher ami, de quels coups tu viens de me frapper !
Que m'as-tu dit ?

ANTOINE.

    Je t'aime, et ne te puis tromper.

CÉSAR.

Le temps amollit tout.

ANTOINE.

    Mon cœur en désespère.

CÉSAR.

Quoi ! sa haine...

ANTOINE.

Crois-moi,

CÉSAR.

N'importe, je suis père.
J'ai chéri, j'ai sauvé mes plus grands ennemis :
Je veux me faire aimer de Rome et de mon fils,
Et, conquérant des cœurs vaincus par ma clémence,
Voir la terre et Brutus adorer ma puissance.
C'est à toi de m'aider dans de si grands desseins :
Tu m'as prêté ton bras pour dompter les humains ;
Dompte aujourd'hui Brutus, adoucis son courage,
Prépare par degrés cette vertu sauvage
Au secret important qu'il lui faut révéler,
Et dont mon cœur encore hésite à lui parler.

ANTOINE.

Je ferai tout pour toi ; mais j'ai peu d'espérance.

SCÈNE II.

CÉSAR, ANTOINE, DOLABELLA.

DOLABELLA.

César, les sénateurs attendent audience ;
A ton ordre suprême ils se rendent ici.

CÉSAR.

Ils ont tardé long-temps... Qu'ils entrent.

ANTOINE.

Les voici.
Que je lis sur leur front de dépit et de haine !

SCÈNE III.

CÉSAR, ANTOINE, BRUTUS, CASSIUS, CIMBER, DÉCIME, CINNA, CASCA, ETC.; LICTEURS.

CÉSAR, *assis*.

Venez, dignes soutiens de la grandeur romaine,
Compagnons de César. Approchez, Cassius,
Cimber, Cinna, Décime, et toi, mon cher Brutus.
Enfin voici le temps, si le ciel me seconde,
Où je vais achever la conquête du monde,
Et voir dans l'Orient le trône de Cyrus
Satisfaire, en tombant, aux mânes de Crassus [2].
Il est temps d'ajouter, par le droit de la guerre,
Ce qui manque aux Romains des trois parts de la terre :
Tout est prêt, tout prévu pour ce vaste dessein;
L'Euphrate attend César, et je pars dès demain.
Brutus et Cassius me suivront en Asie;
Antoine retiendra la Gaule et l'Italie.
De la mer Atlantique, et des bords du Bétis,
Cimber gouvernera les rois assujétis;
Je donne à Marcellus la Grèce et la Lycie,
A Décime le Pont, à Casca la Syrie.
Ayant ainsi réglé le sort des nations,
Et laissant Rome heureuse et sans divisions,
Il ne reste au sénat qu'à juger sous quel titre
De Rome et des humains je dois être l'arbitre.
Sylla fut honoré du nom de dictateur,
Marius fut consul, et Pompée empereur.

ACTE I, SCÈNE III.

J'ai vaincu ce dernier, et c'est assez vous dire
Qu'il faut un nouveau nom pour un nouvel empire,
Un nom plus grand, plus saint, moins sujet aux revers,
Autrefois craint dans Rome, et cher à l'univers.
Un bruit trop confirmé se répand sur la terre,
Qu'en vain Rome aux Persans ose faire la guerre;
Qu'un roi seul peut les vaincre et leur donner la loi :
César va l'entreprendre, et César n'est pas roi;
Il n'est qu'un citoyen connu par ses services *a*,
Qui peut du peuple encore essuyer les caprices...
Romains, vous m'entendez, vous savez mon espoir;
Songez à mes bienfaits, songez à mon pouvoir.

CIMBER.

César, il faut parler. Ces sceptres, ces couronnes,
Ce fruit de nos travaux, l'univers que tu donnes,
Seraient, aux yeux du peuple et du sénat jaloux,
Un outrage à l'état, plus qu'un bienfait pour nous.
Marius, ni Sylla, ni Carbon, ni Pompée,
Dans leur autorité sur le peuple usurpée,
N'ont jamais prétendu disposer à leur choix
Des conquêtes de Rome, et nous parler en rois.
César, nous attendions de ta clémence auguste
Un don plus précieux, une faveur plus juste,
Au dessus des états donnés par ta bonté...

CÉSAR.

Qu'oses-tu demander, Cimber ?

CIMBER.

                La liberté.

CASSIUS.

Tu nous l'avais promise, et tu juras toi-même

D'abolir pour jamais l'autorité suprême;
Et je croyais toucher à ce moment heureux
Où le vainqueur du monde allait combler nos vœux.
Fumante de son sang, captive, désolée,
Rome dans cet espoir renaissait consolée.
Avant que d'être à toi nous sommes ses enfans :
Je songe à ton pouvoir; mais songe à tes sermens.

BRUTUS.

Oui, que César soit grand, mais que Rome soit libre.
Dieux! maîtresse de l'Inde, esclave au bord du Tibre!
Qu'importe que son nom commande à l'univers,
Et qu'on l'appelle reine, alors qu'elle est aux fers?
Qu'importe à ma patrie, aux Romains que tu braves,
D'apprendre que César a de nouveaux esclaves?
Les Persans ne sont pas nos plus fiers ennemis;
Il en est de plus grands. Je n'ai point d'autre avis.

CÉSAR.

Et toi, Brutus, aussi [3]!

ANTOINE, *à César.*

Tu connais leur audace :
Vois si ces cœurs ingrats sont dignes de leur grace.

CÉSAR.

Ainsi vous voulez donc, dans vos témérités,
Tenter ma patience et lasser mes bontés?
Vous qui m'appartenez par le droit de l'épée,
Rampans sous Marius, esclaves de Pompée;
Vous qui ne respirez qu'autant que mon courroux,
Retenu trop long-temps, s'est arrêté sur vous :
Républicains ingrats qu'enhardit ma clémence,
Vous qui devant Sylla garderiez le silence;

Vous que ma bonté seule invite à m'outrager,
Sans craindre que César s'abaisse à se venger.
Voilà ce qui vous donne une ame assez hardie
Pour oser me parler de Rome et de patrie ;
Pour affecter ici cette illustre hauteur
Et ces grands sentimens devant votre vainqueur.
Il les fallait avoir aux plaines de Pharsale.
La fortune entre nous devient trop inégale :
Si vous n'avez su vaincre, apprenez à servir.

BRUTUS.

César, aucun de nous n'apprendra qu'à mourir.
Nul ne m'en désavoue, et nul en Thessalie
N'abaissa son courage à demander la vie.
Tu nous laissas le jour, mais pour nous avilir ;
Et nous le détestons, s'il te faut obéir.
César, qu'à ta colère aucun de nous n'échappe ;
Commence ici par moi : si tu veux régner, frappe.

CÉSAR.

(Les sénateurs sortent.)

Écoute... et vous, sortez. Brutus m'ose offenser !
Mais sais-tu de quels traits tu viens de me percer ?
Va, César est bien loin d'en vouloir à ta vie.
Laisse là du sénat l'indiscrète furie ;
Demeure : c'est toi seul qui peux me désarmer ;
Demeure : c'est toi seul que César veut aimer.

BRUTUS.

Tout mon sang est à toi si tu tiens ta promesse ;
Si tu n'es qu'un tyran, j'abhorre ta tendresse,
Et je ne peux rester avec Antoine et toi,
Puisqu'il n'est plus Romain, et qu'il demande un roi.

SCÈNE IV.

CÉSAR, ANTOINE.

ANTOINE.

Hé bien, t'ai-je trompé? Crois-tu que la nature
Puisse amollir une ame et si fière et si dure?
Laisse, laisse à jamais dans son obscurité
Ce secret malheureux qui pèse à ta bonté.
Que de Rome, s'il veut, il déplore la chute;
Mais qu'il ignore au moins quel sang il persécute :
Il ne mérite pas de te devoir le jour.
Ingrat à tes bontés, ingrat à ton amour,
Renonce-le pour fils.

CÉSAR.

   Je ne le puis : je l'aime.

ANTOINE.

Ah! cesse donc d'aimer l'éclat du diadème[b];
Descends donc de ce rang où je te vois monté :
La bonté convient mal à ton autorité;
De ta grandeur naissante elle détruit l'ouvrage.
Quoi! Rome est sous tes lois, et Cassius t'outrage!
Quoi! Cimber, quoi! Cinna, ces obscurs sénateurs,
Aux yeux du roi du monde affectent ces hauteurs!
Ils bravent ta puissance, et ces vaincus respirent!

CÉSAR.

Ils sont nés mes égaux, mes armes les vainquirent;
Et, trop au dessus d'eux, je leur puis pardonner
De frémir sous le joug que je veux leur donner.

ANTOINE.

Marius de leur sang eût été moins avare;
Sylla les eût punis.

CÉSAR.

Sylla fut un barbare,
Il n'a su qu'opprimer : le meurtre et la fureur
Fesaient sa politique ainsi que sa grandeur :
Il a gouverné Rome au milieu des supplices;
Il en était l'effroi, j'en serai les délices.
Je sais quel est le peuple : on le change en un jour;
Il prodigue aisément sa haine et son amour.
Si ma grandeur l'aigrit, ma clémence l'attire.
Un pardon politique à qui ne peut me nuire,
Dans mes chaînes qu'il porte un air de liberté,
Ont ramené vers moi sa faible volonté.
Il faut couvrir de fleurs l'abîme où je l'entraîne,
Flatter encor ce tigre à l'instant qu'on l'enchaîne,
Lui plaire en l'accablant, l'asservir, le charmer,
Et punir mes rivaux en me fesant aimer.

ANTOINE.

Il faudrait être craint : c'est ainsi que l'on règne.

CÉSAR.

Va, ce n'est qu'aux combats que je veux qu'on me
ANTOINE.   [craigne.
Le peuple abusera de ta facilité.

CÉSAR.

Le peuple a jusqu'ici consacré ma bonté :
Vois ce temple que Rome élève à la Clémence.

ANTOINE.

Crains qu'elle n'en élève un autre à la Vengeance;

Crains des cœurs ulcérés, nourris de désespoir,
Idolâtres de Rome, et cruels par devoir.
Cassius alarmé prévoit qu'en ce jour même
Ma main doit sur ton front mettre le diadème :
Déja même à tes yeux on ose en murmurer.
Des plus impétueux tu devrais t'assurer;
A prévenir leurs coups daigne au moins te contraindre.

CÉSAR.

Je les aurais punis si je les pouvais craindre.
Ne me conseille point de me faire haïr.
Je sais combattre, vaincre, et ne sais point punir.
Allons, et, n'écoutant ni soupçon ni vengeance,
Sur l'univers soumis régnons sans violence.

FIN DU PREMIER ACTE.

ACTE SECOND.

SCÈNE I.

BRUTUS, ANTOINE, DOLABELLA.

ANTOINE.

Ce superbe refus, cette animosité,
Marquent moins de vertu que de férocité.
Les bontés de César, et surtout sa puissance,
Méritaient plus d'égards et plus de complaisance :
A lui parler du moins vous pourriez consentir.
Vous ne connaissez pas qui vous osez haïr ;
Et vous en frémiriez, si vous pouviez apprendre...

BRUTUS.

Ah ! je frémis déja, mais c'est de vous entendre.
Ennemi des Romains, que vous avez vendus,
Pensez-vous ou tromper ou corrompre Brutus ?
Allez ramper sans moi sous la main qui vous brave ;
Je sais tous vos desseins, vous brûlez d'être esclave ;
Vous voulez un monarque, et vous êtes Romain !

ANTOINE.

Je suis ami, Brutus, et porte un cœur humain :
Je ne recherche point une vertu plus rare.
Tu veux être un héros, va, tu n'es qu'un barbare ;
Et ton farouche orgueil, que rien ne peut fléchir,
Embrassa la vertu pour la faire haïr.

SCÈNE II.

BRUTUS.

Quelle bassesse, ô ciel ! et quelle ignominie !
Voilà donc les soutiens de ma triste patrie !
Voilà vos successeurs, Horace, Décius,
Et toi, vengeur des lois, toi, mon sang, toi, Brutus !
Quels restes, justes dieux, de la grandeur romaine !
Chacun baise en tremblant la main qui nous enchaîne.
César nous a ravi jusques à nos vertus,
Et je cherche ici Rome, et ne la trouve plus.
Vous que j'ai vu périr, vous, immortels courages,
Héros, dont en pleurant j'aperçois les images,
Famille de Pompée, et toi, divin Caton,
Toi, dernier des héros du sang de Scipion,
Vous ranimez en moi ces vives étincelles
Des vertus dont brillaient vos ames immortelles ;
Vous vivez dans Brutus, vous mettez dans mon sein
Tout l'honneur qu'un tyran ravit au nom romain.
Que vois-je, grand Pompée, au pied de ta statue ?
Quel billet, sous mon nom, se présente à ma vue ?
Lisons : « Tu dors, Brutus, et Rome est dans les fers ! »
Rome, mes yeux sur toi seront toujours ouverts ;
Ne me reproche point des chaînes que j'abhorre.
Mais quel autre billet à mes yeux s'offre encore ?
« Non, tu n'es pas Brutus ! » Ah ! reproche cruel [4] !
César, tremble ! tyran, voilà ton coup mortel.
« Non, tu n'es pas Brutus ! » Je le suis, je veux l'être.

Je périrai, Romains, ou vous serez sans maître.
Je vois que Rome encore a des cœurs vertueux :
On demande un vengeur, on a sur moi les yeux ;
On excite cette ame et cette main trop lente ;
On demande du sang... Rome sera contente.

SCÈNE III.

BRUTUS, CASSIUS, CINNA, CASCA, DÉCIME; suite.

CASSIUS.

Je t'embrasse, Brutus, pour la dernière fois.
Amis, il faut tomber sous les débris des lois.
De César désormais je n'attends plus de grace ;
Il sait mes sentimens, il connaît notre audace.
Notre ame incorruptible étonne ses desseins ;
Il va perdre dans nous les derniers des Romains.
C'en est fait, mes amis, il n'est plus de patrie,
Plus d'honneur, plus de lois ; Rome est anéantie :
De l'univers et d'elle il triomphe aujourd'hui ;
Nos imprudens aïeux n'ont vaincu que pour lui.
Ces dépouilles des rois, ce sceptre de la terre,
Six cents ans de vertus, de travaux et de guerre,
César jouit de tout, et dévore le fruit
Que six siècles de gloire à peine avaient produit.
Ah, Brutus ! es-tu né pour servir sous un maître ?
La liberté n'est plus.

BRUTUS.

Elle est prête à renaître.

CASSIUS.

Que dis-tu? mais quel bruit vient frapper mes esprits?

BRUTUS.

Laisse-là ce vil peuple et ses indignes cris.

CASSIUS.

La liberté, dis-tu... Mais quoi... le bruit redouble.

SCÈNE IV.

BRUTUS, CASSIUS, CIMBER, DÉCIME.

CASSIUS.

Ah, Cimber! est-ce toi? parle, quel est ce trouble?

DÉCIME.

Trame-t-on contre Rome un nouvel attentat?
Qu'a-t-on fait? qu'as-tu vu?

CIMBER.

      La honte de l'état [5].
César était au temple, et cette fière idole
Semblait être le dieu qui tonne au Capitole.
C'est là qu'il annonçait son superbe dessein
D'aller joindre la Perse à l'empire romain.
On lui donnait les noms de foudre de la guerre,
De vengeur des Romains, de vainqueur de la terre :
Mais parmi tant d'éclat, son orgueil imprudent
Voulait un autre titre, et n'était pas content.
Enfin, parmi ces cris et ces chants d'allégresse,
Du peuple qui l'entoure Antoine fend la presse :
Il entre : ô honte! ô crime indigne d'un Romain!
Il entre, la couronne et le sceptre à la main.
On se tait, on frémit : lui, sans que rien l'étonne,

ACTE II, SCÈNE IV.

Sur le front de César attache la couronne,
Et soudain, devant lui se mettant à genoux :
« César, règne, dit-il, sur la terre et sur nous. »
Des Romains, à ces mots, les visages pâlissent;
De leurs cris douloureux les voûtes retentissent;
J'ai vu des citoyens s'enfuir avec horreur,
D'autres rougir de honte et pleurer de douleur.
César, qui cependant lisait sur leur visage
De l'indignation l'éclatant témoignage,
Feignant des sentimens long-temps étudiés,
Jette et sceptre et couronne, et les foule à ses pieds.
Alors tout se croit libre, alors tout est en proie
Au fol enivrement d'une indiscrète joie.
Antoine est alarmé; César feint et rougit :
Plus il cèle son trouble, et plus on l'applaudit;
La modération sert de voile à son crime :
Il affecte à regret un refus magnanime.
Mais, malgré ses efforts, il frémissait tout bas
Qu'on applaudît en lui les vertus qu'il n'a pas [6].
Enfin, ne pouvant plus retenir sa colère,
Il sort du Capitole avec un front sévère;
Il veut que dans une heure on s'assemble au sénat.
Dans une heure, Brutus, César change l'état.
De ce sénat sacré la moitié corrompue,
Ayant acheté Rome, à César l'a vendue :
Plus lâche que ce peuple à qui, dans son malheur,
Le nom de roi du moins fait toujours quelque horreur.
César, déja trop roi, veut encor la couronne :
Le peuple la refuse, et le sénat la donne.
Que faut-il faire enfin, héros qui m'écoutez ?

CASSIUS.

Mourir, finir des jours dans l'opprobre comptés.
J'ai traîné les liens de mon indigne vie
Tant qu'un peu d'espérance a flatté ma patrie :
Voici son dernier jour, et du moins Cassius
Ne doit plus respirer, lorsque l'état n'est plus.
Pleure qui voudra Rome, et lui reste fidèle ;
Je ne peux la venger, mais j'expire avec elle.
Je vais où sont nos dieux... Pompée et Scipion,
(en regardant leurs statues.)
Il est temps de vous suivre, et d'imiter Caton.

BRUTUS.

Non, n'imitons personne, et servons tous d'exemple :
C'est nous, braves amis, que l'univers contemple ;
C'est à nous de répondre à l'admiration
Que Rome en expirant conserve à notre nom.
Si Caton m'avait cru, plus juste en sa furie,
Sur César expirant il eût perdu la vie :
Mais il tourna sur soi ses innocentes mains ;
Sa mort fut inutile au bonheur des humains.
Fesant tout pour la gloire, il ne fit rien pour Rome ;
Et c'est la seule faute où tomba ce grand homme.

CASSIUS.

Que veux-tu donc qu'on fasse en un tel désespoir ?

BRUTUS, *montrant le billet.*

Voilà ce qu'on m'écrit, voilà notre devoir.

CASSIUS.

On m'en écrit autant, j'ai reçu ce reproche.

BRUTUS.

C'est trop le mériter.

ACTE II, SCÈNE IV.

CIMBER.
L'heure fatale approche.
Dans une heure un tyran détruit le nom romain.
BRUTUS.
Dans une heure à César il faut percer le sein.
CASSIUS.
Ah ! je te reconnais à cette noble audace.
DÉCIME.
Ennemi des tyrans, et digne de ta race,
Voilà les sentimens que j'avais dans mon cœur.
CASSIUS.
Tu me rends à moi-même, et je t'en dois l'honneur ;
C'est là ce qu'attendaient ma haine et ma colère
De la mâle vertu qui fait ton caractère.
C'est Rome qui t'inspire en des desseins si grands :
Ton nom seul est l'arrêt de la mort des tyrans.
Lavons, mon cher Brutus, l'opprobre de la terre ;
Vengeons ce Capitole, au défaut du tonnerre.
Toi, Cimber; toi, Cinna; vous, Romains indomptés,
Avez-vous une autre ame et d'autres volontés ?
CIMBER.
Nous pensons comme toi, nous méprisons la vie :
Nous détestons César, nous aimons la patrie ;
Nous la vengerons tous : Brutus et Cassius
De quiconque est Romain raniment les vertus.
DÉCIME.
Nés juges de l'état, nés les vengeurs du crime,
C'est souffrir trop long-temps la main qui nous opprime;
Et quand sur un tyran nous suspendons nos coups,
Chaque instant qu'il respire est un crime pour nous.

CIMBER.

Admettons-nous quelque autre à ces honneurs supré-
[mes?
BRUTUS.

Pour venger la patrie il suffit de nous-mêmes.
Dolabella, Lépide, Émile, Bibulus,
Ou tremblent sous César, ou bien lui sont vendus.
Cicéron, qui d'un traître a puni l'insolence 7,
Ne sert la liberté que par son éloquence :
Hardi dans le sénat, faible dans le danger,
Fait pour haranguer Rome, et non pour la venger,
Laissons à l'orateur qui charme sa patrie
Le soin de nous louer quand nous l'aurons servie.
Non, ce n'est qu'avec vous que je veux partager
Cet immortel honneur et ce pressant danger.
Dans une heure au sénat le tyran doit se rendre :
Là, je le punirai ; là, je le veux surprendre ;
Là, je veux que ce fer, enfoncé dans son sein,
Venge Caton, Pompée, et le peuple romain.
C'est hasarder beaucoup. Ses ardens satellites
Partout du Capitole occupent les limites ;
Ce peuple mou, volage et facile à fléchir,
Ne sait s'il doit encor l'aimer ou le haïr.
Notre mort, mes amis, paraît inévitable ;
Mais qu'une telle mort est noble et désirable !
Qu'il est beau de périr dans des desseins si grands !
De voir couler son sang dans le sang des tyrans !
Qu'avec plaisir alors on voit sa dernière heure !
Mourons, braves amis, pourvu que César meure,
Et que la liberté, qu'oppriment ses forfaits,
Renaisse de sa cendre, et revive à jamais.

ACTE II, SCÈNE IV.

CASSIUS.

Ne balançons donc plus, courons au Capitole :
C'est là qu'il nous opprime, et qu'il faut qu'on l'immole.
Ne craignons rien du peuple, il semble encor douter;
Mais si l'idole tombe, il va la détester.

BRUTUS.

Jurez donc avec moi, jurez sur cette épée,
Par le sang de Caton, par celui de Pompée,
Par les mânes sacrés de tous ces vrais Romains
Qui dans les champs d'Afrique ont fini leurs destins;
Jurez par tous les dieux, vengeurs de la patrie,
Que César sous vos coups va terminer sa vie.

CASSIUS.

Fesons plus, mes amis, jurons d'exterminer
Quiconque ainsi que lui prétendra gouverner :
Fussent nos propres fils, nos frères ou nos pères;
S'ils sont tyrans, Brutus, ils sont nos adversaires.
Un vrai républicain n'a pour père et pour fils
Que la vertu, les dieux, les lois et son pays.

BRUTUS.

Oui, j'unis pour jamais mon sang avec le vôtre.
Tous dès ce moment même adoptés l'un par l'autre,
Le salut de l'état nous a rendus parens.
Scellons notre union du sang de nos tyrans.

(Il s'avance vers la statue de Pompée.)

Nous le jurons par vous, héros dont les images
A ce pressant devoir excitent nos courages;
Nous promettons, Pompée, à tes sacrés genoux,
De faire tout pour Rome, et jamais rien pour nous;
D'être unis pour l'état, qui dans nous se rassemble,

De vivre, de combattre, et de mourir ensemble.
Allons, préparons-nous : c'est trop nous arrêter.

SCÈNE V.

CÉSAR, BRUTUS.

CÉSAR.

Demeure. C'est ici que tu dois m'écouter ;
Où vas-tu, malheureux ?

BRUTUS.

Loin de la tyrannie.

CÉSAR.

Licteurs, qu'on le retienne.

BRUTUS.

Achève, et prends ma vie.

CÉSAR.

Brutus, si ma colère en voulait à tes jours,
Je n'aurais qu'à parler, j'aurais fini leur cours.
Tu l'as trop mérité. Ta fière ingratitude
Se fait de m'offenser une farouche étude.
Je te retrouve encore avec ceux des Romains
Dont j'ai plus soupçonné les perfides desseins ;
Avec ceux qui tantôt ont osé me déplaire,
Ont blâmé ma conduite, ont bravé ma colère.

BRUTUS.

Ils parlaient en Romains, César ; et leurs avis,
Si les dieux t'inspiraient, seraient encor suivis.

CÉSAR.

Je souffre ton audace et consens à t'entendre :

De mon rang avec toi je me plais à descendre.
Que me reproches-tu ?

BRUTUS.

Le monde ravagé,
Le sang des nations, ton pays saccagé;
Ton pouvoir, tes vertus, qui font tes injustices,
Qui de tes attentats sont en toi les complices;
Ta funeste bonté, qui fait aimer tes fers,
Et qui n'est qu'un appât pour tromper l'univers.

CÉSAR.

Ah! c'est ce qu'il fallait reprocher à Pompée.
Par sa feinte vertu la tienne fut trompée.
Ce citoyen superbe, à Rome plus fatal,
N'a pas même voulu César pour son égal.
Crois-tu, s'il m'eût vaincu, que cette ame hautaine
Eût laissé respirer la liberté romaine?
Sous un joug despotique il t'aurait accablé.
Qu'eût fait Brutus alors?

BRUTUS.

Brutus l'eût immolé.

CÉSAR.

Voilà donc ce qu'enfin ton grand cœur me destine !
Tu ne t'en défends point. Tu vis pour ma ruine,
Brutus !

BRUTUS.

Si tu le crois, préviens donc ma fureur.
Qui peut te retenir ?

CÉSAR, *lui présentant la lettre de Servilie.*

La nature et mon cœur.
Lis, ingrat, lis, connais le sang que tu m'opposes;

Vois qui tu peux haïr, et poursuis si tu l'oses.

BRUTUS.

Où suis-je? qu'ai-je lu? me trompez-vous, mes yeux?

CÉSAR.

Hé bien! Brutus, mon fils!

BRUTUS.

Lui, mon père! grands dieux!

CÉSAR.

Oui, je le suis, ingrat! Quel silence farouche!
Que dis-je! quels sanglots échappent de ta bouche?
Mon fils... Quoi! je te tiens muet entre mes bras!
La nature t'étonne, et ne t'attendrit pas!

BRUTUS.

O sort épouvantable, et qui me désespère!
O serment! ô patrie! ô Rome toujours chère!
César... Ah, malheureux! j'ai trop long-temps vécu.

CÉSAR.

Parle. Quoi! d'un remords ton cœur est combattu!
Ne me déguise rien. Tu gardes le silence?
Tu crains d'être mon fils, ce nom sacré t'offense?
Tu crains de me chérir, de partager mon rang;
C'est un malheur pour toi d'être né de mon sang?
Ah! ce sceptre du monde et ce pouvoir suprême,
Ce César que tu hais les voulait pour toi-même.
Je voulais partager avec Octave et toi
Le prix de cent combats, et le titre de roi.

BRUTUS.

Ah, dieux!

CÉSAR.

Tu veux parler, et te retiens à peine!

ACTE II, SCÈNE V.

Ces transports sont-ils donc de tendresse ou de haine?
Quel est donc le secret qui semble t'accabler?

BRUTUS.

César...

CÉSAR.

Hé bien, mon fils?

BRUTUS.

Je ne puis lui parler.

CÉSAR.

Tu n'oses me nommer du tendre nom de père?

BRUTUS.

Si tu l'es, je te fais une unique prière.

CÉSAR.

Parle : en te l'accordant je croirai tout gagner.

BRUTUS.

Fais-moi mourir sur l'heure, ou cesse de régner.

CÉSAR.

Ah, barbare ennemi, tigre que je caresse!
Ah, cœur dénaturé qu'endurcit ma tendresse!
Va, tu n'es plus mon fils. Va, cruel citoyen,
Mon cœur désespéré prend l'exemple du tien :
Ce cœur, à qui tu fais cette effroyable injure,
Saura bien comme toi vaincre enfin la nature.
Va, César n'est pas fait pour te prier en vain;
J'apprendrai de Brutus à cesser d'être humain :
Je ne te connais plus. Libre dans ma puissance,
Je n'écouterai plus une injuste clémence.
Tranquille, à mon courroux je vais m'abandonner;
Mon cœur trop indulgent est las de pardonner.
J'imiterai Sylla, mais dans ses violences;

Vous tremblerez, ingrats, au bruit de mes vengeances.
Va, cruel, va trouver tes indignes amis :
Tous m'ont osé déplaire, ils seront tous punis.
On sait ce que je puis, on verra ce que j'ose :
Je deviendrai barbare, et toi seul en es cause.

BRUTUS.

Ah ! ne le quittons point dans ses cruels desseins,
Et sauvons, s'il se peut, César et les Romains.

FIN DU SECOND ACTE.

ACTE TROISIÈME.

SCÈNE I.

CASSIUS, CIMBER, DÉCIME, CINNA, CASCA; LES CONJURÉS.

CASSIUS.

Enfin donc l'heure approche où Rome va renaître.
La maîtresse du monde est aujourd'hui sans maître :
L'honneur en est à vous, Cimber, Casca, Probus,
Décime. Encore une heure, et le tyran n'est plus.
Ce que n'ont pu Caton, et Pompée, et l'Asie,
Nous seuls l'exécutons, nous vengeons la patrie ;
Et je veux qu'en ce jour on dise à l'univers :
« Mortels, respectez Rome, elle n'est plus aux fers. »

CIMBER.

Tu vois tous nos amis, ils sont prêts à te suivre,
A frapper, à mourir, à vivre s'il faut vivre;
A servir le sénat, dans l'un ou l'autre sort,
En donnant à César, ou recevant la mort.

DÉCIME.

Mais d'où vient que Brutus ne paraît point encore ?
Lui, ce fier ennemi du tyran qu'il abhorre ;
Lui qui prit nos sermens, qui nous rassembla tous;
Lui qui doit sur César porter les premiers coups?

Le gendre de Caton tarde bien à paraître.
Serait-il arrêté? César peut-il connaître...
Mais le voici. Grands dieux! qu'il paraît abattu!

SCÈNE II.

CASSIUS, BRUTUS, CIMBER, CASCA, DÉCIME; LES CONJURÉS.

CASSIUS.

Brutus, quelle infortune accable ta vertu?
Le tyran sait-il tout? Rome est-elle trahie?

BRUTUS.

Non, César ne sait point qu'on va trancher sa vie.
Il se confie à vous.

DÉCIME.

Qui peut donc te troubler?

BRUTUS.

Un malheur, un secret, qui vous fera trembler.

CASSIUS.

De nous ou du tyran c'est la mort qui s'apprête :
Nous pouvons tous périr; mais trembler, nous!

BRUTUS.

Arrête :
Je vais t'épouvanter par ce secret affreux.
Je dois sa mort à Rome, à vous, à nos neveux,
Au bonheur des mortels; et j'avais choisi l'heure,
Le lieu, le bras, l'instant où Rome veut qu'il meure :
L'honneur du premier coup à mes mains est remis;
Tout est prêt. Apprenez que Brutus est son fils.

CIMBER.

Toi, son fils!

CASSIUS.

De César!

DÉCIME.

O Rome!

BRUTUS.

Servilie
Par un hymen secret à César fut unie;
Je suis de cet hymen le fruit infortuné.

CIMBER.

Brutus, fils d'un tyran!

CASSIUS.

Non, tu n'en es pas né;
Ton cœur est trop romain.

BRUTUS.

Ma honte est véritable.
Vous, amis, qui voyez le destin qui m'accable,
Soyez par mes sermens les maîtres de mon sort.
Est-il quelqu'un de vous d'un esprit assez fort,
Assez stoïque, assez au dessus du vulgaire,
Pour oser décider ce que Brutus doit faire?
Je m'en remets à vous. Quoi! vous baissez les yeux!
Toi, Cassius, aussi, tu te tais avec eux!
Aucun ne me soutient au bord de cet abyme!
Aucun ne m'encourage ou ne m'arrache au crime!
Tu frémis, Cassius! et prompt à t'étonner...

CASSIUS.

Je frémis du conseil que je vais te donner.

BRUTUS.

Parle.

CASSIUS.

Si tu n'étais qu'un citoyen vulgaire,
Je te dirais : Va, sers, sois tyran sous ton père,
Écrase cet état que tu dois soutenir :
Rome aura désormais deux traîtres à punir.
Mais je parle à Brutus, à ce puissant génie,
A ce héros armé contre la tyrannie,
Dont le cœur inflexible, au bien déterminé,
Épura tout le sang que César t'a donné.
Écoute : tu connais avec quelle furie
Jadis Catilina menaça sa patrie?

BRUTUS.

Oui.

CASSIUS.

Si, le même jour que ce grand criminel
Dut à la liberté porter le coup mortel;
Si, lorsque le sénat eut condamné ce traître,
Catilina pour fils t'eût voulu reconnaître,
Entre ce monstre et nous forcé de décider,
Parle : qu'aurais-tu fait?

BRUTUS.

Peux-tu le demander?
Penses-tu qu'un instant ma vertu démentie
Eût mis dans la balance un homme et la patrie?

CASSIUS.

Brutus, par ce seul mot ton devoir est dicté.
C'est l'arrêt du sénat, Rome est en sûreté.

Mais, dis, sens-tu ce trouble, et ce secret murmure
Qu'un préjugé vulgaire impute à la nature ?
Un seul mot de César a-t-il éteint dans toi
L'amour de ton pays, ton devoir et ta foi ?
En disant ce secret, ou faux ou véritable,
Et t'avouant pour fils, en est-il moins coupable ?
En es-tu moins Brutus ? en es-tu moins Romain ?
Nous dois-tu moins ta vie, et ton cœur et ta main ?
Toi, son fils ! Rome enfin n'est-elle plus ta mère ?
Chacun des conjurés n'est-il donc plus ton frère ?
Né dans nos murs sacrés, nourri par Scipion,
Élève de Pompée, adopté par Caton,
Ami de Cassius, que veux-tu davantage ?
Ces titres sont sacrés, tout autre les outrage.
Qu'importe qu'un tyran, esclave de l'amour,
Ait séduit Servilie, et t'ait donné le jour ?
Laisse là les erreurs et l'hymen de ta mère ;
Caton forma tes mœurs, Caton seul est ton père ;
Tu lui dois ta vertu, ton ame est toute à lui :
Brise l'indigne nœud que l'on t'offre aujourd'hui ;
Qu'à nos sermens communs ta fermeté réponde ;
Ah ! tu n'as de parens que les vengeurs du monde.

BRUTUS.

Et vous, braves amis, parlez, que pensez-vous ?

CIMBER.

Jugez de nous par lui, jugez de lui par nous.
D'un autre sentiment si nous étions capables,
Rome n'aurait point eu des enfans plus coupables.
Mais à d'autres qu'à toi pourquoi t'en rapporter ?
C'est ton cœur, c'est Brutus qu'il te faut consulter.

BRUTUS.

Eh bien, à vos regards mon ame est dévoilée ;
Lisez-y les horreurs dont elle est accablée.
Je ne vous cèle rien, ce cœur s'est ébranlé ;
De mes stoïques yeux des larmes ont coulé.
Après l'affreux serment que vous m'avez vu faire,
Prêt à servir l'état, mais à tuer mon père ;
Pleurant d'être son fils, honteux de ses bienfaits ;
Admirant ses vertus, condamnant ses forfaits ;
Voyant en lui mon père, un coupable, un grand homme ;
Entraîné par César, et retenu par Rome ;
D'horreur et de pitié mes esprits déchirés
Ont souhaité la mort que vous lui préparez.
Je vous dirai bien plus, sachez que je l'estime :
Son grand cœur me séduit, au sein même du crime ;
Et si sur les Romains quelqu'un pouvait régner,
Il est le seul tyran que l'on dût épargner.
Ne vous alarmez point ; ce nom que je déteste,
Ce nom seul de tyran l'emporte sur le reste.
Le sénat, Rome et vous, vous avez tous ma foi :
Le bien du monde entier me parle contre un roi.
J'embrasse avec horreur une vertu cruelle ;
J'en frissonne à vos yeux, mais je vous suis fidèle.
César me va parler ; que ne puis-je aujourd'hui
L'attendrir, le changer, sauver l'état et lui !
Veuillent les immortels, s'expliquant par ma bouche,
Prêter à mon organe un pouvoir qui le touche !
Mais si je n'obtiens rien de cet ambitieux,
Levez le bras, frappez, je détourne les yeux.
Je ne trahirai point mon pays pour mon père :

ACTE III, SCÈNE III.

Que l'on approuve ou non ma fermeté sévère,
Qu'à l'univers surpris cette grande action
Soit un objet d'horreur ou d'admiration ;
Mon esprit, peu jaloux de vivre en la mémoire,
Ne considère point le reproche ou la gloire :
Toujours indépendant, et toujours citoyen,
Mon devoir me suffit, tout le reste n'est rien.
Allez, ne songez plus qu'à sortir d'esclavage.

CASSIUS.

Du salut de l'état ta parole est le gage.
Nous comptons tous sur toi, comme si dans ces lieux
Nous entendions Caton, Rome même, et nos dieux.

SCÈNE III.

BRUTUS.

Voici donc le moment où César va m'entendre ;
Voici ce Capitole où la mort va l'attendre.
Épargnez-moi, grands dieux, l'horreur de le haïr !
Dieux, arrêtez ces bras levés pour le punir !
Rendez, s'il se peut, Rome à son grand cœur plus chère,
Et faites qu'il soit juste, afin qu'il soit mon père !
Le voici. Je demeure immobile, éperdu.
O mânes de Caton ! soutenez ma vertu.

SCÈNE IV.

CÉSAR, BRUTUS.

CÉSAR.
Eh bien ! que veux-tu ? Parle. As-tu le cœur d'un [homme ?
Es-tu fils de César ?
BRUTUS.
Oui, si tu l'es de Rome.
CÉSAR.
Républicain farouche, où vas-tu t'emporter ?
N'as-tu voulu me voir que pour mieux m'insulter ?
Quoi ! tandis que sur toi mes faveurs se répandent,
Que du monde soumis les hommages t'attendent,
L'empire, mes bontés, rien ne fléchit ton cœur ?
De quel œil vois-tu donc le sceptre ?
BRUTUS.
Avec horreur.
CÉSAR.
Je plains tes préjugés, je les excuse même.
Mais peux-tu me haïr ?
BRUTUS.
Non, César, et je t'aime.
Mon cœur par tes exploits fut pour toi prévenu,
Avant que pour ton sang tu m'eusses reconnu.
Je me suis plaint aux dieux de voir qu'un si grand [homme
Fût à la fois la gloire et le fléau de Rome.
Je déteste César avec le nom de roi :
Mais César citoyen serait un dieu pour moi ;

Je lui sacrifierais ma fortune et ma vie.
CÉSAR.
Que peux-tu donc haïr en moi?
BRUTUS.
La tyrannie.
Daigne écouter les vœux, les larmes, les avis
De tous les vrais Romains, du sénat, de ton fils.
Veux-tu vivre en effet le premier de la terre,
Jouir d'un droit plus saint que celui de la guerre,
Être encor plus que roi, plus même que César?
CÉSAR.
Eh bien?
BRUTUS.
Tu vois la terre enchaînée à ton char:
Romps nos fers, sois Romain, renonce au diadème.
CÉSAR.
Ah! que proposes-tu?
BRUTUS.
Ce qu'a fait Sylla même.
Long-temps dans notre sang Sylla s'était noyé;
Il rendit Rome libre, et tout fut oublié.
Cet assassin illustre, entouré de victimes,
En descendant du trône effaça tous ses crimes.
Tu n'eus point ses fureurs, ose avoir ses vertus.
Ton cœur sut pardonner; César, fais encor plus.
Que servent désormais les graces que tu donnes?
C'est à Rome, à l'état qu'il faut que tu pardonnes:
Alors, plus qu'à ton rang, nos cœurs te sont soumis;
Alors tu sais régner; alors je suis ton fils.
Quoi! je te parle en vain?

CÉSAR.

                     Rome demande un maître;
Un jour à tes dépens tu l'apprendras peut-être.
Tu vois nos citoyens plus puissans que des rois:
Nos mœurs changent, Brutus; il faut changer nos lois.
La liberté n'est plus que le droit de se nuire :
Rome, qui détruit tout, semble enfin se détruire.
Ce colosse effrayant, dont le monde est foulé,
En pressant l'univers, est lui-même ébranlé.
Il penche vers sa chute, et contre la tempête
Il demande mon bras pour soutenir sa tête [8].
Enfin depuis Sylla, nos antiques vertus,
Les lois, Rome, l'état, sont des noms superflus.
Dans nos temps corrompus, pleins de guerres civiles,
Tu parles comme aux temps des Dèces, des Émiles.
Caton t'a trop séduit, mon cher fils; je prévoi
Que ta triste vertu perdra l'état et toi.
Fais céder, si tu peux, ta raison détrompée
Au vainqueur de Caton, au vainqueur de Pompée,
A ton père qui t'aime, et qui plaint ton erreur;
Sois mon fils, en effet, Brutus, rends-moi ton cœur;
Prends d'autres sentimens, ma bonté t'en conjure;
Ne force point ton ame à vaincre la nature.
Tu ne me réponds rien? tu détournes les yeux?

BRUTUS.

Je ne te connais plus. Tonnez sur moi, grands dieux!
César...

CÉSAR.

           Quoi! tu t'émeus? ton ame est amollie?
Ah! mon fils...

ACTE III, SCÈNE IV.

BRUTUS.

Sais-tu bien qu'il y va de ta vie?
Sais-tu que le sénat n'a point de vrai Romain
Qui n'aspire en secret à te percer le sein?
Que le salut de Rome et que le tien te touche!
Ton génie alarmé te parle par ma bouche;
Il me pousse, il me presse, il me jette à tes pieds.
(Il se jette à ses genoux.)
César, au nom des dieux dans ton cœur oubliés,
Au nom de tes vertus, de Rome et de toi-même,
Dirai-je au nom d'un fils qui frémit et qui t'aime,
Qui te préfère au monde, et Rome seule à toi,
Ne me rebute pas!

CÉSAR.

Malheureux, laisse-moi.
Que me veux-tu?

BRUTUS.

Crois-moi, ne sois point insensible.

CÉSAR.

L'univers peut changer, mon ame est inflexible.

BRUTUS.

Voilà donc ta réponse?

CÉSAR.

Oui, tout est résolu.
Rome doit obéir, quand César a voulu.

BRUTUS, *d'un air consterné.*

Adieu, César.

CÉSAR.

Eh quoi! d'où viennent tes alarmes?
Demeure encor, mon fils. Quoi! tu verses des larmes!

Quoi! Brutus peut pleurer! Est-ce d'avoir un roi?
Pleures-tu les Romains?

BRUTUS.

     Je ne pleure que toi.
Adieu, te dis-je.

CÉSAR.

    O Rome! ô rigueur héroïque!
Que ne puis-je à ce point aimer ma république!

SCÈNE V.

CÉSAR, DOLABELLA; ROMAINS.

DOLABELLA.

Le sénat par ton ordre au temple est arrivé :
On n'attend plus que toi, le trône est élevé.
Tous ceux qui t'ont vendu leur vie et leurs suffrages
Vont prodiguer l'encens au pied de tes images.
J'amène devant toi la foule des Romains :
Le sénat va fixer leurs esprits incertains;
Mais si César croyait un citoyen qui l'aime [9],
Nos présages affreux, nos devins, nos dieux même,
César différerait ce grand événement.

CÉSAR.

Quoi! lorsqu'il faut régner, différer d'un moment!
Qui pourrait m'arrêter, moi?

DOLABELLA.

     Toute la nature
Conspire à t'avertir par un sinistre augure.
Le ciel qui fait les rois redoute ton trépas.

CÉSAR.

Va, César n'est qu'un homme, et je ne pense pas
Que le ciel de mon sort à ce point s'inquiète,
Qu'il anime pour moi la nature muette;
Et que les élémens paraissent confondus,
Pour qu'un mortel ici respire un jour de plus.
Les dieux du haut du ciel ont compté nos années;
Suivons sans reculer nos hautes destinées.
César n'a rien à craindre.

DOLABELLA.

Il a des ennemis,
Qui sous un joug nouveau sont à peine asservis.
Qui sait s'ils n'auraient point conspiré leur vengeance?

CÉSAR.

Ils n'oseraient.

DOLABELLA.

Ton cœur a trop de confiance.

CÉSAR.

Tant de précautions contre mon jour fatal
Me rendraient méprisable, et me défendraient mal.

DOLABELLA.

Pour le salut de Rome il faut que César vive;
Dans le sénat au moins permets que je te suive.

CÉSAR.

Non; pourquoi changer l'ordre entre nous concerté?
N'avançons point, ami, le moment arrêté;
Qui change ses desseins découvre sa faiblesse.

DOLABELLA.

Je te quitte à regret. Je crains, je le confesse:
Ce nouveau mouvement dans mon cœur est trop fort.

CÉSAR.

Va, j'aime mieux mourir que de craindre la mort [10].
Allons.

SCÈNE VI.

DOLABELLA; ROMAINS.

Chers citoyens, quel héros, quel courage
De la terre et de vous méritait mieux l'hommage ?
Joignez vos vœux aux miens, peuples qui l'admirez;
Confirmez les honneurs qui lui sont préparés;
Vivez pour le servir, mourez pour le défendre...
Quelles clameurs, ô ciel! quels cris se font entendre!

LES CONJURÉS, *derrière le théâtre.*

Meurs, expire, tyran. Courage, Cassius.

DOLABELLA.

Ah! courons le sauver.

SCÈNE VII.

CASSIUS, *un poignard à la main;* DOLABELLA, ROMAINS.

CASSIUS.

C'en est fait, il n'est plus.

DOLABELLA.

Peuples, secondez-moi; frappons, perçons ce traître.

CASSIUS.

Peuples, imitez-moi, vous n'avez plus de maître.
Nation de héros, vainqueurs de l'univers,

ACTE III, SCÈNE VII.

Vive la liberté! ma main brise vos fers.
DOLABELLA.
Vous trahissez, Romains, le sang de ce grand homme!
CASSIUS.
J'ai tué mon ami, pour le salut de Rome [11] :
Il vous asservit tous, son sang est répandu.
Est-il quelqu'un de vous de si peu de vertu,
D'un esprit si rampant, d'un si faible courage,
Qu'il puisse regretter César et l'esclavage?
Quel est ce vil Romain qui veut avoir un roi?
S'il en est un, qu'il parle, et qu'il se plaigne à moi.
Mais vous m'applaudissez, vous aimez tous la gloire.
ROMAINS.
César fut un tyran, périsse sa mémoire!
CASSIUS.
Maîtres du monde entier, de Rome heureux enfans,
Conservez à jamais ces nobles sentimens.
Je sais que devant vous Antoine va paraître :
Amis, souvenez-vous que César fut son maître,
Qu'il a servi sous lui, dès ses plus jeunes ans,
Dans l'école du crime et dans l'art des tyrans.
Il vient justifier son maître et son empire;
Il vous méprise assez pour penser vous séduire.
Sans doute il peut ici faire entendre sa voix :
Telle est la loi de Rome, et j'obéis aux lois.
Le peuple est désormais leur organe suprême,
Le juge de César, d'Antoine, de moi-même.
Vous rentrez dans vos droits indignement perdus;
César vous les ravit, je vous les ai rendus :
Je les veux affermir. Je rentre au Capitole;

Brutus est au sénat, il m'attend, et j'y vole.
Je vais avec Brutus, en ces murs désolés,
Rappeler la justice, et nos dieux exilés,
Étouffer des méchans les fureurs intestines,
Et de la liberté réparer les ruines.
Vous, Romains, seulement consentez d'être heureux,
Ne vous trahissez pas, c'est tout ce que je veux;
Redoutez tout d'Antoine, et surtout l'artifice.

ROMAINS.

S'il vous ose accuser, que lui-même il périsse!

CASSIUS.

Souvenez-vous, Romains, de ces sermens sacrés.

ROMAINS.

Aux vengeurs de l'état nos cœurs sont assurés.

SCÈNE VIII.

ANTOINE, ROMAINS, DOLABELLA.

UN ROMAIN.

Mais Antoine paraît.

AUTRE ROMAIN.

    Qu'osera-t-il nous dire?

UN ROMAIN.

Ses yeux versent des pleurs; il se trouble, il soupire.

UN AUTRE.

Il aimait trop César.

ANTOINE, *montant à la tribune aux harangues.*

     Oui, je l'aimais, Romains;
Oui, j'aurais de mes jours prolongé ses destins.

Hélas! vous avez tous pensé comme moi-même;
Et lorsque de son front ôtant le diadème,
Ce héros à vos lois s'immolait aujourd'hui,
Qui de vous en effet n'eût expiré pour lui?
Hélas! je ne viens point célébrer sa mémoire;
La voix du monde entier parle assez de sa gloire;
Mais de mon désespoir ayez quelque pitié,
Et pardonnez du moins des pleurs à l'amitié.

UN ROMAIN.

Il les fallait verser quand Rome avait un maître.
César fut un héros; mais César fut un traître.

AUTRE ROMAIN.

Puisqu'il était tyran, il n'eut point de vertus.

UN TROISIÈME.

Oui, nous approuvons tous Cassius et Brutus.

ANTOINE.

Contre ses meurtriers je n'ai rien à vous dire;
C'est à servir l'état que leur grand cœur aspire.
De votre dictateur ils ont percé le flanc;
Comblés de ses bienfaits, ils sont teints de son sang.
Pour forcer des Romains à ce coup détestable,
Sans doute il fallait bien que César fût coupable;
Je le crois. Mais enfin César a-t-il jamais
De son pouvoir sur vous appesanti le faix?
A-t-il gardé pour lui le fruit de ses conquêtes?
Des dépouilles du monde il couronnait vos têtes.
Tout l'or des nations qui tombaient sous ses coups,
Tout le prix de son sang fut prodigué pour vous.
De son char de triomphe il voyait vos alarmes:
César en descendait pour essuyer vos larmes.

Du monde qu'il soumit vous triomphez en paix,
Puissans par son courage, heureux par ses bienfaits.
Il payait le service, il pardonnait l'outrage.
Vous le savez, grands dieux ! vous dont il fut l'image ;
Vous, dieux, qui lui laissiez le monde à gouverner,
Vous savez si son cœur aimait à pardonner !

ROMAINS.

Il est vrai que César fit aimer sa clémence.

ANTOINE.

Hélas ! si sa grande ame eût connu la vengeance,
Il vivrait, et sa vie eût rempli nos souhaits.
Sur tous ses meurtriers il versa ses bienfaits ;
Deux fois à Cassius il conserva la vie.
Brutus... où suis-je ? ô ciel ! ô crime ! ô barbarie !
Chers amis, je succombe ; et mes sens interdits...
Brutus, son assassin !.. ce monstre était son fils.

ROMAINS.

Ah, dieux !

ANTOINE.

Je vois frémir vos généreux courages ;
Amis, je vois les pleurs qui mouillent vos visages.
Oui, Brutus est son fils ; mais vous qui m'écoutez,
Vous étiez ses enfans dans son cœur adoptés.
Hélas ! si vous saviez sa volonté dernière !

ROMAINS.

Quelle est-elle ? parlez.

ANTOINE.

Rome est son héritière.
Ses trésors sont vos biens ; vous en allez jouir :
Au delà du tombeau César veut vous servir.

ACTE III, SCÈNE VIII.

C'est vous seuls qu'il aimait : c'est pour vous qu'en Asie
Il allait prodiguer sa fortune et sa vie.
« O Romains ! disait-il, peuple-roi que je sers,
« Commandez à César, César à l'univers. »
Brutus ou Cassius eût-il fait davantage ?

ROMAINS.

Ah ! nous les détestons. Ce doute nous outrage.

UN ROMAIN.

César fut en effet le père de l'état.

ANTOINE.

Votre père n'est plus : un lâche assassinat
Vient de trancher ici les jours de ce grand homme,
L'honneur de la nature et la gloire de Rome.
Romains, priverez-vous des honneurs du bûcher
Ce père, cet ami, qui vous était si cher ?
On l'apporte à vos yeux.

(*Le fond du théâtre s'ouvre; des licteurs apportent le corps de César couvert d'une robe sanglante; Antoine descend de la tribune, et se jette à genoux auprès du corps.*)

ROMAINS.

    O spectacle funeste !

ANTOINE.

Du plus grand des Romains voilà ce qui vous reste ;
Voilà ce dieu vengeur, idolâtré par vous,
Que ses assassins même adoraient à genoux ;
Qui, toujours votre appui dans la paix, dans la guerre,
Une heure auparavant fesait trembler la terre ;
Qui devait enchaîner Babylone à son char :
Amis, en cet état connaissez-vous César ?
Vous les voyez, Romains, vous touchez ces blessures,

Ce sang qu'ont sous vos yeux versé des mains parjures.
Là, Cimber l'a frappé; là, sur le grand César,
Cassius et Décime enfonçaient leur poignard.
Là, Brutus éperdu, Brutus, l'ame égarée,
A souillé dans ses flancs sa main dénaturée.
César, le regardant d'un œil tranquille et doux,
Lui pardonnait encore en tombant sous ses coups.
Il l'appelait son fils, et ce nom cher et tendre
Est le seul qu'en mourant César ait fait entendre :
« O mon fils ! » disait-il.

UN ROMAIN.

O monstre que les dieux
Devaient exterminer avant ce coup affreux !

AUTRES ROMAINS, *en regardant le corps dont ils sont proche.*

Dieux ! son sang coule encore !

ANTOINE.

Il demande vengeance,
Il l'attend de vos mains et de votre vaillance.
Entendez-vous sa voix? Réveillez-vous, Romains;
Marchez, suivez-moi tous contre ses assassins :
Ce sont là les honneurs qu'à César on doit rendre.
Des brandons du bûcher qui va le mettre en cendre,
Embrasons les palais de ces fiers conjurés :
Enfonçons dans leur sein nos bras désespérés.
Venez, dignes amis; venez, vengeurs des crimes,
Au Dieu de la patrie immoler ces victimes.

ROMAINS.

Oui, nous les punirons; oui, nous suivrons vos pas.

Nous jurons par son sang de venger son trépas.
Courons.

ANTOINE, *à Dolabella*.

Ne laissons pas leur fureur inutile ;
Précipitons ce peuple inconstant et facile.
Entraînons-le à la guerre, et, sans rien ménager,
Succédons à César, en courant le venger.

VARIANTES

DE LA TRAGÉDIE DE LA MORT DE CÉSAR.

a Dans toutes les anciennes éditions on lisait :

Il n'est qu'un citoyen *fameux* par ses services.

Connu est plus simple, et convient mieux à César parlant de lui-même.

b Dans les éditions précédentes il y avait :

Ah ! cesse donc d'aimer l'orgueil du diadème.

FIN DES VARIANTES DE LA MORT DE CÉSAR.

NOTES
DE LA TRAGÉDIE DE LA MORT DE CÉSAR.

¹ Dans *Alzire*, Montèze dit à sa fille :

> Tu dois à ton état plier ton caractère.

² *Voyez* les notes sur *Zaïre*.

³ C'est le mot de César lorsqu'il aperçut Brutus à la tête des conjurés. M. de Voltaire l'a placé dans cette scène, et y a substitué dans le récit de la mort de César ce tableau touchant :

> César le regardant d'un œil tranquille et doux,
> Lui pardonnait encore en tombant sous ses coups.
> « O mon fils ! » disait-il, etc.

⁴ Brutus trouva en effet des billets dans lesquels on lui reprochait de n'être pas digne de son nom, et ces reproches achevèrent de le déterminer à la conjuration.

⁵ Nous invitons les partisans du beau naturel de Shakespeare à comparer ce récit avec celui de la tragédie anglaise ; et nous prenons la liberté de leur demander si les plates bouffonneries de Casca leur paraissent bien propres à augmenter l'illusion de la scène et l'effet théâtral.

⁶ Cornélie, dans *la Mort de Pompée*, dit, en parlant de la douleur que César montrait du malheur de son ennemi :

> Une maligne joie en son cœur s'élevait,
> Dont sa gloire indignée à peine le sauvait.

⁷ C'était ainsi que Brutus devait penser de Cicéron. Ce portrait d'ailleurs est conforme à l'histoire ; il y avait loin de

Catilina à César; il fallait alors un autre courage et d'autres vertus. Ce vers:

> Hardi dans le sénat, faible dans le danger,

est très vrai, non que Cicéron manquât de courage personnel, mais son courage d'esprit l'abandonnait lorsqu'il n'était ni dans le sénat, ni dans la tribune aux harangues. Sa force était dans son éloquence, et il se livrait à toute sa faiblesse dans les conjonctures où l'éloquence devenait inutile.

[8] Corneille, dans *la Mort de Pompée*, emploie une image semblable; il dit que Pompée a espéré que l'Égypte,

> Ayant sauvé le ciel, pourra sauver la terre,
> Et dans son désespoir à la fin se mêlant,
> Pourra prêter l'épaule au monde chancelant.

[9] Il y avait dans les premières éditions, un *vieux soldat qui t'aime;* mais Dolabella, gendre de Cicéron, n'était point un vieux soldat, c'était un jeune sénateur très aimable, très intrigant et très ambitieux. Comme Clodius, il s'était fait adopter par un plébéien, afin de pouvoir être tribun. Lorsque César fut tué, Dolabella avait été nommé consul avant l'âge prescrit par les lois; mais Antoine, qui était jaloux de sa faveur, déclara son élection nulle, en qualité d'augure. Ils se réconcilièrent après la mort de César; et Dolabella se tua en Asie quelque temps après, pour ne pas tomber entre les mains de Cassius. Il avait alors environ vingt-sept ans.

[10] C'est un mot de César: une autre fois on disputait devant lui sur l'espèce de mort la moins fâcheuse: *La plus courte et la moins prévue*, répondit-il.

[11] Il y a dans cette scène, dans celle de la conspiration, dans le discours d'Antoine, quelques morceaux imités de Shakespeare. *Voyez* dans cette édition les trois premiers actes du *Jules César* anglais, traduits par M. de Voltaire.

FIN DES NOTES DE LA MORT DE CÉSAR.

TANIS ET ZÉLIDE,

OU

LES ROIS PASTEURS,

TRAGÉDIE EN CINQ ACTES,

POUR ÊTRE MISE EN MUSIQUE.

1735.

AVERTISSEMENT.

Strabon rapporte que, dans le temps de la plus haute antiquité, il y avait en Égypte des mages si puissans, qu'ils disposaient de la vie des rois. C'est une opinion reçue que ces mages opéraient des prodiges terribles, soit par la connaissance des secrets de la nature et par un art qui a péri avec eux, soit par un commerce avec des êtres surnaturels.

On sait que les pasteurs étaient abhorrés dans le pays où ces mages dominaient, et qu'enfin les pasteurs régnèrent en Égypte.

Cet établissement des rois pasteurs, les prodiges des mages confondus, leur pouvoir anéanti, et le commencement du culte d'Osiris et d'Isis, sont le fondement de cet ouvrage.

PERSONNAGES.

ZÉLIDE, fille d'un roi de Memphis.
TANIS,
CLÉOFIS, } bergers.
PANOPE, confidente de Zélide.
OTOÈS, chef des mages de Memphis.
PHANOR, guerrier de Memphis.
MAGES.
ISIS et OSIRIS.
Bergers, Bergères, Peuple.
Chœurs.

TANIS ET ZÉLIDE,

TRAGÉDIE-OPÉRA [1].

ACTE PREMIER.

SCÈNE I.

ZÉLIDE, PANOPE.

ZÉLIDE.

Dieux bienfesans qu'en ce bois on adore,
Protégez-moi toujours contre mes oppresseurs !
Les mages de Memphis me poursuivent encore ;
Et de simples bergers sont mes seuls défenseurs.
C'est ici que Tanis a repoussé la rage
    De nos implacables vainqueurs.
Je n'ai d'autres plaisirs dans mes cruels malheurs
    Que de parler de son courage.

PANOPE.

Oubliez-vous Phanor ?

ZÉLIDE.

    A mon père attaché,
Il a suivi mon sort ; je connais sa vaillance.

---

[1] Cette pièce a été imprimée pour la première fois dans l'édition de Kehl. Six vers sont sans rimes, et il a été absolument impossible de retrouver les vers correspondans.

PANOPE.

Ah! que vous le voyez avec indifférence !

ZÉLIDE.

Il a fait son devoir; mon cœur en est touché.

PANOPE.

Des mages de Memphis il brava la colère.
Depuis que ces tyrans ont détrôné les rois,
Depuis qu'ils ont versé le sang de votre père,
Il s'éleva contre eux, il défendit vos droits.
Il a conduit vos pas : il vous aime; il espère
  Vous mériter par ses exploits.

ZÉLIDE.

Malgré tous ses efforts, errante, poursuivie,
  Je périssais près de ces lieux :
Lui-même allait tomber sous un joug odieux.
Nous devons à Tanis la liberté, la vie.
  Que Tanis est grand à mes yeux !

PANOPE.

  L'estime et la reconnaissance
  Sont le juste prix des bienfaits;
Mais de simples bergers pourront-ils à jamais
Des tyrans de Memphis braver la violence ?
Votre trône est tombé; vous n'avez plus d'amis.
  Quelle est encor votre espérance ?

ZÉLIDE.

Au seul bras de Tanis je dois ma délivrance.
 J'espère tout du généreux Tanis.

SCÈNE II.

ZÉLIDE, PANOPE; LES BERGERS, *armés de lances, entrent avec les bergères, qui portent des houlettes et des instrumens de musique champêtre.*

CHŒUR DES BERGERS

Demeurez, régnez sur nos rivages;
Connaissez la paix et les beaux jours.
La nature a mis dans nos bocages
Les vrais biens ignorés dans les cours.

UNE BERGÈRE.

Sans éclat et sans envie,
Satisfaits de notre sort,
Nous jouissons de la vie;
Nous ne craignons point la mort.
L'innocence et le courage,
L'amitié, le tendre amour,
Sont la gloire et l'avantage
De ce fortuné séjour.

(Danses.)

UN BERGER.

On peut nous charmer,
Jamais nous abattre :
Nous savons combattre, ,
Nous savons aimer.

CHŒUR.

Demeurez, régnez sur ces rivages;
Connaissez la paix et les beaux jours.

La nature a mis dans nos bocages
Les vrais biens ignorés dans les cours.

ZÉLIDE.

Pasteurs, heureux pasteurs, aussi doux qu'invincibles,
Vous qui bravez la mort, vous qui bravez les fers
  De vos pontifes inflexibles,
   Que j'aime vos riants déserts!
Que ce séjour me plaît! que Memphis est sauvage!
Comment avez-vous pu dans ce bois enchanté,
Près des murs de Memphis, et près de l'esclavage,
   Conserver votre liberté?
Comment avez-vous pu vivre toujours sans maîtres
   Dans ces paisibles lieux?

LES BERGERS.

Nous avons conservé les mœurs de nos ancêtres;
Nous bravons les tyrans, et nous aimons nos dieux.

ZÉLIDE.

Que de grandeur, ô ciel! dans la simple innocence!
Respectables mortels! ciel heureux! jours sereins!

LES BERGERS.

C'est ainsi qu'autrefois vivaient tous les humains.

ZÉLIDE.

Mais Tanis parmi vous a-t-il quelque puissance?

LES BERGERS.

  Dans notre heureuse égalité,
Tanis a sur nos cœurs la douce autorité
   Que ses vertus et sa vaillance
   N'ont que trop bien mérité.

SCÈNE III.

ZÉLIDE, TANIS; LE CHŒUR.

TANIS.

Est-il possible, ô dieux! Phanor ose entreprendre
D'exposer vos beaux jours à nos fiers ennemis!
Qu'iriez-vous faire, hélas! aux remparts de Memphis?
  Quel sort y pouvez-vous attendre?
Nos campagnes, nos bois, et nos cœurs sont à vous.
  Faudra-t-il qu'un peuple perfide,
Que des mages sanglans, une cour homicide,
  L'emportent sur des biens si doux?

ZÉLIDE.

  Quoi! Phanor après sa défaite
Aux rivages du Nil ose-t-il retourner?
Ah! s'il me faut quitter cette aimable retraite,
  Tanis veut-il m'abandonner?

TANIS.

  Nous ne ravageons point la terre;
Nous défendons nos champs quand ils sont menacés;
  Nous détestons l'horrible guerre:
Mais vous changez nos lois dès que vous paraissez.
Au bout de l'univers je suis prêt à vous suivre.
  C'était peu de vous secourir;
  C'est pour vous qu'il est doux de vivre,
Et c'est en vous vengeant qu'il est doux de mourir.

SCÈNE IV.

ZÉLIDE, TANIS, PHANOR; LE CHŒUR,
SUITE DE PHANOR.

PHANOR.

L'ennemi vient à nous, et pense nous surprendre.
C'est à vous de me seconder :
Tanis, et vous, bergers, allez, allez défendre
Vos passages qu'il faut garder.

TANIS.

Nous n'avons pas besoin de votre ordre suprême ;
Vous nous avez vus dans ces lieux
Délivrer la princesse, et vous sauver vous-même ;
Et nous ne connaissons de maître que ses yeux.

PHANOR.

Je commande en son nom.

TANIS.

Que votre orgueil contemple
Et notre zèle et nos exploits ;
Cessez de nous donner des lois,
Et recevez de nous l'exemple.

PHANOR.

Tanis, en d'autres temps votre témérité
Tiendrait un différent langage.

TANIS.

En tous temps mon courage
Méprise et dompte la fierté.

ACTE I, SCÈNE V.

ZÉLIDE.

Arrêtez : quel transport à mes yeux vous divise ?
Ma fortune vous est soumise ;
Tout est perdu pour moi si vous n'êtes unis.

TANIS.

C'est assez, pardonnez : je vole, et j'obéis.

SCÈNE V.

ZÉLIDE, PHANOR.

PHANOR.

Non, je ne puis souffrir l'indigne déférence
Dont vous l'honorez à mes yeux :
La seule égalité m'offense ;
L'injurieuse préférence
Est un affront trop odieux.

ZÉLIDE.   [dre ?

Il combat pour vous-même, est-ce à vous de vous plain-
Vous deviez plus d'égards aux exploits de Tanis.
Il faut ménager, il faut craindre
Les grands cœurs qui nous ont servis.

PHANOR.

Poursuivez, achevez, ingrate ;
Faites tomber sur moi notre commun malheur ;
Élevez jusqu'à vous un barbare, un pasteur.
Oubliez...

ZÉLIDE.

Osez-vous...

PHANOR.

Oui, je vois qu'il s'en flatte ;
Oui, vous encouragez sa téméraire ardeur.
Votre faiblesse éclate
Dans vos yeux et dans votre cœur.

ZÉLIDE.

Pourquoi soupçonnez-vous que je puisse descendre
Jusqu'à souffrir qu'il vive sous ma loi ?
Vos soupçons menaçans suffiraient pour m'apprendre
Qu'il n'est pas indigne de moi.

PHANOR.

O ciel ! qu'avec raison de ce fatal rivage
Je voulais partir aujourd'hui !
Pouvez-vous à ce point outrager mon courage ?

ZÉLIDE.

Si l'égaler à vous c'est vous faire un outrage,
Surpassez son grand cœur en servant mieux que lui.

CHŒUR DES PASTEURS, *derrière la scène.*

Aux armes ! aux armes !
Marchons, signalons-nous.

PHANOR.

Eh bien, je vais périr pour vos perfides charmes ;
Je vais chercher la mort, et j'en chéris les coups.
Vous seule causez mes alarmes ;
Je n'ai point d'ennemis plus funestes que vous.

(Il sort.)

LE CHŒUR.

Aux armes ! aux armes !
Marchons, signalons-nous.

SCÈNE VI.

ZÉLIDE.

Ah! je mérite sa colère.
Je n'osais m'avouer mes secrets sentimens ;
Je vois par ses emportemens
Combien Tanis a su me plaire ;
Je sens combien je l'aime à son nouveau danger.
Je brûle de le partager.
Que de vertu! que de vaillance!
Dieux! pour sa récompense
Est-ce trop que mon cœur?
Faut-il que ma gloire s'offense
D'une si juste ardeur?
Non : pour sa récompense
Je lui dois tout mon cœur.

FIN DU PREMIER ACTE.

ACTE SECOND.

SCÈNE I.

LE PRÊTRE D'ISIS, TANIS, CLÉOFIS;
CHŒURS DE BERGERS ET DE BERGÈRES.

LE CHŒUR DES BERGERS.

Victoire! victoire!
Nos cruels ennemis
Sont tombés sous les coups du généreux Tanis.

LE CHŒUR DES BERGÈRES.

Périsse leur mémoire!
Plaisirs, ne soyez plus bannis.

(Ensemble.)

Triomphe! victoire!

LE PRÊTRE D'ISIS.

Tendre Isis, Osiris, premiers dieux des mortels,
Pourquoi ne régnez-vous qu'en ces heureux bocages!
Ne punirez-vous point ces implacables mages,
Ces ennemis de vos autels?
Aux portes de Memphis nous bravons leur puissance :
Mais est-ce assez pour nous de ne pas succomber?
Quand les verrons-nous tomber
Sous les coups de votre vengeance?

CHŒUR DES BERGERS.

L'aimable liberté règne dans ces beaux lieux;
Quels autres biens demandez-vous aux dieux?

ACTE II, SCÈNE I.

CHŒUR DES BERGÈRES.

Doux bergers, si craints dans les alarmes,
Ne soyez soumis que par nos charmes.

UNE BERGÈRE.

Que ces fleurs nouvelles
Ornent nos pasteurs :
C'est aux belles
A couronner les vainqueurs.

LE CHOEUR DES BERGÈRES.

Doux bergers, si craints dans les alarmes,
Ne soyez soumis que par nos charmes.

(Danses.)

UNE BERGÈRE.

De Vénus oiseaux charmans,
Vous n'êtes pas si fidèles.
Des plus tendres tourterelles
Les transports sont moins touchans.
L'aigle impétueux et rapide
Porte au haut des cieux,
D'un vol moins intrépide,
Le brillant tonnerre des dieux.

LE CHOEUR DES BERGÈRES.

Doux bergers, si craints dans les alarmes,
Ne soyez soumis que par nos charmes.

LE PRÊTRE D'ISIS.

Venez, bergers, il en est temps :
Consacrez à nos dieux les nobles monumens
De la valeur et de la gloire.

LE CHŒUR.

Triomphe! victoire!

SCÈNE II.

TANIS, CLÉOFIS.

CLEOFIS.
Quoi! vous ne suivez point leurs pas?
TANIS.
Demeure, ne me quitte pas.
Tu connais ma secrète flamme:
Connais le trouble affreux qui déchire mon ame.
CLÉOFIS.
Redoutez-vous Phanor?
TANIS.
Dans mes troubles cruels,
Tout m'alarme auprès de Zélide.
Ami, le plus fier des mortels
Devient l'amant le plus timide.
Je crains ce que j'adore, et tout me fait trembler.
Mes yeux sont éblouis; j'hésite, je chancelle:
Mon cœur parle à ses yeux, ma voix n'ose parler.
. . . .
Je nourris en secret le feu qui me dévore;
Et lorsque le sommeil vient calmer ma douleur,
Les dieux la redoublent encore.
Osiris m'apparaît précédé des éclairs.
Dans le sein de la nuit profonde,
Autour de lui la foudre gronde;
Neptune soulève son onde,
Les noirs abymes sont ouverts.

Qu'ai-je donc fait aux dieux? quelle menace horrible!

CLÉOFIS.

Osiris vous protége, il a conduit vos pas :
C'est lui qui vous rend invincible ;
Il vous avertissait, il ne menaçait pas.

TANIS.

Osiris, tu connais comme on aime.
Isis, au céleste séjour,
La seule Isis fait ton bonheur suprême.
Dieux qui savez aimer, favorisez l'amour !
(Pendant que Tanis fait cette prière aux dieux, Isis et Osiris descendent dans un nuage brillant.)

SCÈNE III.

ISIS ET OSIRIS, *dans le nuage;* TANIS, CLÉOFIS.

ISIS ET OSIRIS.

L'amour te conduira dans la cité barbare
Où les mages donnent la loi :
Soutiens le sort affreux que l'Amour t'y prépare,
Et vois le trépas sans effroi.

SCÈNE IV.

TANIS, CLÉOFIS.

TANIS.

De quel trouble nouveau je sens mon ame atteinte !

CLÉOFIS.

De quelle horreur je suis surpris !

TANIS.

Pour braver les dangers et voir la mort sans crainte,
Mon cœur n'attendait pas l'oracle d'Osiris;
Mais pour mes tendres feux quel funeste présage!
  Quel oracle pour un amant!
  O dieux! dont Zélide est l'image,
  Peut-on vous déplaire en l'aimant?

SCÈNE V.

TANIS, ZÉLIDE.

TANIS.

Princesse, dans mes yeux vous lisez mon offense;
  Mon crime éclate devant vous.
  Je crains la céleste vengeance;
  Mais je crains plus votre courroux.

ZÉLIDE.

J'ignore à quels desseins votre cœur s'abandonne.
  Je vois en vous mon défenseur.
  S'il est un crime au fond de votre cœur,
  Je sens que le mien vous pardonne.

TANIS.

Un berger vous adore, et vous lui pardonnez!
  Ah! je tremblais à vous le dire:
  J'ai bravé les fronts couronnés,
  Et leur éclat, et leur empire;
Mon orgueil me trompait; j'écoutai trop sa voix:
  Cet orgueil s'abaisse; il commence,
  Depuis le jour que je vous vois,

ACTE II, SCÈNE V.

A sentir qu'entre nous il est trop de distance.

ZÉLIDE.

Il n'en est point, Tanis; et s'il en eût été,
　　L'amour l'aurait fait disparaître.
Ce n'est pas des grandeurs où les dieux m'ont fait naître
　　Que mon cœur est le plus flatté.

TANIS.

　　L'amant que votre cœur préfère
　　Devient le premier des humains;
　　Vous voir, vous adorer, vous plaire,
　　Est le plus brillant des destins:
　　　Mais quand vous m'êtes propice,
　　　Le ciel paraît en courroux;
　　　J'aurais cru que sa justice
　　　Pensait toujours comme vous.

ZÉLIDE.

Non, je ne puis douter que le ciel ne vous aime.

TANIS.

Je viens d'entendre ici son oracle suprême:
L'amour doit dans Memphis me punir à vos yeux.

ZÉLIDE.

Vous punir! vous, Tanis! quelle horrible injustice!
　　Ah! que plutôt Memphis périsse!
　　Évitons ces murs odieux,
Évitons cette ville impie et meurtrière.
Je renonce à Memphis, je demeure en ces lieux:
Vos lois seront mes lois, vos dieux seront mes dieux;
Tanis me tiendra lieu de la nature entière:
　　Je n'y vois plus rien que nous deux.

TANIS ET ZÉLIDE.

Osiris que l'amour engage,
Toujours aimé d'Isis, et toujours amoureux,
Nous serons fidèles, heureux,
Dans cet obscur bocage,
Comme vous l'êtes dans les cieux.

SCÈNE VI.

ZÉLIDE, TANIS, PHANOR.

PHANOR.

Zélide, inhumaine, cruelle !
. . . .
C'est ainsi que je suis trahi !
J'avais tout fait pour vous : l'amour m'en a puni :
Sous les lois d'un pasteur un vil amour vous range !
Ah ! si vous ne craignez dans vos indignes fers
Les reproches de l'univers,
Craignez au moins que je me venge.

TANIS.

Vous venger ! et de qui ?

ZÉLIDE.

Calmez ce vain courroux :
Je ne crains l'univers ni vous.
Je dois avouer que je l'aime.
Prétendez-vous forcer un cœur
Qui ne dépend que de lui-même ?
Êtes-vous mon tyran plus que mon défenseur ?
Pardonnez à l'Amour ; il règne avec caprice ;

Il enchaîne à son choix
Les cœurs des bergers et des rois.
Un berger tel que lui n'a rien dont je rougisse.

PHANOR.

Ah! je rougis pour vous de votre aveuglement :
Mais frémissez du tourment qui m'accable;
Vous avez fait du plus fidèle amant
L'ennemi le plus implacable.
L'asile où l'on trahit ma foi
Ne vous défendra pas de ma rage inflexible.
Nous verrons si l'amant dont vous suivez la loi
Paraîtra toujours invincible,
Comme il le fut toujours en combattant sous moi.

TANIS.

Vous pouvez l'éprouver, et dès ce moment même;
Quel plus beau champ pour la valeur?
Il est doux de combattre aux yeux de ce qu'on aime :
Ne différez pas mon bonheur.

PHANOR.

C'en est trop, et mon bras...

ZÉLIDE, *l'arrêtant.*

Barbare que vous êtes,
Percez plutôt ce cœur plein de trouble et d'ennui.

TANIS.

Vous daignez arrêter ses fureurs indiscrètes
Moins par crainte pour moi que par pitié pour lui.

SCÈNE VII.

ZÉLIDE, TANIS, PHANOR; CHŒUR DE BERGERS.

LES BERGERS.
Suspendez, suspendez la fureur inhumaine
Qui vous trouble à nos yeux.
La Discorde et la Haine
N'habitent point ces lieux.
ZÉLIDE.
Phanor, connaissez l'injustice
D'un amour barbare et jaloux.
PHANOR.
Si vous aimez Tanis, il faut que je périsse :
Je suis moins barbare que vous.

SCÈNE VIII.

ZÉLIDE, TANIS, CHOEUR DE BERGERS.

LE CHOEUR.
O Discorde terrible,
Fille affreuse du tendre Amour !
Respecte ce beau séjour;
Qu'il soit à jamais paisible !
TANIS.
Laissez mon rival furieux
Exhaler en vain sa rage :
Zélide est mon partage :
J'aurai pour moi tous les dieux.

ACTE II, SCÈNE VIII.

LE CHŒUR.

O Discorde terrible,
Fille affreuse du tendre Amour !
Respecte ce beau séjour ;
Qu'il soit à jamais paisible !

FIN DU SECOND ACTE.

ACTE TROISIÈME.

Le théâtre représente le temple d'Isis et d'Osiris. Les statues de ces dieux sont sur l'autel : elles se donnent la main pour marquer l'union de ces deux divinités.

SCÈNE I.

TANIS.

Temple d'Isis où règne la nature,
Beaux lieux sans ornemens, images de nos mœurs,
Vous allez couronner une ardeur aussi pure
  Que nos offrandes et nos cœurs.
Ni l'amour de Phanor, ni l'éclat des grandeurs,
  N'ont séduit la belle Zélide.
. . . .
  Zélide est semblable à nos dieux ;
   Comme eux sa bonté préfère
    Le cœur le plus sincère ;
Le reste des mortels est égal à ses yeux.

 Momens charmans, momens délicieux,
Hâtez-vous d'embellir ce beau jour qui m'éclaire ;
  Hâtez-vous de combler mes vœux.

 Temple d'Isis où règne la nature,
Beaux lieux sans ornemens, images de nos mœurs,

Vous allez couronner une ardeur aussi pure
Que nos offrandes et nos cœurs.

SCÈNE II.

TANIS; LE CHOEUR DES BERGERS.

LE CHOEUR.

Jamais l'Amour n'a remporté
Une victoire plus brillante.

TANIS.

Je dois attendre ici la beauté qui m'enchante :
Que ces momens sont lents à mon cœur agité !

LE CHOEUR.

Zélide a dédaigné la grandeur éclatante :
Zélide est comme nous, elle est simple et constante;
Et ses vertus égalent sa beauté.

GRAND CHOEUR.

Jamais l'Amour n'a remporté
Une victoire plus brillante.

UN BERGER.

Dans le prochain bocage orné par ses appas,
La pompe de l'hymen, et son bonheur s'apprête ;
Nos bergers parent sa tête
Des fleurs qui naissent sous ses pas.
Phanor avec les siens a quitté nos asiles,
La Discorde fuit pour jamais.
L'Hymen, le tendre Amour, et les Dieux, et la Paix,
Nous assurent des jours tranquilles.

(Danses.)

Dans ce fortuné séjour,
Les timbales et les musettes,
Les sceptres des rois, les houlettes,
Sont unis des mains de l'Amour.

UNE BERGÈRE.

Bientôt, selon l'usage établi parmi nous,
Les pasteurs consacrés aux dieux de nos ancêtres,
Au son de leurs flûtes champêtres
Vont amener Zélide à son heureux époux.

TANIS.

Viens, vole, cher objet; c'est l'Amour qui t'appelle.
Nos chiffres sont tracés sur de jeunes ormeaux;
Le temps les verra croître, et les rendra plus beaux,
Sans pouvoir ajouter à mon amour fidèle.
Ces gazons sont plus verts; une grace nouvelle
Anime le chant des oiseaux.
Viens, vole, cher objet; c'est l'Amour qui t'appelle.

SCÈNE III.

TANIS, CLÉOFIS; LES BERGERS.

CLÉOFIS.

O perfidie! ô crime! ô douleur éternelle!

TANIS ET LE CHOEUR.

Ciel! quels maux nous annoncez-vous?

CLÉOFIS.

Des soldats de Memphis, et ton rival jaloux...
Ceux qui n'auraient osé combattre contre nous...

TANIS.

Eh bien?

ACTE III, SCÈNE III.

CLÉOFIS.

Ils ont trahi notre simple innocence;
Ils t'enlèvent Zélide!

TANIS.

O fureur! ô vengeance!

LE CHOEUR.

Ils l'enlèvent, ô dieux!

TANIS.

Courons, amis, punissons cet outrage.

CLÉOFIS.

Sur un vaisseau caché près du rivage
Ils ont fendu les flots impétueux.
Sur la foi des sermens nous demeurions tranquilles:
C'est la première fois qu'ils ont été trahis.

Dans le sein de ces doux asiles
Elle invoquait les dieux, elle appelait Tanis:
Nous ne répondions à ses cris
Que par des sanglots inutiles.

TANIS.

Grands dieux! voilà les maux que vous m'aviez promis!
Je les verrai ces murs malheureux et coupables,
Ces implacables dieux, ces mages inhumains,
Ces mages affreux dont les mains
Versent le sang des misérables.
Amis, c'est là qu'il faut mourir.
On ne peut vous dompter; on ose vous trahir.
Détruisons cette ville impie.
Amis, c'est à votre valeur
De punir cette perfidie;

Amis, c'est à votre valeur
De servir ma juste fureur.

LE CHOEUR.

Nous allons tous chercher la mort ou la vengeance,
Nous marchons sous son étendard.

CLÉOFIS.

Vengeons l'Amour, vengeons l'Innocence;
Mais craignons d'arriver trop tard.
Il faut franchir ce mont inaccessible,
Et Memphis à nos yeux est un autre univers.

TANIS.

L'Amour ne voit rien d'impossible;
Tous les chemins lui sont ouverts :
Il traverse la terre et l'onde;
Il pénètre au sein des enfers;
Il franchit les bornes du monde :
Croyez-en les transports de mon cœur outragé;
Memphis me verra mort, ou me verra vengé.

Que vois-je ! quel heureux présage !
Nos dieux tournent sur moi les plus tendres regards.
Dieux, dont la bonté m'encourage,
Je suis l'Amour et vous, tout m'anime, je pars.

FIN DU TROISIÈME ACTE.

ACTE QUATRIÈME.

Le théâtre représente le temple des mages de Memphis. On voit à droite et à gauche des pyramides et des obélisques : les chapiteaux des colonnes du temple sont chargés des représentations de tous les monstres de l'Égypte.

SCÈNE I.

OTOÈS, CHEF DES MAGES; CHOEUR DES MAGES.

OTOÈS.

Ministres de mes lois que ma vengeance anime,
Phanor a réparé son crime.
Puisse du sang des rois le dangereux parti,
Qui menaçait l'autel, et que l'autel opprime,
Tomber anéanti !

Consultons de notre art les secrets formidables :
Voyons par quels terribles coups
Il faut confondre les coupables
Qu'un sacrilége orgueil anima contre nous.

CHOEUR DES MAGES.

O magique puissance !
Sois toujours dans nos mains
L'instrument de la vengeance ;
Fais trembler les faibles humains !

OTOÈS.

Que nos secrets impénétrables

D'une profonde nuit soient à jamais voilés :
Plus ils sont inconnus, plus ils sont vénérables
   A nos esclaves aveuglés.

LE CHOEUR.

   O magique puissance !
   Sois toujours dans nos mains
   L'instrument de la vengeance ;
   Fais trembler les faibles humains !

OTOÈS.

Commençons nos mystères sombres,
   Inconnus aux mortels.
Du fatal avenir je vais percer les ombres,
Et chercher du Destin les décrets éternels.

Symphonie terrible.

(On peut exprimer par une danse figurée la sombre horreur de ces mystères)

Que vois-je ! quel danger ! quelle horreur nous menace !
   Un berger, un simple berger
Des rois que j'ai détruits vient rétablir la race !
   Il dresse un autel étranger...
Un dieu vengeur l'amène..Un dieu vengeur nous chasse !

CHOEUR DES MAGES.

Que tout l'enfer armé prévienne cette audace !

OTOÈS.

Otons toute espérance aux vils séditieux.
   Du sang des rois, de ce sang si funeste,
      Zélide est le seul reste ;
   Il faut l'immoler à leurs yeux.

LE CHOEUR.

Soyons inexorables :

ACTE IV, SCÈNE II.

N'épargnons pas le sang;
Que la beauté, l'âge et le rang
Nous rendent plus impitoyables.

OTOÈS.

Qu'on amène Zélide : il faut tout préparer
Pour ce terrible sacrifice.

SCÈNE II.

OTOÈS, PHANOR; LES MAGES, SUITE DE PHANOR.

PHANOR.

Je viens vous demander le prix de mon service;
Vous me l'avez promis, et je dois l'espérer.
Je ramène les miens sous votre obéissance;
Zélide est en mes mains; nos troubles sont finis :
Et Zélide est l'unique prix
Que je veux pour ma récompense.

OTOÈS.

Qu'osez-vous demander?

PHANOR.

Au pied de vos autels
C'est à vous de former cette auguste alliance.

OTOÈS.

Venez la disputer à nos dieux immortels.

PHANOR.

Ciel! qu'est-ce que j'entends! je tremble, je frissonne.

OTOÈS.

Après vos complots criminels,
C'est beaucoup si l'on vous pardonne.

(Il rentre dans le temple avec les mages.)

SCÈNE III.

PHANOR; SUITE.

PHANOR.

O crime ! ô projet infernal !
J'entrevois les horreurs que ce temple prépare :
  C'est moi, c'est mon amour barbare
  Qui va porter le coup fatal.

Vengez-moi, vengez-vous : prévenez le supplice
  Qui nous est à tous destiné.
  Qu'attendez-vous de leur justice ?
Ces monstres teints de sang n'ont jamais pardonné.
Quel appareil horrible à mes yeux se découvre !
. . . .
Zélide dans les fers ! un glaive sur l'autel !
(Zélide paraît, enchaînée dans le fond du temple; Phanor continue.)
Rassemblons nos amis; secondez mon courage,
  Partagez ma honte et ma rage;
  Suivez mon désespoir mortel.
       (Ils sortent.)

SCÈNE IV.

OTOÈS, ZÉLIDE; LES MAGES.

ZÉLIDE.

Achevez, monstres inflexibles :
 Frappez, ministre cruel;
Hâtez les vengeances du ciel

Par vos sacriléges horribles.
Qu'est devenu Tanis ? Ciel ! qu'est-ce que je voi ?

SCÈNE V.

OTOÈS, ZÉLIDE, TANIS; LES MAGES.

TANIS, *accourant à l'autel.*

Arrêtez, arrêtez, ministres du carnage :
De ce temple sanglant j'apprends quelle est la loi.
  La mort doit être mon partage ;
  Zélide a mon cœur et ma foi.
Un époux en ces lieux peut s'offrir en victime.
  Respectez l'amour qui m'anime ;
  Que tous vos coups tombent sur moi.

ZÉLIDE.

O prodige d'amour ! ô comble de l'effroi !
  Tanis pour moi se sacrifie !
 (à Tanis.)
Voici le seul moment de ma funeste vie
Où je puis désirer de n'être point à toi.
 (aux mages.)
Il n'est point mon époux ; c'est en vain qu'il réclame
  Des droits si chers, un nom si doux.

TANIS.

Ah ! ne trahissez pas mon espoir et ma flamme !
Que j'emporte au tombeau le bonheur d'être à vous !

ZÉLIDE ET TANIS.

  Sauvez la moitié de moi-même,
   Frappez, ne différez pas.

Pardonnez à ce que j'aime;
C'est à moi qu'on doit le trépas.

SCÈNE VI.

PHANOR; LES PRÉCÉDENS.

OTOÈS.

Notre indigne ennemi lui-même se déclare;
C'est lui qu'ont amené les dieux et les enfers.

TANIS.

Je suis ton ennemi, n'en doute point, barbare.

OTOÈS.

Qu'on le charge de fers :
Commençons par ce sacrifice.
Téméraire, tu périras;
Mais ton juste supplice
Ne la sauvera pas.

Prenez ce fer sacré. Dieux! quel affreux prodige!
Ce fer tombe en éclats... ces murs sont teints de sang...
Ton dieu m'impose en vain par ce nouveau prestige :
Il reste encor des traits pour te percer le flanc.

ZÉLIDE.

Peuples, un dieu prend sa défense.

PHANOR, *à sa suite, arrivant sur la scène.*

Amis, suivez mes pas, et vengeons l'innocence.

OTOÈS, *aux mages.*

Soldats qui me servez, terrassez l'insolence.

Vous, gardez ces deux criminels ;
Vous, marchez, combattez, et vengez les autels.
(Les combattans entrent dans le temple, qui se referme.)

SCÈNE VII.

TANIS, ZÉLIDE; GARDES.

TANIS.

O prodige inutile! ô douloureuses peines !
Phanor combat pour vous, et je suis dans les chaînes !
Tous les miens m'ont suivi, mais leurs secours sont lents:
Je n'ai pour vous que des vœux impuissans.

CHOEUR, *derrière la scène.*

Cédez, tombez, mourez, sacriléges coupables ;
Nos traits sont inévitables.

ZÉLIDE.

Entendez-vous les cris des combattans ?

TANIS.

Quel son harmonieux se mêle au bruit des armes !
Quel mélange inouï de douceurs et d'alarmes !
. . . .
(On entend une symphonie douce.)

CHOEUR, *derrière la scène.*

Des dieux équitables
Prennent soin de vos beaux jours ;
Des dieux favorables
Protégent vos tendres amours.

TANIS.

Je reconnais la voix de nos dieux secourables ;
Ces dieux de l'innocence arment pour vous leurs bras.

CHŒUR DES COMBATTANS.

Tombez, tyrans; mourez, coupables;
Tombez dans la nuit du trépas.

ZÉLIDE.

Je frémis!

TANIS.

Non, ne craignez pas.
Si mes dieux ont parlé, j'espère en leur clémence;
J'en crois leurs bienfaits et mon cœur :
Ils ont conduit mes pas dans ce séjour d'horreur;
Ils font éclater leur puissance;
Ils étendent leur bras vengeur.

ZÉLIDE ET TANIS.

Dieux bienfesans, achevez votre ouvrage;
Délivrez l'innocent, qui n'espère qu'en vous;
Lancez vos traits, écrasez sous vos coups
Le barbare qui vous outrage.

(Les gardes emmènent Zélide et Tanis.)

ZÉLIDE.

On vous redoute encore, on nous sépare, hélas !
La mort approche, on nous sépare.

TANIS.

Qu'ils tremblent à la voix du ciel qui se déclare.
C'est à nous d'espérer jusqu'au sein du trépas.

FIN DU QUATRIÈME ACTE.

ACTE CINQUIÈME.

SCÈNE I.

ZÉLIDE, TANIS.

ZÉLIDE.
La mort en ces lieux nous rassemble ;
Le sacrifice est prêt : nous périrons ensemble.
TANIS.
Zélide, calmez vos terreurs.
ZÉLIDE.
Nos cruels tyrans sont vainqueurs :
A peine on voit de loin paraître nos pasteurs,
Et Phanor a perdu la vie.
TANIS.
Il méritait la mort ; il vous avait trahie.
ZÉLIDE.
Vous êtes seul et désarmé,
Et votre cœur est sans alarmes !
TANIS.
Je vous aime, je suis aimé :
L'amour et les dieux sont mes armes.
ZÉLIDE.
Tanis ! mon cher Tanis ! sans vous, sans nos amours,
Je braverais la mort qui me menace :
Mais ces mages sanglans sont maîtres de vos jours ;

Nous sommes enchaînés : vous êtes sans secours.

TANIS.

Nos chaînes vont tomber; tout va changer de face.

ZÉLIDE.

Quoi! les dieux à ce point voudraient nous protéger!
Fuyons ces lieux...

TANIS.

    Moi fuir, quand je puis vous venger!

ZÉLIDE.

N'abusez point de la faveur céleste;
Dérobez-vous à ces mages sanglans;
Tout l'enfer est soumis à leur pouvoir funeste;
La nature obéit à leurs commandemens.

TANIS.

Elle obéit à moi.

ZÉLIDE.

    Ciel! qu'est-ce que j'entends?

TANIS.

D'Isis et d'Osiris les destins m'ont fait naître.

ZÉLIDE.

 Ah, vous êtes du sang des dieux!
 Vous savez assez qu'à mes yeux
 Vous seul étiez digne d'en être.

TANIS.

Ils daignaient m'éprouver par les plus rudes coups :
 Ils n'ont voulu me reconnaître
Qu'après m'avoir enfin rendu digne de vous.

 Lorsque ces tyrans sanguinaires
 Nous séparaient par un barbare effort,

ACTE V, SCÈNE II.

J'ai revu mes dieux tutélaires;
Ils m'ont appris ma gloire, ils ont changé mon sort;
Ils ont mis dans mes mains le tonnerre et la mort.
Vous allez remonter au rang de vos ancêtres;
L'Égypte va changer et de dieux et de maîtres.

ZÉLIDE.

Un si grand changement est digne de vos mains.
Mais je vois avancer ces mages inflexibles.
Hélas! je vous aime; et je crains...

TANIS.

Ils trembleront bientôt, ces tyrans si terribles.

SCÈNE II.

TANIS, ZÉLIDE, OTOÈS; LES MAGES, LE PEUPLE.

OTOÈS.

Peuples, prosternez-vous; terre entière, adorez
Les éternels arrêts de nos dieux redoutables;
Monstres de l'Égypte, accourez;
Connaissez ma voix, dévorez
Ces audacieux coupables,
Au fer de l'autel échappés.

TANIS.

Osiris, mon père, frappez,
Lancez du haut des cieux vos traits inévitables.
(Des flèches lancées par des mains invisibles percent les monstres qui se sont répandus sur la scène.)

LES MAGES.

O ciel! se peut-il concevoir
Qu'on égale notre pouvoir!

OTOÈS.

Art terrible et divin, déployez vos prodiges ;
Confondez ces nouveaux prestiges !
Sortez des gouffres des enfers,
Du brûlant Phlégéton, flammes étincelantes !

(On voit s'élever des tourbillons de flammes.)

TANIS.

Cieux, à ma voix soyez ouverts !
Torrens suspendus dans les airs,
Venez, et détruisez ces flammes impuissantes !

(Des cascades d'eau sortent des obélisques du temple, et éteignent les flammes.)

CHŒUR DU PEUPLE.

O ciel ! dans ce combat quel dieu sera vainqueur ?

OTOÈS.

Vous osez en douter ! Que la voix du tonnerre
Gronde et décide en ma faveur !
Éclairs, brillez seuls sur la terre !
Élémens, faites-vous la guerre,
Confondez-vous avec horreur !

TANIS.

Les dieux t'ont exaucé, mais c'est pour ton supplice.
Voici l'instant de leur justice :
L'enfer va succomber, et ton pouvoir finit.
Le ciel s'est enflammé ; le tonnerre étincelle.
Tremble, c'est ta voix qui l'appelle :
Il tombe, il frappe, il te punit.

CHŒUR DU PEUPLE.

Ah ! les dieux de Tanis sont nos dieux légitimes.

(Le tonnerre tombe ; l'autel et les mages sont renversés.)

TANIS.

Autels sanglans, prêtres chargés de crimes,
Soyez détruits, soyez précipités
Dans les éternels abymes
Du Ténare dont vous sortez.

SCÈNE III.

LES PRÉCÉDENS, LES BERGERS.

TANIS, *aux bergers qui paraissent armés sur la scène.*
Vous qui venez venger Zélide,
Le ciel a prévenu vos cœurs et vos exploits.
Sa justice en ces lieux réside;
Il n'appartient qu'aux dieux de rétablir les rois.
Sur ces débris sanglans, sur ces vastes ruines,
Célébrons les faveurs divines.
. . . .
(Danses.)
LE CHOEUR.
Régnez tous deux dans une paix profonde,
Toujours unis et toujours vertueux.
Fille des rois, enfant des dieux,
Imitez-les, soyez l'amour du monde.

TANIS.
Le calme succède à la guerre.
De nouveaux cieux, une nouvelle terre,
Semblent formés en ce beau jour.
Sur les pas des Vertus les Plaisirs vont paraître :

Tout est l'ouvrage de l'Amour.
. . . .
(Danses.)
LE CHŒUR *répète :*
Régnez tous deux dans une paix profonde,
Toujours unis et toujours vertueux.
Fille des rois, enfant des dieux,
Imitez-les, soyez l'amour du monde.

FIN DE TANIS ET ZÉLIDE.

ALZIRE,

OU

LES AMÉRICAINS,

TRAGÉDIE,

Représentée pour la première fois le 27 janvier 1736.

ÉPITRE

A MADAME DU CHATELET.

Madame,

Quel faible hommage pour vous qu'un de ces ouvrages de poésie qui n'ont qu'un temps, qui doivent leur mérite à la faveur passagère du public et à l'illusion du théâtre, pour tomber ensuite dans la foule et dans l'obscurité !

Qu'est-ce en effet qu'un roman mis en action et en vers, devant celle qui lit les ouvrages de géométrie avec la même facilité que les autres lisent les romans ; devant celle qui n'a trouvé dans Locke, ce sage précepteur du genre humain, que ses propres sentimens et l'histoire de ses pensées ; enfin, aux yeux d'une personne qui, née pour les agrémens, leur préfère la vérité ?

Mais, madame, le plus grand génie, et sûrement le plus désirable, est celui qui ne donne l'exclusion à aucun des beaux arts. Ils sont tous la nourriture et le plaisir de l'ame : y en a-t-il dont on doive se priver ? Heureux l'esprit que la philosophie ne peut dessécher, et que les charmes des belles lettres ne peuvent amollir, qui sait se fortifier avec Locke, s'éclairer avec Clarke et Newton, s'élever dans la lecture de Cicéron et de Bossuet, s'embellir par les charmes de Virgile et du Tasse !

Tel est votre génie, madame : il faut que je ne craigne point de le dire, quoique vous craigniez de l'entendre. Il faut que votre exemple encourage les personnes de votre sexe et de votre rang à croire qu'on s'anoblit encore en perfectionnant sa raison, et que l'esprit donne des graces.

Il a été un temps en France, et même dans toute l'Europe, où les hommes pensaient déroger, et les femmes sortir de leur état, en osant s'instruire. Les uns ne se croyaient nés que pour la guerre ou pour l'oisiveté, et les autres que pour la coquetterie.

Le ridicule même que Molière et Despréaux ont jeté sur les femmes savantes a semblé, dans un siècle poli, justifier les préjugés de la barbarie. Mais Molière, ce législateur dans la morale et dans les bienséances du monde, n'a pas assurément prétendu, en attaquant les femmes savantes, se moquer de la science et de l'esprit. Il n'en a joué que l'abus et l'affectation, ainsi que dans son *Tartufe* il a diffamé l'hypocrisie et non pas la vertu.

Si, au lieu de faire une satire contre les femmes, l'exact, le solide, le laborieux, l'élégant Despréaux avait consulté les femmes de la cour les plus spirituelles, il eût ajouté à l'art et au mérite de ses ouvrages si bien travaillés, des graces et des fleurs qui leur eussent encore donné un nouveau charme. En vain, dans sa satire des femmes, il a voulu couvrir de ridicule une dame qui avait appris l'astronomie; il eût mieux fait de l'apprendre lui-même.

L'esprit philosophique fait tant de progrès en France depuis quarante ans, que si Boileau vivait encore, lui qui osait se moquer d'une femme de condition, parce qu'elle voyait en secret Roberval et Sauveur, il serait obligé de respecter et d'imiter celles qui profitent publiquement des lumières des Maupertuis, des Réaumur, des Mairan, des Du Fay et des Clairault; de tous ces véritables savans qui n'ont pour objet qu'une science utile, et qui, en la rendant agréable, la rendent insensiblement nécessaire à notre nation. Nous sommes au temps, j'ose le dire, où il faut qu'un poëte soit philosophe, et où une femme peut l'être hardiment.

Dans le commencement du dernier siècle, les Français apprirent à arranger des mots. Le siècle des choses est arrivé. Telle qui lisait autrefois *Montaigne*, l'*Astrée* et les *Contes de la reine de Navarre*, était une savante. Les Deshoulières et les Dacier, illustres dans différens genres, sont venues depuis. Mais votre sexe a encore tiré plus de gloire de celles qui ont mérité qu'on fît pour elles le livre charmant des *Mondes*, et les *Dialogues sur la Lumière*[1] qui vont paraître, ouvrage peut-être comparable aux *Mondes*.

Il est vrai qu'une femme qui abandonnerait les devoirs de son état pour cultiver les sciences serait condamnable, même dans ses succès; mais, madame, le même esprit qui mène à la connaissance de la vérité est celui qui porte à remplir ses devoirs. La reine d'Angleterre, l'épouse de George II, qui a servi de médiatrice entre les deux plus grands métaphysiciens de l'Europe, Clarke et Leibnitz, et qui pouvait les juger, n'a pas négligé pour cela un moment les soins de reine, de femme et de mère. Christine, qui abandonna le trône pour les beaux arts, fut au rang des grands rois tant qu'elle régna. La petite-fille du grand Condé, dans laquelle on voit revivre l'esprit de son aïeul, n'a-t-elle pas ajouté une nouvelle considération au sang dont elle est sortie?

Vous, madame, dont on peut citer le nom à côté de celui de tous les princes, vous faites aux lettres le même honneur. Vous en cultivez tous les genres. Elles font votre occupation dans l'âge des plaisirs. Vous faites plus, vous cachez ce mérite, étranger au monde, avec autant

[1] *Il Newtonianismo per le dame*, d'Algarotti.

de soin que vous l'avez acquis. Continuez, madame, à chérir, à oser cultiver les sciences, quoique cette lumière, long-temps renfermée dans vous-même, ait éclaté malgré vous. Ceux qui ont répandu en secret des bienfaits doivent-ils renoncer à cette vertu quand elle est devenue publique?

Eh! pourquoi rougir de son mérite? L'esprit orné n'est qu'une beauté de plus; c'est un nouvel empire. On souhaite aux arts la protection des souverains : celle de la beauté n'est-elle pas au dessus?

Permettez-moi de dire encore qu'une des raisons qui doivent faire estimer les femmes qui font usage de leur esprit, c'est que le goût seul les détermine. Elles ne cherchent en cela qu'un nouveau plaisir, et c'est en quoi elles sont bien louables.

Pour nous autres hommes, c'est souvent par vanité, quelquefois par intérêt, que nous consumons notre vie dans la culture des arts. Nous en fesons les instrumens de notre fortune : c'est une espèce de profanation. Je suis fâché qu'Horace dise de lui :

« L'indigence est le dieu qui m'inspira des vers [1]. »

La rouille de l'envie, l'artifice des intrigues, le poison de la calomnie, l'assassinat de la satire (si j'ose m'exprimer ainsi), déshonorent, parmi les hommes, une profession qui par elle-même a quelque chose de divin.

Pour moi, madame, qu'un penchant invincible a déterminé aux arts dès mon enfance, je me suis dit de bonne heure ces paroles que je vous ai souvent répétées, de Cicéron, ce consul romain qui fut le père de

---

[1] . . . . *Paupertas impulit audax*
Ut versus facerem.

Horat., Epist. lib. ii, epist. ii, v. 51.

A MADAME DU CHATELET.

la patrie, de la liberté et de l'éloquence : « Les lettres
« forment la jeunesse, et font les charmes de l'âge avan-
« cé. La prospérité en est plus brillante; l'adversité en
« reçoit des consolations; et dans nos maisons, dans
« celles des autres, dans les voyages, dans la solitude,
« en tous temps, en tous lieux, elles font la douceur de
« notre vie [1]. »

Je les ai toujours aimées pour elles-mêmes; mais à
présent, madame, je les cultive pour vous, pour mériter, s'il est possible, de passer auprès de vous le reste
de ma vie, dans le sein de la retraite, de la paix, peut-
être de la vérité, à qui vous sacrifiez dans votre jeunesse
les plaisirs faux mais enchanteurs du monde; enfin
pour être à portée de dire un jour avec Lucrèce, ce poëte
philosophe dont les beautés et les erreurs vous sont si
connues :

> « Heureux qui, retiré dans le temple des sages,
> « Voit en paix sous ses pieds se former les orages :
> « Qui contemple de loin les mortels insensés,
> « De leur joug volontaire esclaves empressés,
> « Inquiets, incertains du chemin qu'il faut suivre,
> « Sans penser, sans jouir, ignorant l'art de vivre,
> « Dans l'agitation consumant leurs beaux jours,
> « Poursuivant la fortune, et rampant dans les cours!
> « O vanité de l'homme! ô faiblesse! ô misère [2]! »

---

[1] *Studia adolescentiam alunt, senectutem oblectant, secundas res or-
nant, adversis perfugium ac solatium præbent; delectant domi, non im-
pediunt foris, pernoctant nobiscum, peregrinantur, rusticantur.*
CICER., *Orat. pro Archia poeta.*

[2] *Sed nil dulcius est, bene quam munita tenere*
Edita doctrina sapientum templa serena;
Despicere unde queas alios, passimque videre
Errare, atque viam palanteis quærere vitæ,
Certare ingenio, contendere nobilitate;
Nocteis atque dies niti præstante labore,
Ad summas emergere opes, rerumque potiri.
O miseras hominum mentes! o pectora cæca!
LUCRET., lib. II, v. 7.

Je n'ajouterai rien à cette longue épître, touchant la tragédie que j'ai l'honneur de vous dédier. Comment en parler, madame, après avoir parlé de vous? Tout ce que je puis dire, c'est que je l'ai composée dans votre maison et sous vos yeux. J'ai voulu la rendre moins indigne de vous, y mettant de la nouveauté, de la vérité et de la vertu. J'ai essayé de peindre[1] ce sentiment généreux, cette humanité, cette grandeur d'ame qui fait le bien et qui pardonne le mal; ces sentimens tant recommandés par les sages de l'antiquité, et épurés dans notre religion; ces vraies lois de la nature, toujours si mal suivies. Vous avez ôté bien des défauts à cet ouvrage, vous connaissez ceux qui le défigurent encore. Puisse le public, d'autant plus sévère qu'il a d'abord été plus indulgent, me pardonner, comme vous, mes fautes!

Puisse au moins cet hommage que je vous rends, madame, périr moins vite que mes autres écrits! Il serait immortel s'il était digne de celle à qui je l'adresse.

Je suis, avec un profond respect, etc.

---

[1] Tout cela n'était pas un vain compliment, comme la plupart des épîtres dédicatoires. L'auteur passa en effet vingt ans de sa vie à cultiver, avec cette dame illustre, les belles lettres et la philosophie; et tant qu'elle vécut, il refusa constamment de venir auprès d'un souverain qui le demandait, comme on le voit par plusieurs lettres insérées dans cette collection.

DISCOURS PRÉLIMINAIRE.

On a tâché dans cette tragédie, toute d'invention et d'une espèce assez neuve, de faire voir combien le véritable esprit de religion l'emporte sur les vertus de la nature.

La religion d'un barbare consiste à offrir à ses dieux le sang de ses ennemis. Un chrétien mal instruit n'est souvent guère plus juste. Être fidèle à quelques pratiques inutiles, et infidèle aux vrais devoirs de l'homme ; faire certaines prières, et garder ses vices ; jeûner, mais haïr ; cabaler, persécuter, voilà sa religion. Celle du chrétien véritable est de regarder tous les hommes comme ses frères, de leur faire du bien et de leur pardonner le mal. Tel est Gusman au moment de sa mort ; tel Alvarez dans le cours de sa vie ; tel j'ai peint Henri IV, même au milieu de ses faiblesses.

On retrouvera dans presque tous mes écrits cette humanité qui doit être le premier caractère d'un être pensant : on y verra (si j'ose m'exprimer ainsi) le désir du bonheur des hommes, l'horreur de l'injustice et de l'oppression ; et c'est cela seul qui a jusqu'ici tiré mes ouvrages de l'obscurité où leurs défauts devaient les ensevelir.

Voilà pourquoi *la Henriade* s'est soutenue malgré les efforts de quelques Français jaloux, qui ne voulaient pas absolument que la France eût un poëme épique. Il y a toujours un petit nombre de lecteurs qui ne laissent point empoisonner leur jugement du venin des cabales et des intrigues, qui n'aiment que le vrai, qui cherchent toujours l'homme dans l'auteur : voilà ceux devant qui j'ai trouvé grace. C'est à ce petit nombre d'hommes que j'adresse les réflexions suivantes ; j'espère qu'ils les pardonneront à la nécessité où je suis de les faire.

Un étranger s'étonnait un jour à Paris d'une foule de libelles de toute espèce, et d'un déchaînement cruel, par lequel

un homme était opprimé. « Il faut apparemment, dit-il, que
« cet homme soit d'une grande ambition, et qu'il cherche à
« s'élever à quelqu'un de ces postes qui irritent la cupidité
« humaine et l'envie. — Non, lui répondit-on; c'est un citoyen
« obscur, retiré, qui vit plus avec Virgile et Locke qu'avec
« ses compatriotes, et dont la figure n'est pas plus connue
« de quelques uns de ses ennemis que du graveur qui a pré-
« tendu graver son portrait. C'est l'auteur de quelques pièces
« qui vous ont fait verser des larmes, et de quelques ouvrages
« dans lesquels, malgré leurs défauts, vous aimez cet esprit
« d'humanité, de justice, de liberté qui y règne. Ceux qui le
« calomnient, ce sont des hommes pour la plupart plus ob-
« scurs que lui, qui prétendent lui disputer un peu de fumée,
« et qui le persécuteront jusqu'à sa mort, uniquement à cause
« du plaisir qu'il vous a donné. » Cet étranger se sentit quelque
indignation pour les persécuteurs, et quelque bienveillance
pour le persécuté.

Il est dur, il faut l'avouer, de ne point obtenir de ses con-
temporains et de ses compatriotes ce que l'on peut espérer
des étrangers et de la postérité. Il est bien cruel, bien honteux pour l'esprit humain, que la littérature soit infectée de
ces haines personnelles, de ces cabales, de ces intrigues, qui
devraient être le partage des esclaves de la fortune. Que ga-
gnent les auteurs en se déchirant mutuellement ? Ils avilissent
une profession qu'il ne tient qu'à eux de rendre respectable.
Faut-il que l'art de penser, le plus beau partage des hommes,
devienne une source de ridicules, et que les gens d'esprit,
rendus souvent par leurs querelles le jouet des sots, soient
les bouffons d'un public dont ils devraient être les maîtres?

Virgile, Varius, Pollion, Horace, Tibulle, étaient amis;
les monumens de leur amitié subsistent, et apprendront à
jamais aux hommes que les esprits supérieurs doivent être
unis. Si nous n'atteignons pas à l'excellence de leur génie,
ne pouvons-nous pas avoir leurs vertus? Ces hommes sur qui
l'univers avait les yeux, qui avaient à se disputer l'admiration

de l'Asie, de l'Afrique et de l'Europe, s'aimaient pourtant et vivaient en frères; et nous, qui sommes renfermés sur un si petit théâtre, nous, dont les noms, à peine connus dans un coin du monde, passeront bientôt comme nos modes, nous nous acharnons les uns contre les autres pour un éclair de réputation, qui, hors de notre petit horizon, ne frappe les yeux de personne. Nous sommes dans un temps de disette; nous avons peu, nous nous l'arrachons. Virgile et Horace ne se disputaient rien, parce qu'ils étaient dans l'abondance.

On a imprimé un livre, *de Morbis Artificum*, des Maladies des Artistes. La plus incurable est cette jalousie et cette bassesse. Mais ce qu'il y a de déshonorant, c'est que l'intérêt a souvent plus de part encore que l'envie à toutes ces petites brochures satiriques dont nous sommes inondés. On demandait, il n'y a pas long-temps, à un homme qui avait fait je ne sais quelle mauvaise brochure contre son ami et son bienfaiteur, pourquoi il s'était emporté à cet excès d'ingratitude. Il répondit froidement : *Il faut que je vive* [1].

De quelque source que partent ces outrages, il est sûr qu'un homme qui n'est attaqué que dans ses écrits ne doit jamais répondre aux critiques; car si elles sont bonnes, il n'a autre chose à faire qu'à se corriger; et si elles sont mauvaises, elles meurent en naissant. Souvenons-nous de la fable du Boccalini. « Un voyageur, dit-il, était importuné, dans son chemin,
« du bruit des cigales; il s'arrêta pour les tuer; il n'en vint
« pas à bout, et ne fit que s'écarter de sa route : il n'avait
« qu'à continuer paisiblement son voyage; les cigales seraient
« mortes d'elles-mêmes au bout de huit jours. »

Il faut toujours que l'auteur s'oublie; mais l'homme ne doit jamais s'oublier : *se ipsum deserere turpissimum est*. On sait que ceux qui n'ont pas assez d'esprit pour attaquer nos ouvrages, calomnient nos personnes; quelque honteux qu'il

[1] Ce fut l'abbé Guyot Desfontaines qui fit cette réponse à M. le comte d'Argenson, depuis secrétaire d'état de la guerre; à quoi le comte d'Argenson répliqua : *Je n'en vois pas la nécessité.*

soit de leur répondre, il le serait quelquefois davantage de ne leur répondre pas.

On m'a traité dans vingt libelles d'homme sans religion : une des belles preuves qu'on en a apportées, c'est que, dans *OEdipe*, Jocaste dit ces vers :

« Les prêtres ne sont point ce qu'un vain peuple pense ;
« Notre crédulité fait toute leur science. »

Ceux qui m'ont fait ce reproche sont aussi raisonnables pour le moins que ceux qui ont imprimé que *la Henriade*, dans plusieurs endroits, sentait bien son semi-pélagien. On renouvelle souvent cette accusation cruelle d'irréligion, parce que c'est le dernier refuge des calomniateurs. Comment leur répondre ? comment s'en consoler, sinon en se souvenant de la foule de ces grands hommes qui, depuis Socrate jusqu'à Descartes, ont essuyé ces calomnies atroces ? Je ne ferai ici qu'une seule question : Je demande qui a le plus de religion, ou le calomniateur qui persécute, ou le calomnié qui pardonne ?

Ces mêmes libelles me traitent d'homme envieux de la réputation d'autrui : je ne connais l'envie que par le mal qu'elle m'a voulu faire. J'ai défendu à mon esprit d'être satirique, et il est impossible à mon cœur d'être envieux. J'en appelle à l'auteur de *Rhadamiste* et d'*Électre*, qui par ces deux ouvrages m'inspira le premier désir d'entrer quelque temps dans la même carrière : ses succès ne m'ont jamais coûté d'autres larmes que celles que l'attendrissement m'arrachait aux représentations de ses pièces ; il sait qu'il n'a fait naître en moi que de l'émulation et de l'amitié [1].

---

[1] Après ces mots on lisait dans l'édition de 1738 :

« L'auteur ingénieux et digne de beaucoup de considération, qui vient
« de travailler sur un sujet à peu près semblable à ma tragédie, et qui
« s'est exercé à peindre ce contraste des mœurs de l'Europe et de celles
« du Nouveau-Monde, matière si favorable à la poésie, enrichira peut-
« être le théâtre de sa pièce nouvelle. Il verra si je serai le dernier à lui

PRÉLIMINAIRE.

J'ose dire avec confiance que je suis plus attaché aux beaux arts qu'à mes écrits. Sensible à l'excès, dès mon enfance, pour tout ce qui porte le caractère du génie, je regarde un grand poëte, un bon musicien, un bon peintre, un sculpteur habile (s'il a de la probité), comme un homme que je dois chérir, comme un frère que les arts m'ont donné. Les jeunes gens qui voudront s'appliquer aux lettres trouveront en moi un ami; plusieurs y ont trouvé un père. Voilà mes sentimens : quiconque a vécu avec moi sait bien que je n'en ai point d'autres.

Je me suis cru obligé de parler ainsi au public sur moi-même une fois en ma vie. A l'égard de ma tragédie, je n'en dirai rien. Réfuter des critiques est un vain amour-propre; confondre la calomnie est un devoir.

« applaudir, et si un indigne amour-propre ferme mes yeux aux beautés
« d'un ouvrage. »

Cet auteur est M. Le Franc de Pompignan.

PERSONNAGES.

DON GUSMAN, gouverneur du Pérou.
DON ALVAREZ, père de Gusman, ancien gouverneur.
ZAMORE, souverain d'une partie du Potose.
MONTÈZE, souverain d'une autre partie.
ALZIRE, fille de Montèze.
ÉMIRE,
CÉPHANE, } suivantes d'Alzire.
OFFICIERS ESPAGNOLS.
AMÉRICAINS.

La scène est dans la ville de Los-Reyes, autrement Lima.

ALZIRE,

TRAGÉDIE.

ACTE PREMIER.

SCÈNE I.

ALVAREZ, GUSMAN.

ALVAREZ.

Du conseil de Madrid l'autorité suprême
Pour successeur enfin me donne un fils que j'aime.
Faites régner le prince et le Dieu que je sers
Sur la riche moitié d'un nouvel univers :
Gouvernez cette rive, en malheurs trop féconde,
Qui produit les trésors et les crimes du monde.
Je vous remets, mon fils, ces honneurs souverains
Que la vieillesse arrache à mes débiles mains.
J'ai consumé mon âge au sein de l'Amérique ;
Je montrai le premier au peuple du Mexique *
L'appareil inouï, pour ces mortels nouveaux,
De nos châteaux ailés qui volaient sur les eaux :
Des mers de Magellan jusqu'aux astres de l'ourse,
Les vainqueurs castillans ont dirigé ma course :

* L'expédition du Mexique se fit en 1517, et celle du Pérou en 1525. Ainsi Alvarez a pu facilement les voir. Los-Reyes, lieu de la scène, fut bâti en 1535.

Heureux si j'avais pu, pour fruit de mes travaux,
En mortels vertueux changer tous ces héros *a* !
Mais qui peut arrêter l'abus de la victoire ?
Leurs cruautés, mon fils, ont obscurci leur gloire*,
Et j'ai pleuré long-temps sur ces tristes vainqueurs
Que le ciel fit si grands, sans les rendre meilleurs.
Je touche au dernier pas de ma longue carrière,
Et mes yeux sans regret quitteront la lumière,
S'ils vous ont vu régir sous d'équitables lois
L'empire du Potose et la ville des rois.

GUSMAN.

J'ai conquis avec vous ce sauvage hémisphère ;
Dans ces climats brûlans j'ai vaincu sous mon père ;
Je dois de vous encore apprendre à gouverner,
Et recevoir vos lois plutôt que d'en donner.

ALVAREZ.

Non, non, l'autorité ne veut point de partage.
Consumé de travaux, appesanti par l'âge,
Je suis las du pouvoir ; c'est assez si ma voix
Parle encore au conseil, et règle vos exploits.
Croyez-moi, les humains, que j'ai trop su connaître,
Méritent peu, mon fils, qu'on veuille être leur maître.
Je consacre à mon Dieu, négligé trop long-temps,
De ma caducité les restes languissans.
Je ne veux qu'une grace, elle me sera chère ;
Je l'attends comme ami, je la demande en père.
Mon fils, remettez-moi ces esclaves obscurs,
Aujourd'hui par votre ordre arrêtés dans nos murs :

---

* On sait quelles cruautés Fernand Cortez exerça au Mexique, et Pizarre au Pérou.

ACTE I, SCÈNE I.

Songez que ce grand jour doit être un jour propice,
Marqué par la clémence, et non par la justice.

GUSMAN.

Quand vous priez un fils, seigneur, vous commandez;
Mais daignez voir au moins ce que vous hasardez.
D'une ville naissante, encor mal assurée,
Au peuple américain nous défendons l'entrée :
Empêchons, croyez-moi, que ce peuple orgueilleux
Au fer qui l'a dompté n'accoutume ses yeux ;
Que, méprisant nos lois, et prompt à les enfreindre,
Il ose contempler des maîtres qu'il doit craindre.
Il faut toujours qu'il tremble, et n'apprenne à nous voir
Qu'armés de la vengeance ainsi que du pouvoir.
L'Américain farouche est un monstre sauvage,
Qui mord en frémissant le frein de l'esclavage;
Soumis au châtiment, fier dans l'impunité,
De la main qui le flatte il se croit redouté.
Tout pouvoir, en un mot, périt par l'indulgence,
Et la sévérité produit l'obéissance.
Je sais qu'aux Castillans il suffit de l'honneur,
Qu'à servir sans murmure ils mettent leur grandeur :
Mais le reste du monde, esclave de la crainte,
A besoin qu'on l'opprime, et sert avec contrainte.
Les dieux même adorés dans ces climats affreux,
S'ils ne sont teints de sang, n'obtiennent point de vœux*.

ALVAREZ.

Ah ! mon fils, que je hais ces rigueurs tyranniques !

---

* On immolait quelquefois des hommes en Amérique, mais il n'y a presque aucun peuple qui n'ait été coupable de cette horrible superstition.

Les pouvez-vous aimer, ces forfaits politiques,
Vous, chrétien, vous choisi pour régner désormais
Sur des chrétiens nouveaux au nom d'un Dieu de paix?
Vos yeux ne sont-ils pas assouvis des ravages
Qui de ce continent dépeuplent les rivages?
Des bords de l'Orient n'étais-je donc venu
Dans un monde idolâtre, à l'Europe inconnu,
Que pour voir abhorrer sous ce brûlant tropique
Et le nom de l'Europe, et le nom catholique?
Ah! Dieu nous envoyait, quand de nous il fit choix,
Pour annoncer son nom, pour faire aimer ses lois :
Et nous, de ce climat destructeurs implacables,
Nous, et d'or et de sang toujours insatiables,
Déserteurs de ces lois qu'il fallait enseigner,
Nous égorgeons ce peuple, au lieu de le gagner.
Par nous tout est en sang, par nous tout est en poudre,
Et nous n'avons du ciel imité que la foudre.
Notre nom, je l'avoue, inspire la terreur;
Les Espagnols sont craints, mais ils sont en horreur:
Fléaux du Nouveau-Monde, injustes, vains, avares,
Nous seuls en ces climats nous sommes les barbares.
L'Américain, farouche en sa simplicité,
Nous égale en courage, et nous passe en bonté.
Hélas! si comme vous il était sanguinaire,
S'il n'avait des vertus, vous n'auriez plus de père.
Avez-vous oublié qu'ils m'ont sauvé le jour?
Avez-vous oublié que près de ce séjour
Je me vis entouré par ce peuple en furie,
Rendu cruel enfin par notre barbarie?
Tous les miens, à mes yeux, terminèrent leur sort.

ACTE I, SCÈNE I.

J'étais seul, sans secours, et j'attendais la mort :
Mais à mon nom, mon fils, je vis tomber leurs armes.
Un jeune Américain, les yeux baignés de larmes,
Au lieu de me frapper, embrassa mes genoux.
« Alvarez, me dit-il, Alvarez, est-ce vous?
« Vivez, votre vertu nous est trop nécessaire :
« Vivez, aux malheureux servez long-temps de père :
« Qu'un peuple de tyrans, qui veut nous enchaîner,
« Du moins par cet exemple apprenne à pardonner!
« Allez, la grandeur d'ame est ici le partage
« Du peuple infortuné qu'ils ont nommé sauvage. »
Eh bien, vous gémissez : je sens qu'à ce récit
Votre cœur, malgré vous, s'émeut et s'adoucit.
L'humanité vous parle, ainsi que votre père.
Ah! si la cruauté vous était toujours chère,
De quel front aujourd'hui pourriez-vous vous offrir
Au vertueux objet qu'il vous faut attendrir,
A la fille des rois de ces tristes contrées
Qu'à vos sanglantes mains la fortune a livrées?
Prétendez-vous, mon fils, cimenter ces liens
Par le sang répandu de ses concitoyens?
Ou bien attendez-vous que ses cris et ses larmes
De vos sévères mains fassent tomber les armes ?

GUSMAN.

Hé bien! vous l'ordonnez, je brise leurs liens,
J'y consens; mais songez qu'il faut qu'ils soient chré-
Ainsi le veut la loi : quitter l'idolâtrie   [tiens :
Est un titre en ces lieux pour mériter la vie;
A la religion gagnons-les à ce prix :
Commandons aux cœurs même, et forçons les esprits.

De la nécessité le pouvoir invincible
Traîne au pied des autels un courage inflexible.
Je veux que ces mortels, esclaves de ma loi,
Tremblent sous un seul Dieu, comme sous un seul roi.

ALVAREZ.

Écoutez-moi, mon fils; plus que vous je désire
Qu'ici la vérité fonde un nouvel empire,
Que le ciel et l'Espagne y soient sans ennemis;
Mais les cœurs opprimés ne sont jamais soumis.
J'en ai gagné plus d'un, je n'ai forcé personne ;
Et le vrai Dieu, mon fils, est un Dieu qui pardonne.

GUSMAN.

Je me rends donc, seigneur, et vous l'avez voulu :
Vous avez sur un fils un pouvoir absolu;
Oui, vous amolliriez le cœur le plus farouche :
L'indulgente vertu parle par votre bouche.
Eh bien! puisque le ciel voulut vous accorder
Ce don, cet heureux don de tout persuader,
C'est de vous que j'attends le bonheur de ma vie.
Alzire, contre moi par mes feux enhardie,
Se donnant à regret, ne me rend point heureux.
Je l'aime, je l'avoue, et plus que je ne veux;
Mais enfin je ne puis, même en voulant lui plaire,
De mon cœur trop altier fléchir le caractère;
Et rampant sous ses lois, esclave d'un coup d'œil,
Par des soumissions caresser son orgueil.
Je ne veux point sur moi lui donner tant d'empire.
Vous seul vous pouvez tout sur le père d'Alzire :
En un mot, parlez-lui pour la dernière fois;
Qu'il commande à sa fille, et force enfin son choix.

Daignez.... Mais c'en est trop, je rougis que mon père
Pour l'intérêt d'un fils s'abaisse à la prière.

ALVAREZ.

C'en est fait. J'ai parlé, mon fils, et sans rougir.
Montèze a vu sa fille, il l'aura su fléchir.
De sa famille auguste, en ces lieux prisonnière,
Le ciel a par mes soins consolé la misère.
Pour le vrai Dieu Montèze a quitté ses faux dieux.
Lui-même de sa fille a dessillé les yeux.
De tout ce nouveau monde Alzire est le modèle ;
Les peuples incertains fixent les yeux sur elle :
Son cœur aux Castillans va donner tous les cœurs ;
L'Amérique à genoux adoptera nos mœurs ;
La foi doit y jeter ses racines profondes ;
Votre hymen est le nœud qui joindra les deux mondes.
Ces féroces humains, qui détestent nos lois,
Voyant entre vos bras la fille de leurs rois,
Vont d'un esprit moins fier, et d'un cœur plus facile,
Sous votre joug heureux baisser un front docile ;
Et je verrai, mon fils, grace à ces doux liens,
Tous les cœurs désormais espagnols et chrétiens.
Montèze vient ici. Mon fils, allez m'attendre
Aux autels, où sa fille avec lui va se rendre.

SCÈNE II.

ALVAREZ, MONTÈZE.

ALVAREZ.

Eh bien! votre sagesse et votre autorité
Ont d'Alzire en effet fléchi la volonté?

MONTÈZE.

Père des malheureux, pardonne si ma fille,
Dont Gusman détruisit l'empire et la famille,
Semble éprouver encore un reste de terreur,
Et d'un pas chancelant marche vers son vainqueur.
Les nœuds qui vont unir l'Europe et ma patrie
Ont révolté ma fille en ces climats nourrie;
Mais tous les préjugés s'effacent à ta voix :
Tes mœurs nous ont appris à révérer tes lois.
C'est par toi que le ciel à nous s'est fait connaître;
Notre esprit éclairé te doit son nouvel être.
Sous le fer castillan ce monde est abattu;
Il cède à la puissance, et nous à la vertu.
De tes concitoyens la rage impitoyable
Aurait rendu comme eux leur Dieu même haïssable :
Nous détestions ce Dieu qu'annonça leur fureur;
Nous l'aimons dans toi seul, il s'est peint dans ton cœur.
Voilà ce qui te donne et Montèze et ma fille;
Instruits par tes vertus, nous sommes ta famille.
Sers-lui long-temps de père, ainsi qu'à nos états.
Je la donne à ton fils, je la mets dans ses bras;
Le Pérou, le Potose, Alzire est sa conquête :

ACTE I, SCÈNE III.

Va dans ton temple auguste en ordonner la fête :
Va, je crois voir des cieux les peuples éternels
Descendre de leur sphère, et se joindre aux mortels.
Je réponds de ma fille ; elle va reconnaître
Dans le fier don Gusman son époux et son maître.

ALVAREZ.

Ah! puisque enfin mes mains ont pu former ces nœuds,
Cher Montèze, au tombeau je descends trop heureux.
Toi qui nous découvris ces immenses contrées,
Rends du monde aujourd'hui les bornes éclairées :
Dieu des chrétiens, préside à ces vœux solennels,
Les premiers qu'en ces lieux on forme à tes autels :
Descends, attire à toi l'Amérique étonnée !
Adieu, je vais presser cet heureux hyménée :
Adieu, je vous devrai le bonheur de mon fils.

SCÈNE III.

MONTÈZE.

Dieu, destructeur des dieux que j'avais trop servis,
Protége de mes ans la fin dure et funeste !
Tout me fut enlevé, ma fille ici me reste ;
Daigne veiller sur elle, et conduire son cœur !

SCÈNE IV.

MONTÈZE, ALZIRE.

MONTÈZE.

Ma fille, il en est temps, consens à ton bonheur;
Ou plutôt, si ta foi, si ton cœur me seconde,
Par ta félicité fais le bonheur du monde :
Protége les vaincus, commande à nos vainqueurs,
Éteins entre leurs mains leurs foudres destructeurs :
Remonte au rang des rois du sein de la misère;
Tu dois à ton état plier ton caractère :
Prends un cœur tout nouveau; viens, obéis, suis-moi,
Et renais Espagnole, en renonçant à toi.
Sèche tes pleurs, Alzire, ils outragent ton père.

ALZIRE.

Tout mon sang est à vous; mais si je vous suis chère,
Voyez mon désespoir, et lisez dans mon cœur.

MONTÈZE.

Non, je ne veux plus voir ta honteuse douleur :
J'ai reçu ta parole, il faut qu'on l'accomplisse.

ALZIRE.

Vous m'avez arraché cet affreux sacrifice.
Mais quel temps, justes cieux, pour engager ma foi!
Voici ce jour horrible où tout périt pour moi,
Où de ce fier Gusman le fer osa détruire
Des enfans du soleil le redoutable empire.
Que ce jour est marqué par des signes affreux!

MONTÈZE.
Nous seuls rendons les jours heureux ou malheureux.
Quitte un vain préjugé, l'ouvrage de nos prêtres,
Qu'à nos peuples grossiers ont transmis nos ancêtres.
ALZIRE.
Au même jour, hélas! le vengeur de l'état,
Zamore, mon espoir, périt dans le combat;
Zamore, mon amant, choisi pour votre gendre!
MONTÈZE.
J'ai donné comme toi des larmes à sa cendre;
Les morts dans le tombeau n'exigent point de foi;
Porte, porte aux autels un cœur maître de soi;
D'un amour insensé pour des cendres éteintes
Commande à ta vertu d'écarter les atteintes.
Tu dois ton ame entière à la loi des chrétiens;
Dieu t'ordonne par moi de former ces liens :
Il t'appelle aux autels, il règle ta conduite;
Entends sa voix.
ALZIRE.
Mon père, où m'avez-vous réduite?
Je sais ce qu'est un père, et quel est son pouvoir :
M'immoler quand il parle est mon premier devoir,
Et mon obéissance a passé les limites
Qu'à ce devoir sacré la nature a prescrites.
Mes yeux n'ont jusqu'ici rien vu que par vos yeux,
Mon cœur changé par vous abandonna ses dieux;
Je ne regrette point leurs grandeurs terrassées,
Devant ce Dieu nouveau comme nous abaissées.
Mais vous, qui m'assuriez, dans mes troubles cruels,
Que la paix habitait au pied de ses autels,

Que sa loi, sa morale, et consolante et pure,
De mes sens désolés guérirait la blessure,   [queur
Vous trompiez ma faiblesse. Un trait toujours vain-
Dans le sein de ce Dieu vient déchirer mon cœur :
Il y porte une image à jamais renaissante;
Zamore vit encore au cœur de son amante.
Condamnez, s'il le faut, ces justes sentimens,
Ce feu victorieux de la mort et du temps,
Cet amour immortel, ordonné par vous-même;
Unissez votre fille au fier tyran qui l'aime;
Mon pays le demande, il le faut, j'obéis :
Mais tremblez en formant ces nœuds mal assortis;
Tremblez, vous qui d'un Dieu m'annoncez la vengeance,
Vous qui me condamnez d'aller en sa présence
Promettre à cet époux, qu'on me donne aujourd'hui,
Un cœur qui brûle encor pour un autre que lui.

MONTÈZE.

Ah! que dis-tu, ma fille? épargne ma vieillesse;
Au nom de la nature, au nom de ma tendresse,
Par nos destins affreux que ta main peut changer,
Par ce cœur paternel que tu viens d'outrager,
Ne rends point de mes ans la fin trop douloureuse!
Ai-je fait un seul pas que pour te rendre heureuse?
Jouis de mes travaux, mais crains d'empoisonner
Ce bonheur difficile où j'ai su t'amener.
Ta carrière nouvelle, aujourd'hui commencée,
Par la main du devoir est à jamais tracée;
Ce monde gémissant te presse d'y courir,
Il n'espère qu'en toi : voudrais-tu le trahir?
Apprends à te dompter.

ALZIRE.

Faut-il apprendre à feindre ?
Quelle science, hélas !

SCÈNE V.

GUSMAN, ALZIRE.

GUSMAN.

J'ai sujet de me plaindre
Que l'on oppose encore à mes empressemens
L'offensante lenteur de ces retardemens.
J'ai suspendu ma loi prête à punir l'audace
De tous ces ennemis dont vous vouliez la grace :
Ils sont en liberté; mais j'aurais à rougir
Si ce faible service eût pu vous attendrir.
J'attendais encor moins de mon pouvoir suprême;
Je voulais vous devoir à ma flamme, à vous-même;
Et je ne pensais pas, dans mes vœux satisfaits,
Que ma félicité vous coûtât des regrets.

ALZIRE.

Que puisse seulement la colère céleste
Ne pas rendre ce jour à tous les deux funeste !
Vous voyez quel effroi me trouble et me confond :
Il parle dans mes yeux, il est peint sur mon front.
Tel est mon caractère : et jamais mon visage
N'a de mon cœur encor démenti le langage.
Qui peut se déguiser pourrait trahir sa foi;
C'est un art de l'Europe : il n'est pas fait pour moi.

GUSMAN.

Je vois votre franchise, et je sais que Zamore

Vit dans votre mémoire, et vous est cher encore.
Ce cacique *obstiné, vaincu dans les combats,
S'arme encor contre moi de la nuit du trépas.
Vivant, je l'ai dompté : mort, doit-il être à craindre?
Cessez de m'offenser, et cessez de le plaindre;
Votre devoir, mon nom, mon cœur, en sont blessés;
Et ce cœur est jaloux des pleurs que vous versez.

ALZIRE.

Ayez moins de colère et moins de jalousie;
Un rival au tombeau doit causer peu d'envie :
Je l'aimai, je l'avoue, et tel fut mon devoir;
De ce monde opprimé Zamore était l'espoir :
Sa foi me fut promise, il eut pour moi des charmes,
Il m'aima : son trépas me coûte encor des larmes.
Vous, loin d'oser ici condamner ma douleur,
Jugez de ma constance, et connaissez mon cœur;
Et, quittant avec moi cette fierté cruelle,
Méritez, s'il se peut, un cœur aussi fidèle *b*.

SCÈNE VI.

GUSMAN.

Son orgueil, je l'avoue, et sa sincérité,
Étonne mon courage et plaît à ma fierté.
Allons, ne souffrons pas que cette humeur altière
Coûte plus à dompter que l'Amérique entière.

---

* Le mot propre est *inca ;* mais les Espagnols, accoutumés, dans l'Amérique septentrionale, au titre de cacique, le donnèrent d'abord à tous les souverains du Nouveau-Monde.

ACTE I, SCÈNE VI.

La grossière nature, en formant ses appas,
Lui laisse un cœur sauvage et fait pour ces climats.
Le devoir fléchira son courage rebelle;
Ici tout m'est soumis, il ne reste plus qu'elle;
Que l'hymen en triomphe, et qu'on ne dise plus
Qu'un vainqueur et qu'un maître essuya des refus.

FIN DU PREMIER ACTE.

ACTE SECOND.

SCÈNE I.

ZAMORE; AMÉRICAINS.

ZAMORE.

Amis, de qui l'audace, aux mortels peu commune,
Renaît dans les dangers, et croît dans l'infortune;
Illustres compagnons de mon funeste sort,
N'obtiendrons-nous jamais la vengeance ou la mort?
Vivrons-nous sans servir Alzire et la patrie,
Sans ôter à Gusman sa détestable vie,
Sans trouver, sans punir cet insolent vainqueur,
Sans venger mon pays qu'a perdu sa fureur?
Dieux impuissans! dieux vains de nos vastes contrées!
A des dieux ennemis vous les avez livrées :
Et six cents Espagnols ont détruit sous leurs coups
Mon pays et mon trône, et vos temples et vous.
Vous n'avez plus d'autels, et je n'ai plus d'empire;
Nous avons tout perdu : je suis privé d'Alzire.
J'ai porté mon courroux, ma honte et mes regrets
Dans les sables mouvans, dans le fond des forêts.
De la zone brûlante et du milieu du monde,
L'astre du jour * a vu ma course vagabonde,

---

* L'astronomie, la géographie, la géométrie, étaient cultivées au Pérou. On traçait des lignes sur des colonnes pour marquer les équinoxes et les solstices.

ACTE II, SCÈNE I.

Jusqu'aux lieux où, cessant d'éclairer nos climats,
Il ramène l'année, et revient sur ses pas.
Enfin votre amitié, vos soins, votre vaillance,
A mes vastes desseins ont rendu l'espérance ;
Et j'ai cru satisfaire, en cet affreux séjour,
Deux vertus de mon cœur, la vengeance et l'amour.
Nous avons rassemblé des mortels intrépides,
Éternels ennemis de nos maîtres avides ;
Nous les avons laissés dans ces forêts errans,
Pour observer ces murs bâtis par nos tyrans.
J'arrive, on nous saisit : une foule inhumaine
Dans des gouffres profonds nous plonge et nous en-
De ces lieux infernaux on nous laisse sortir, [chaîne.
Sans que de notre sort on nous daigne avertir.
Amis, où sommes-nous ? ne pourra-t-on m'instruire
Qui commande en ces lieux, quel est le sort d'Alzire,
Si Montèze est esclave et voit encor le jour,
S'il traîne ses malheurs en cette horrible cour ?
Chers et tristes amis du malheureux Zamore,
Ne pouvez-vous m'apprendre un destin que j'ignore ?

UN AMÉRICAIN.

En des lieux différens, comme toi mis aux fers,
Conduits en ce palais par des chemins divers,
Étrangers, inconnus chez ce peuple farouche,
Nous n'avons rien appris de tout ce qui te touche.
Cacique infortuné, digne d'un meilleur sort,
Du moins si nos tyrans ont résolu ta mort,
Tes amis avec toi, prêts à cesser de vivre,
Sont dignes de t'aimer et dignes de te suivre.

ZAMORE.

Après l'honneur de vaincre, il n'est rien sous les cieux
De plus grand en effet qu'un trépas glorieux ;
Mais mourir dans l'opprobre et dans l'ignominie,
Mais laisser en mourant des fers à sa patrie,
Périr sans se venger, expirer par les mains
De ces brigands d'Europe, et de ces assassins
Qui, de sang enivrés, de nos trésors avides,
De ce monde usurpé désolateurs perfides,
Ont osé me livrer à des tourmens honteux,
Pour m'arracher des biens plus méprisables qu'eux ;
Entraîner au tombeau des citoyens qu'on aime ;
Laisser à ces tyrans la moitié de soi-même ;
Abandonner Alzire à leur lâche fureur :
Cette mort est affreuse, et fait frémir d'horreur.

SCÈNE II.

ALVAREZ, ZAMORE; AMÉRICAINS.

ALVAREZ.
Soyez libres, vivez.

ZAMORE.
Ciel ! que viens-je d'entendre ?
Quelle est cette vertu que je ne puis comprendre ?
Quel vieillard ou quel dieu vient ici m'étonner ?
Tu parais Espagnol, et tu sais pardonner !
Es-tu roi ? cette ville est-elle en ta puissance ?

ALVAREZ.
Non ; mais je puis au moins protéger l'innocence.

ACTE II, SCÈNE II.

ZAMORE.

Quel est donc ton destin, vieillard trop généreux?

ALVAREZ.

Celui de secourir les mortels malheureux.

ZAMORE.

Et qui peut t'inspirer cette auguste clémence?

ALVAREZ.

Dieu, ma religion, et la reconnaissance.

ZAMORE.

Dieu? ta religion? Quoi! ces tyrans cruels,
Monstres désaltérés dans le sang des mortels,
Qui dépeuplent la terre, et dont la barbarie
En vaste solitude a changé ma patrie,
Dont l'infame avarice est la suprême loi,
Mon père, ils n'ont donc pas le même Dieu que toi?

ALVAREZ.

Ils ont le même Dieu, mon fils; mais ils l'outragent :
Nés sous la loi des saints, dans le crime ils s'engagent.
Ils ont tous abusé de leur nouveau pouvoir;
Tu connais leurs forfaits, mais connais mon devoir.
Le soleil par deux fois a, d'un tropique à l'autre,
Éclairé dans sa marche et ce monde et le nôtre,
Depuis que l'un des tiens, par un noble secours,
Maître de mon destin, daigna sauver mes jours.
Mon cœur, dès ce moment, partagea vos misères;
Tous vos concitoyens sont devenus mes frères :
Et je mourrais heureux si je pouvais trouver
Ce héros inconnu qui m'a pu conserver.

ZAMORE.

A ses traits, à son âge, à sa vertu suprême,

C'est lui, n'en doutons point, c'est Alvarez lui-même.
Pourrais-tu parmi nous reconnaître le bras
A qui le ciel permit d'empêcher ton trépas?

ALVAREZ.

Que me dit-il? Approche. O ciel! ô Providence!
C'est lui, voilà l'objet de ma reconnaissance.
Mes yeux, mes tristes yeux affaiblis par les ans,
Hélas! avez-vous pu le chercher si long-temps?
(Il l'embrasse.)
Mon bienfaiteur! mon fils! parle, que dois-je faire?
Daigne habiter ces lieux, et je t'y sers de père.
La mort a respecté ces jours que je te dois,
Pour me donner le temps de m'acquitter vers toi.

ZAMORE.

Mon père, ah! si jamais ta nation cruelle
Avait de tes vertus montré quelque étincelle,
Crois-moi, cet univers aujourd'hui désolé
Au devant de leur joug sans peine aurait volé.
Mais autant que ton ame est bienfesante et pure,
Autant leur cruauté fait frémir la nature:
Et j'aime mieux périr que de vivre avec eux.
Tout ce que j'ose attendre, et tout ce que je veux,
C'est de savoir au moins si leur main sanguinaire
Du malheureux Montèze a fini la misère;
Si le père d'Alzire... hélas! tu vois les pleurs
Qu'un souvenir trop cher arrache à mes douleurs.

ALVAREZ.

Ne cache point tes pleurs, cesse de t'en défendre;
C'est de l'humanité la marque la plus tendre.
Malheur aux cœurs ingrats, et nés pour les forfaits,

ACTE II, SCÈNE III.

Que les douleurs d'autrui n'ont attendris jamais !
Apprends que ton ami, plein de gloire et d'années,
Coule ici près de moi ses douces destinées.

ZAMORE.

Le verrai-je ?

ALVAREZ.

Oui ; crois-moi, puisse-t-il aujourd'hui
T'engager à penser, à vivre comme lui !

ZAMORE.

Quoi ! Montèze, dis-tu...

ALVAREZ.

Je veux que de sa bouche
Tu sois instruit ici de tout ce qui le touche,
Du sort qui nous unit, de ces heureux liens
Qui vont joindre mon peuple à tes concitoyens.
Je vais dire à mon fils, dans l'excès de ma joie,
Ce bonheur inouï que le ciel nous envoie.
Je te quitte un moment, mais c'est pour te servir,
Et pour serrer les nœuds qui vont tous nous unir.

SCÈNE III.

ZAMORE; AMÉRICAINS.

ZAMORE.

Des cieux enfin sur moi la bonté se déclare ;
Je trouve un homme juste en ce séjour barbare.
Alvarez est un dieu qui, parmi ces pervers,
Descend pour adoucir les mœurs de l'univers.
Il a, dit-il, un fils ; ce fils sera mon frère :
Qu'il soit digne, s'il peut, d'un si vertueux père !

O jour! ô doux espoir à mon cœur éperdu!
Montèze, après trois ans, tu vas m'être rendu!
Alzire, chère Alzire, ô toi que j'ai servie!
Toi pour qui j'ai tout fait, toi l'ame de ma vie,
Serais-tu dans ces lieux? hélas! me gardes-tu
Cette fidélité, la première vertu?
Un cœur infortuné n'est point sans défiance...
Mais quel autre vieillard à mes regards s'avance?

SCÈNE IV.

MONTÈZE, ZAMORE; AMÉRICAINS.

ZAMORE.

Cher Montèze, est-ce toi que je tiens dans mes bras?
Revois ton cher Zamore échappé du trépas,
Qui du sein du tombeau renaît pour te défendre;
Revois ton tendre ami, ton allié, ton gendre.
Alzire est-elle ici? parle, quel est son sort?
Achève de me rendre ou la vie ou la mort.

MONTÈZE.

Cacique malheureux! sur le bruit de ta perte,
Aux plus tendres regrets notre ame était ouverte;
Nous te redemandions à nos cruels destins,
Autour d'un vain tombeau que t'ont dressé nos mains.
Tu vis; puisse le ciel te rendre un sort tranquille!
Puissent tous nos malheurs finir dans cet asile!
Zamore, ah! quel dessein t'a conduit en ces lieux?

ZAMORE.

La soif de me venger, toi, ta fille et mes dieux.

ACTE II, SCÈNE IV.

MONTÈZE.

Que dis-tu?

ZAMORE.

Souviens-toi du jour épouvantable
Où ce fier Espagnol, terrible, invulnérable
Renversa, détruisit jusqu'en leurs fondemens
Ces murs que du Soleil ont bâtis les enfans* ;
Gusman était son nom. Le destin qui m'opprime
Ne m'apprit rien de lui que son nom et son crime.
Ce nom, mon cher Montèze, à mon cœur si fatal,
Du pillage et du meurtre était l'affreux signal.
A ce nom, de mes bras on arracha ta fille ;
Dans un vil esclavage on traîna ta famille :
On démolit ce temple, et ces autels chéris,
Où nos dieux m'attendaient pour me nommer ton fils :
On me traîna vers lui : dirai-je à quel supplice,
A quels maux me livra sa barbare avarice,
Pour m'arracher ces biens par lui déifiés,
Idoles de son peuple, et que je foule aux pieds?
Je fus laissé mourant au milieu des tortures.
Le temps ne peut jamais affaiblir les injures :
Je viens après trois ans d'assembler des amis,
Dans leur commune haine avec nous affermis :
Ils sont dans nos forêts, et leur foule héroïque
Vient périr sous ces murs, ou venger l'Amérique.

MONTÈZE.

Je te plains ; mais hélas! où vas-tu t'emporter?

* Les Péruviens, qui avaient leurs fables comme les peuples de notre continent, croyaient que leur premier inca, qui bâtit Cusco, était fils du Soleil.

Ne cherche point la mort qui voulait t'éviter.
Que peuvent tes amis, et leurs armes fragiles,
Des habitans des eaux dépouilles inutiles,
Ces marbres impuissans en sabres façonnés,
Ces soldats presque nus et mal disciplinés,
Contre ces fiers géans, ces tyrans de la terre,
De fer étincelans, armés de leur tonnerre,
Qui s'élancent sur nous, aussi prompts que les vents,
Sur des monstres guerriers pour eux obéissans ?
L'univers a cédé ; cédons, mon cher Zamore.

ZAMORE.

Moi fléchir, moi ramper, lorsque je vis encore !
Ah, Montèze ! crois-moi, ces foudres, ces éclairs,
Ce fer dont nos tyrans sont armés et couverts,
Ces rapides coursiers qui sous eux font la guerre,
Pouvaient à leur abord épouvanter la terre :
Je les vois d'un œil fixe, et leur ose insulter ;
Pour les vaincre il suffit de ne rien redouter.
Leur nouveauté, qui seule a fait ce monde esclave,
Subjugue qui la craint, et cède à qui la brave.
L'or, ce poison brillant qui naît dans nos climats,
Attire ici l'Europe, et ne nous défend pas.
Le fer manque à nos mains ; les cieux, pour nous avares,
Ont fait ce don funeste à des mains plus barbares ;
Mais pour venger enfin nos peuples abattus,
Le ciel, au lieu de fer, nous donna des vertus.
Je combats pour Alzire, et je vaincrai pour elle.

MONTÈZE.

Le ciel est contre toi : calme un frivole zèle.
Les temps sont trop changés.

ZAMORE.

Que peux-tu dire, hélas!
Les temps sont-ils changés, si ton cœur ne l'est pas,
Si ta fille est fidèle à ses vœux, à sa gloire,
Si Zamore est présent encore à sa mémoire?
Tu détournes les yeux, tu pleures, tu gémis!

MONTÈZE.

Zamore infortuné!

ZAMORE.

Ne suis-je plus ton fils?
Nos tyrans ont flétri ton ame magnanime;
Sur le bord de la tombe ils t'ont appris le crime.

MONTÈZE.

Je ne suis point coupable, et tous ces conquérans,
Ainsi que tu le crois, ne sont point des tyrans.
Il en est que le ciel guida dans cet empire,
Moins pour nous conquérir qu'afin de nous instruire;
Qui nous ont apporté de nouvelles vertus,
Des secrets immortels et des arts inconnus,
La science de l'homme, un grand exemple à suivre,
Enfin, l'art d'être heureux, de penser et de vivre.

ZAMORE.

Que dis-tu? quelle horreur ta bouche ose avouer!
Alzire est leur esclave, et tu peux les louer!

MONTÈZE.

Elle n'est point esclave.

ZAMORE.

Ah, Montèze! ah, mon père!
Pardonne à mes malheurs, pardonne à ma colère;
Songe qu'elle est à moi par des nœuds éternels:

Oui, tu me l'as promise aux pieds des immortels ;
Ils ont reçu sa foi, son cœur n'est point parjure.

MONTÈZE.

N'atteste point ces dieux, enfans de l'imposture,
Ces fantômes affreux que je ne connais plus ;
Sous le Dieu que j'adore ils sont tous abattus.

ZAMORE.

Quoi! ta religion? quoi! la loi de nos pères?

MONTÈZE.

J'ai connu son néant, j'ai quitté ses chimères.
Puisse le Dieu des dieux, dans ce monde ignoré,
Manifester son être à ton cœur éclairé !
Puisses-tu mieux connaître, ô malheureux Zamore !
Les vertus de l'Europe, et le Dieu qu'elle adore !

ZAMORE.

Quelles vertus! cruel! les tyrans de ces lieux
T'ont fait esclave en tout, t'ont arraché tes dieux.
Tu les as donc trahis pour trahir ta promesse ?
Alzire a-t-elle encore imité ta faiblesse ?
Garde-toi...

MONTÈZE.

Va, mon cœur ne se reproche rien :
Je dois bénir mon sort, et pleurer sur le tien.

ZAMORE.

Si tu trahis ta foi, tu dois pleurer sans doute.
Prends pitié des tourmens que ton crime me coûte,
Prends pitié de ce cœur, enivré tour à tour
De zèle pour mes dieux, de vengeance et d'amour.
Je cherche ici Gusman, j'y vole pour Alzire ;
Viens, conduis-moi vers elle, et qu'à ses pieds j'expire.

Ne me dérobe point le bonheur de la voir;
Crains de porter Zamore au dernier désespoir;
Reprends un cœur humain, que ta vertu bannie...

SCÈNE V.

MONTÈZE, ZAMORE; AMÉRICAINS, GARDES.

UN GARDE, *à Montèze.*
Seigneur, on vous attend pour la cérémonie.
MONTÈZE.
Je vous suis.
ZAMORE.
Ah, cruel! je ne te quitte pas.
Quelle est donc cette pompe où s'adressent tes pas?
Montèze...
MONTÈZE.
Adieu; crois-moi, fuis de ce lieu funeste.
ZAMORE.
Dût m'accabler ici la colère céleste,
Je te suivrai.
MONTÈZE.
Pardonne à mes soins paternels.
(aux gardes.)
Gardes, empêchez-les de me suivre aux autels.
Des païens élevés dans des lois étrangères
Pourraient de nos chrétiens profaner les mystères:
Il ne m'appartient pas de vous donner des lois;
Mais Gusman vous l'ordonne, et parle par ma voix.

SCÈNE VI.

ZAMORE; AMÉRICAINS.

ZAMORE.

Qu'ai-je entendu ! Gusman ! ô trahison ! ô rage !
O comble des forfaits ! lâche et dernier outrage !
Il servirait Gusman ! l'ai-je bien entendu ?
Dans l'univers entier n'est-il plus de vertu ?
Alzire, Alzire aussi sera-t-elle coupable ?
Aura-t-elle sucé ce poison détestable,
Apporté parmi nous par ces persécuteurs,
Qui poursuivent nos jours, et corrompent nos mœurs ?
Gusman est donc ici ? que résoudre et que faire ?

UN AMÉRICAIN.

J'ose ici te donner un conseil salutaire.
Celui qui t'a sauvé, ce vieillard vertueux,
Bientôt avec son fils va paraître à tes yeux.
Aux portes de la ville obtiens qu'on nous conduise :
Sortons, allons tenter notre illustre entreprise ;
Allons tout préparer contre nos ennemis,
Et surtout n'épargnons qu'Alvarez et son fils.
J'ai vu de ces remparts l'étrangère structure ;
Cet art nouveau pour nous, vainqueur de la nature,
Ces angles, ces fossés, ces hardis boulevarts,
Ces tonnerres d'airain, grondant sur les remparts,
Ces piéges de la guerre, où la mort se présente,
Tout étonnans qu'ils sont, n'ont rien qui m'épouvante.

ACTE II, SCÈNE VI.

Hélas ! nos citoyens, enchaînés en ces lieux,
Servent à cimenter cet asile odieux ;
Ils dressent, d'une main dans les fers avilie,
Ce siége de l'orgueil et de la tyrannie.
Mais, crois-moi, dans l'instant qu'ils verront leurs vengeurs,
Leurs mains vont se lever sur leurs persécuteurs ;
Eux même ils détruiront cet effroyable ouvrage,
Instrument de leur honte et de leur esclavage.
Nos soldats, nos amis, dans ces fossés sanglans,
Vont te faire un chemin sur leurs corps expirans.
Partons, et revenons sur ces coupables têtes
Tourner ces traits de feu, ce fer et ces tempêtes,
Ce salpêtre enflammé, qui d'abord à nos yeux
Parut un feu sacré, lancé des mains des dieux.
Connaissons, renversons cette horrible puissance
Que l'orgueil trop long-temps fonda sur l'ignorance.

ZAMORE.

Illustres malheureux, que j'aime à voir vos cœurs
Embrasser mes desseins et sentir mes fureurs !
Puissions-nous de Gusman punir la barbarie !
Que son sang satisfasse au sang de ma patrie !
Triste divinité des mortels offensés,
Vengeance, arme nos mains ; qu'il meure, et c'est assez ;
Qu'il meure...Mais, hélas ! plus malheureux que braves,
Nous parlons de punir, et nous sommes esclaves.
De notre sort affreux le joug s'appesantit ;
Alvarez disparaît, Montèze nous trahit.
Ce que j'aime est peut-être en des mains que j'abhorre ;
Je n'ai d'autre douceur que d'en douter encore.

Mes amis, quels accens remplissent ce séjour?
Ces flambeaux allumés ont redoublé le jour.
J'entends l'airain tonnant de ce peuple barbare;
Quelle fête ou quel crime est-ce donc qu'il prépare?
Voyons si de ces lieux on peut au moins sortir,
Si je puis vous sauver, ou s'il nous faut périr.

FIN DU SECOND ACTE.

ACTE TROISIÈME.

SCÈNE I.

ALZIRE.

Manes de mon amant, j'ai donc trahi ma foi !
C'en est fait, et Gusman règne à jamais sur moi !
L'océan qui s'élève entre nos hémisphères
A donc mis entre nous d'impuissantes barrières !
Je suis à lui ! l'autel a donc reçu nos vœux,
Et déja nos sermens sont écrits dans les cieux !
O toi qui me poursuis, ombre chère et sanglante,
A mes sens désolés ombre à jamais présente,
Cher amant, si mes pleurs, mon trouble, mes remords
Peuvent percer ta tombe, et passer chez les morts ;
Si le pouvoir d'un Dieu fait survivre à sa cendre
Cet esprit d'un héros, ce cœur fidèle et tendre,
Cette ame qui m'aima jusqu'au dernier soupir,
Pardonne à cet hymen où j'ai pu consentir !
Il fallait m'immoler aux volontés d'un père,
Au bien de mes sujets, dont je me sens la mère,
A tant de malheureux, aux larmes des vaincus,
Au soin de l'univers, hélas ! où tu n'es plus [1].
Zamore, laisse en paix mon ame déchirée
Suivre l'affreux devoir où les cieux m'ont livrée ;
Souffre un joug imposé par la nécessité ;
Permets ces nœuds cruels, ils m'ont assez coûté.

SCÈNE II.

ALZIRE, ÉMIRE.

ALZIRE.
Hé bien ! veut-on toujours ravir à ma présence
Les habitans des lieux si chers à mon enfance ?
Ne puis-je voir enfin ces captifs malheureux,
Et goûter la douceur de pleurer avec eux ?
ÉMIRE.
Ah ! plutôt de Gusman redoutez la furie,
Craignez pour ces captifs, tremblez pour la patrie.
On nous menace, on dit qu'à notre nation
Ce jour sera le jour de la destruction.
On déploie aujourd'hui l'étendard de la guerre;
On allume ces feux enfermés sous la terre;
On assemblait déja le sanglant tribunal;
Montèze est appelé dans ce conseil fatal;
C'est tout ce que j'ai su.
ALZIRE.
Ciel, qui m'avez trompée,
De quel étonnement je demeure frappée !
Quoi ! presque entre mes bras, et du pied de l'autel,
Gusman contre les miens lève son bras cruel !
Quoi ! j'ai fait le serment du malheur de ma vie !
Serment qui pour jamais m'avez assujétie !
Hymen, cruel hymen, sous quel astre odieux
Mon père a-t-il formé tes redoutables nœuds ?

SCÈNE III.

ALZIRE, ÉMIRE, CÉPHANE.

CÉPHANE.

Madame, un des captifs qui dans cette journée
N'ont dû leur liberté qu'à ce grand hyménée,
A vos pieds en secret demande à se jeter.

ALZIRE.

Ah! qu'avec assurance il peut se présenter!
Sur lui, sur ses amis, mon ame est attendrie :
Ils sont chers à mes yeux, j'aime en eux la patrie.
Mais quoi! faut-il qu'un seul demande à me parler?

CÉPHANE.

Il a quelques secrets qu'il veut vous révéler.
C'est ce même guerrier dont la main tutélaire
De Gusman votre époux sauva, dit-on, le père.

ÉMIRE.

Il vous cherchait, madame, et Montèze en ces lieux
Par des ordres secrets le cachait à vos yeux.
Dans un sombre chagrin son ame enveloppée,
Semblait d'un grand dessein profondément frappée.

CÉPHANE.

On lisait sur son front le trouble et les douleurs.
Il vous nommait, madame, et répandait des pleurs;
Et l'on connaît assez, par ses plaintes secrètes,
Qu'il ignore et le rang et l'éclat où vous êtes.

ALZIRE.

Quel éclat, chère Émire! et quel indigne rang!

Ce héros malheureux peut-être est de mon sang;
De ma famille au moins il a vu la puissance;
Peut-être de Zamore il avait connaissance.
Qui sait si de sa perte il ne fut pas témoin?
Il vient pour m'en parler : ah, quel funeste soin!
Sa voix redoublera les tourmens que j'endure;
Il va percer mon cœur, et rouvrir ma blessure.
Mais n'importe, qu'il vienne. Un mouvement confus
S'empare malgré moi de mes sens éperdus.
Hélas! dans ce palais arrosé de mes larmes,
Je n'ai point encore eu de moment sans alarmes.

SCÈNE IV.

ALZIRE, ZAMORE, ÉMIRE.

ZAMORE.

M'est-elle enfin rendue? Est-ce elle que je vois?

ALZIRE.

Ciel! tels étaient ses traits, sa démarche, sa voix.
(*Elle tombe entre les bras de sa confidente.*)
Zamore!... Je succombe, à peine je respire.

ZAMORE.

Reconnais ton amant.

ALZIRE.

Zamore aux pieds d'Alzire!
Est-ce une illusion?

ZAMORE.

Non : je revis pour toi;
Je réclame à tes pieds tes sermens et ta foi.

O moitié de moi-même ! idole de mon ame !
Toi qu'un amour si tendre assurait à ma flamme,
Qu'as-tu fait des saints nœuds qui nous ont enchaînés?

ALZIRE.

O jours ! ô doux momens d'horreur empoisonnés !
Cher et fatal objet de douleur et de joie !
Ah, Zamore ! en quel temps faut-il que je te voie ?
Chaque mot dans mon cœur enfonce le poignard.

ZAMORE.

Tu gémis et me vois.

ALZIRE.
    Je t'ai revu trop tard.

ZAMORE.

Le bruit de mon trépas a dû remplir le monde.
J'ai traîné loin de toi ma course vagabonde,
Depuis que ces brigands, t'arrachant à mes bras,
M'enlevèrent mes dieux, mon trône et tes appas.
Sais-tu que ce Gusman, ce destructeur sauvage,
Par des tourmens sans nombre éprouva mon courage ?
Sais-tu que ton amant, à ton lit destiné,
Chère Alzire, aux bourreaux se vit abandonné?
Tu frémis : tu ressens le courroux qui m'enflamme;
L'horreur de cette injure a passé dans ton ame.
Un dieu sans doute, un dieu qui préside à l'amour,
Dans le sein du trépas me conserva le jour.
Tu n'as point démenti ce grand dieu qui me guide;
Tu n'es point devenue Espagnole et perfide.
On dit que ce Gusman respire dans ces lieux;
Je venais t'arracher à ce monstre odieux.
Tu m'aimes : vengeons-nous; livre-moi la victime.

ALZIRE.

Oui, tu dois te venger, tu dois punir le crime;
Frappe.

ZAMORE.

Que me dis-tu? Quoi, tes vœux! quoi, ta foi!

ALZIRE.

Frappe, je suis indigne et du jour et de toi.

ZAMORE.

Ah, Montèze! ah, cruel! mon cœur n'a pu te croire.

ALZIRE.

A-t-il osé t'apprendre une action si noire?
Sais-tu pour quel époux j'ai pu t'abandonner?

ZAMORE.

Non, mais parle : aujourd'hui rien ne peut m'étonner.

ALZIRE.

Hé bien, vois donc l'abyme où le sort nous engage :
Vois le comble du crime, ainsi que de l'outrage.

ZAMORE.

Alzire!

ALZIRE.

Ce Gusman...

ZAMORE.

Grand dieu!

ALZIRE.

Ton assassin,
Vient en ce même instant de recevoir ma main.

ZAMORE.

Lui?

ALZIRE.

Mon père, Alvarez, ont trompé ma jeunesse;

Ils ont à cet hymen entraîné ma faiblesse.
Ta criminelle amante, aux autels des chrétiens,
Vient presque sous tes yeux de former ces liens.
J'ai tout quitté, mes dieux, mon amant, ma patrie :
Au nom de tous les trois, arrache-moi la vie.
Voilà mon cœur, il vole au devant de tes coups.

ZAMORE.

Alzire, est-il bien vrai? Gusman est ton époux!

ALZIRE.

Je pourrais t'alléguer, pour affaiblir mon crime,
De mon père sur moi le pouvoir légitime;
L'erreur où nous étions, mes regrets, mes combats,
Les pleurs que j'ai trois ans donnés à ton trépas :
Que des chrétiens vainqueurs esclave infortunée,
La douleur de ta perte à leur Dieu m'a donnée :
Que je t'aimai toujours, que mon cœur éperdu
A détesté tes dieux qui t'ont mal défendu;
Mais je ne cherche point, je ne veux point d'excuse;
Il n'en est point pour moi, lorsque l'amour m'accuse.
Tu vis, il me suffit. Je t'ai manqué de foi;
Tranche mes jours affreux, qui ne sont plus pour toi.
Quoi! tu ne me vois point d'un œil impitoyable?

ZAMORE.

Non, si je suis aimé, non, tu n'es point coupable :
Puis-je encor me flatter de régner dans ton cœur?

ALZIRE.

Quand Montèze, Alvarez, peut-être un Dieu vengeur,
Nos chrétiens, ma faiblesse, au temple m'ont conduite,
Sûre de ton trépas, à cet hymen réduite,
Enchaînée à Gusman par des nœuds éternels,

J'adorais ta mémoire au pied de nos autels.
Nos peuples, nos tyrans, tous ont su que je t'aime ;
Je l'ai dit à la terre, au ciel, à Gusman même ;
Et dans l'affreux moment, Zamore, où je te vois,
Je te le dis encor pour la dernière fois.

ZAMORE.

Pour la dernière fois Zamore t'aurait vue !
Tu me serais ravie aussitôt que rendue !
Ah ! si l'amour encor te parlait aujourd'hui...

ALZIRE.

O ciel ! c'est Gusman même, et son père avec lui.

SCÈNE V.

ALVAREZ, GUSMAN, ZAMORE, ALZIRE ; SUITE.

ALVAREZ, *à son fils.*

Tu vois mon bienfaiteur, il est auprès d'Alzire.
(à Zamore.)
O toi ! jeune héros ! toi par qui je respire,
Viens, ajoute à ma joie en cet auguste jour ;
Viens avec mon cher fils partager mon amour.

ZAMORE.

Qu'entends-je ! lui, Gusman ! lui, ton fils, ce barbare !

ALZIRE.

Ciel, détourne les coups que ce moment prépare !

ALVAREZ.

Dans quel étonnement...

ZAMORE.

     Quoi ! le ciel a permis
Que ce vertueux père eût cet indigne fils ?

ACTE III, SCÈNE V.

GUSMAN.

Esclave, d'où te vient cette aveugle furie?
Sais-tu bien qui je suis?

ZAMORE.

Horreur de ma patrie!
Parmi les malheureux que ton pouvoir a faits,
Connais-tu bien Zamore, et vois-tu tes forfaits?

GUSMAN.

Toi!

ALVAREZ.

Zamore!

ZAMORE.

Oui, lui-même, à qui ta barbarie
Voulut ôter l'honneur, et crut ôter la vie;
Lui, que tu fis languir dans des tourmens honteux,
Lui, dont l'aspect ici te fait baisser les yeux.
Ravisseur de nos biens, tyran de notre empire,
Tu viens de m'arracher le seul bien où j'aspire.
Achève, et de ce fer, trésor de tes climats,
Préviens mon bras vengeur, et préviens ton trépas.
La main, la même main qui t'a rendu ton père,
Dans ton sang odieux pourrait venger la terre*;
Et j'aurais les mortels et les dieux pour amis,
En révérant le père, et punissant le fils.

---

* *Père* doit rimer avec *terre*, parce qu'on les prononce tous deux de même. C'est aux oreilles et non pas aux yeux qu'il faut rimer. Cela est si vrai, que le mot *paon* n'a jamais rimé avec *Phaon*, quoique l'orthographe soit la même : et le mot *encore* rime très bien avec *abhorre*, quoiqu'il n'y ait qu'un *r* à l'un et qu'il y en ait deux à l'autre. La rime est faite pour l'oreille : un usage contraire ne serait qu'une pédanterie ridicule et déraisonnable.

ALZIRE,

ALVAREZ, *à Gusman.*

De ce discours, ô ciel! que je me sens confondre!
Vous sentez-vous coupable, et pouvez-vous répondre?

GUSMAN.

Répondre à ce rebelle, et daigner m'avilir
Jusqu'à le réfuter, quand je le dois punir!
Son juste châtiment, que lui-même il prononce,
Sans mon respect pour vous eût été ma réponse.
(à Alzire.)
Madame, votre cœur doit vous instruire assez
A quel point en secret ici vous m'offensez;
Vous qui, sinon pour moi, du moins pour votre gloire,
Deviez de cet esclave étouffer la mémoire;
Vous, dont les pleurs encore outragent votre époux;
Vous, que j'aimais assez pour en être jaloux.

ALZIRE.

(à Gusman.) (à Alvarez.)
Cruel! Et vous, seigneur! mon protecteur, son père;
(à Zamore.)
Toi! jadis mon espoir en un temps plus prospère,
Voyez le joug horrible où mon sort est lié,
Et frémissez tous trois d'horreur et de pitié.
(en montrent Zamore.)
Voici l'amant, l'époux que me choisit mon père,
Avant que je connusse un nouvel hémisphère,
Avant que de l'Europe on nous portât des fers.
Le bruit de son trépas perdit cet univers :
Je vis tomber l'empire où régnaient mes ancêtres;
Tout changea sur la terre, et je connus des maîtres.
Mon père infortuné, plein d'ennuis et de jours,
Au Dieu que vous servez eut à la fin recours :

ACTE III, SCÈNE V.

C'est ce Dieu des chrétiens que devant vous j'atteste;
Ses autels sont témoins de mon hymen funeste;
C'est aux pieds de ce Dieu qu'un horrible serment
Me donne au meurtrier qui m'ôta mon amant.
Je connais mal peut-être une loi si nouvelle;
Mais j'en crois ma vertu, qui parle aussi haut qu'elle.
Zamore, tu m'es cher, je t'aime, je le dois;
Mais après mes sermens je ne puis être à toi.
Toi, Gusman, dont je suis l'épouse et la victime,
Je ne suis point à toi, cruel, après ton crime.
Qui des deux osera se venger aujourd'hui?
Qui percera ce cœur que l'on arrache à lui?
Toujours infortunée, et toujours criminelle,
Perfide envers Zamore, à Gusman infidèle,
Qui me délivrera, par un trépas heureux,
De la nécessité de vous trahir tous deux?
Gusman, du sang des miens ta main déjà rougie
Frémira moins qu'une autre à m'arracher la vie.
De l'hymen, de l'amour il faut venger les droits :
Punis une coupable, et sois juste une fois.

GUSMAN.

Ainsi vous abusez d'un reste d'indulgence
Que ma bonté trahie oppose à votre offense :
Mais vous le demandez, et je vais vous punir;
Votre supplice est prêt, mon rival va périr.
Holà, soldats.

ALZIRE.

Cruel!

ALVAREZ.

Mon fils, qu'allez-vous faire?

Respectez ses bienfaits, respectez sa misère.
Quel est l'état horrible, ô ciel, où je me vois!
L'un tient de moi la vie, à l'autre je la dois!
Ah, mes fils! de ce nom ressentez la tendresse;
D'un père infortuné regardez la vieillesse;
Et du moins...

SCÈNE VI.

ALVAREZ, GUSMAN, ALZIRE, ZAMORE; D. ALONZE, *officier espagnol.*

ALONZE.

Paraissez, seigneur, et commandez :
D'armes et d'ennemis ces champs sont inondés :
Ils marchent vers ces murs, et le nom de Zamore
Est le cri menaçant qui les rassemble encore.
Ce nom sacré pour eux se mêle dans les airs
A ce bruit belliqueux des barbares concerts.
Sous leurs boucliers d'or les campagnes mugissent;
De leurs cris redoublés les échos retentissent;
En bataillons serrés ils mesurent leurs pas,
Dans un ordre nouveau qu'ils ne connaissaient pas;
Et ce peuple, autrefois vil fardeau de la terre,
Semble apprendre de nous le grand art de la guerre

GUSMAN.

Allons, à leurs regards il faut donc se montrer :
Dans la poudre à l'instant vous les verrez rentrer.
Héros de la Castille, enfans de la victoire,
Ce monde est fait pour vous, vous l'êtes pour la gloire :
Eux pour porter vos fers, vous craindre et vous servir.

ACTE III, SCÈNE VII.

ZAMORE.

Mortel égal à moi, nous, faits pour obéir?

GUSMAN.

Qu'on l'entraîne.

ZAMORE.

Oses-tu, tyran de l'innocence,
Oses-tu me punir d'une juste défense?

(aux Espagnols qui l'entourent.)

Êtes-vous donc des dieux qu'on ne puisse attaquer?
Et teints de notre sang faut-il vous invoquer?

GUSMAN.

Obéissez.

ALZIRE.

Seigneur!

ALVAREZ.

Dans ton courroux sévère,
Songe au moins, mon cher fils, qu'il a sauvé ton père.

GUSMAN.

Seigneur, je songe à vaincre, et je l'appris de vous;
J'y vole, adieu.

SCÈNE VII.

ALVAREZ, ALZIRE.

ALZIRE, *se jetant à genoux.*

Seigneur, j'embrasse vos genoux.
C'est à votre vertu que je rends cet hommage,
Le premier où le sort abaissa mon courage.
Vengez, seigneur, vengez sur ce cœur affligé
L'honneur de votre fils par sa femme outragé.

Mais à mes premiers nœuds mon ame était unie ;
Hélas ! peut-on deux fois se donner dans sa vie?
Zamore était à moi, Zamore eut mon amour :
Zamore est vertueux; vous lui devez le jour.
Pardonnez... je succombe à ma douleur mortelle.

ALVAREZ.

Je conserve pour toi ma bonté paternelle.
Je plains Zamore et toi ; je serai ton appui ;
Mais songe au nœud sacré qui t'attache aujourd'hui.
Ne porte point l'horreur au sein de ma famille :
Non, tu n'es plus à toi; sois mon sang, sois ma fille :
Gusman fut inhumain, je le sais, j'en frémis;
Mais il est ton époux, il t'aime, il est mon fils :
Son ame à la pitié se peut ouvrir encore.

ALZIRE.

Hélas ! que n'êtes-vous le père de Zamore !

FIN DU TROISIÈME ACTE.

ACTE QUATRIÈME.

SCÈNE I.
ALVAREZ, GUSMAN.

ALVAREZ.
Méritez donc, mon fils, un si grand avantage.
Vous avez triomphé du nombre et du courage;
Et de tous les vengeurs de ce triste univers,
Une moitié n'est plus, et l'autre est dans vos fers.
Ah! n'ensanglantez point le prix de la victoire,
Mon fils, que la clémence ajoute à votre gloire.
Je vais, sur les vaincus étendant mes secours,
Consoler leur misère, et veiller sur leurs jours.
Vous, songez cependant qu'un père vous implore;
Soyez homme et chrétien, pardonnez à Zamore.
Ne pourrai-je adoucir vos inflexibles mœurs?
Et n'apprendrez-vous point à conquérir des cœurs?

GUSMAN.
Ah! vous percez le mien. Demandez-moi ma vie;
Mais laissez un champ libre à ma juste furie:
Ménagez le courroux de mon cœur opprimé.
Comment lui pardonner? le barbare est aimé!

ALVAREZ.
Il en est plus à plaindre.

GUSMAN.
     A plaindre? lui, mon père!

Ah! qu'on me plaigne ainsi, la mort me sera chère.
ALVAREZ.
Quoi! vous joignez encore à cet ardent courroux
La fureur des soupçons, ce tourment des jaloux?
GUSMAN.
Et vous condamneriez jusqu'à ma jalousie?
Quoi! ce juste transport dont mon ame est saisie,
Ce triste sentiment, plein de honte et d'horreur,
Si légitime en moi, trouve en vous un censeur!
Vous voyez sans pitié ma douleur effrénée!
ALVAREZ.
Mêlez moins d'amertume à votre destinée;
Alzire a des vertus, et loin de les aigrir,
Par des dehors plus doux vous devez l'attendrir.
Son cœur de ces climats conserve la rudesse,
Il résiste à la force, il cède à la souplesse;
Et la douceur peut tout sur notre volonté.
GUSMAN.
Moi, que je flatte encor l'orgueil de sa beauté?
Que sous un front serein déguisant mon outrage,
A de nouveaux mépris ma bonté l'encourage?
Ne devriez-vous pas, de mon honneur jaloux,
Au lieu de le blâmer, partager mon courroux?
J'ai déja trop rougi d'épouser une esclave,
Qui m'ose dédaigner, qui me hait, qui me brave,
Dont un autre à mes yeux possède encor le cœur,
Et que j'aime, en un mot, pour comble de malheur.
ALVAREZ.
Ne vous repentez point d'un amour légitime;
Mais sachez le régler: tout excès mène au crime.

ACTE IV, SCÈNE II.

Promettez-moi du moins de ne décider rien
Avant de m'accorder un second entretien.

GUSMAN.

Eh! que pourrait un fils refuser à son père?
Je veux bien pour un temps suspendre ma colère;
N'en exigez pas plus de mon cœur outragé.

ALVAREZ.

Je ne veux que du temps.
(Il sort.)

GUSMAN, *seul*.

Quoi! n'être point vengé!
Aimer, me repentir, être réduit encore
A l'horreur d'envier le destin de Zamore,
D'un de ces vils mortels en Europe ignorés,
Qu'à peine du nom d'homme on aurait honorés...
Que vois-je! Alzire! ô ciel!

SCÈNE II.

GUSMAN, ALZIRE, ÉMIRE.

ALZIRE.

C'est moi, c'est ton épouse,
C'est ce fatal objet de ta fureur jalouse,
Qui n'a pu te chérir, qui t'a dû révérer,
Qui te plaint, qui t'outrage, et qui vient t'implorer.
Je n'ai rien déguisé. Soit grandeur, soit faiblesse,
Ma bouche a fait l'aveu qu'un autre a ma tendresse;
Et ma sincérité, trop funeste vertu,
Si mon amant périt, est ce qui l'a perdu.

Je vais plus t'étonner : ton épouse a l'audace
De s'adresser à toi pour demander sa grace.
J'ai cru que don Gusman, tout fier, tout rigoureux,
Tout terrible qu'il est, doit être généreux.
J'ai pensé qu'un guerrier, jaloux de sa puissance,
Peut mettre l'orgueil même à pardonner l'offense :
Une telle vertu séduirait plus nos cœurs
Que tout l'or de ces lieux n'éblouit nos vainqueurs.
Par ce grand changement dans ton ame inhumaine,
Par un effort si beau tu vas changer la mienne ;
Tu t'assures ma foi, mon respect, mon retour,
Tous mes vœux, s'il en est qui tiennent lieu d'amour.
Pardonne... je m'égare... éprouve mon courage.
Peut-être une Espagnole eût promis davantage ;
Elle eût pu prodiguer les charmes de ses pleurs ;
Je n'ai point leurs attraits, et je n'ai point leurs mœurs.
Ce cœur simple et formé des mains de la nature,
En voulant t'adoucir, redouble ton injure :
Mais enfin c'est à toi d'essayer désormais
Sur ce cœur indompté la force des bienfaits.

GUSMAN.

Eh bien ! si les vertus peuvent tant sur votre ame,
Pour en suivre les lois, connaissez-les, madame.
Étudiez nos mœurs avant de les blâmer ;
Ces mœurs sont vos devoirs, il faut s'y conformer.
Sachez que le premier est d'étouffer l'idée
Dont votre ame à mes yeux est encor possédée ;
De vous respecter plus, et de n'oser jamais
Me prononcer le nom d'un rival que je hais ;
D'en rougir la première, et d'attendre en silence

Ce que doit d'un barbare ordonner ma vengeance.
Sachez que votre époux, qu'ont outragé vos feux,
S'il peut vous pardonner, est assez généreux.
Plus que vous ne pensez je porte un cœur sensible,
Et ce n'est pas à vous à me croire inflexible.

SCÈNE III.

ALZIRE, ÉMIRE.

ÉMIRE.

Vous voyez qu'il vous aime, on pourrait l'attendrir.

ALZIRE.

S'il m'aime, il est jaloux; Zamore va périr:
J'assassinais Zamore en demandant sa vie.
Ah! je l'avais prévu. M'auras-tu mieux servie?
Pourras-tu le sauver? Vivra-t-il loin de moi?
Du soldat qui le garde as-tu tenté la foi?

ÉMIRE.

L'or qui les séduit tous vient d'éblouir sa vue.
Sa foi, n'en doutez point, sa main vous est vendue.

ALZIRE.

Ainsi, graces aux cieux, ces métaux détestés
Ne servent pas toujours à nos calamités.
Ah! ne perds point de temps : tu balances encore!

ÉMIRE.

Mais aurait-on juré la perte de Zamore?
Alvarez aurait-il assez peu de crédit?
Et le conseil enfin...

ALZIRE.
Je crains tout, il suffit.
Tu vois de ces tyrans la fureur despotique;
Ils pensent que pour eux le ciel fit l'Amérique,
Qu'ils en sont nés les rois; et Zamore à leurs yeux,
Tout souverain qu'il fut, n'est qu'un séditieux.
Conseil de meurtriers! Gusman! peuple barbare!
Je préviendrai les coups que votre main prépare.
Ce soldat ne vient point : qu'il tarde à m'obéir!

ÉMIRE.
Madame, avec Zamore il va bientôt venir;
Il court à la prison. Déja la nuit plus sombre
Couvre ce grand dessein du secret de son ombre.
Fatigués de carnage et de sang enivrés,
Les tyrans de la terre au sommeil sont livrés.

ALZIRE.
Allons, que ce soldat nous conduise à la porte :
Qu'on ouvre la prison, que l'innocence en sorte.

ÉMIRE.
Il vous prévient déja; Céphane le conduit :
Mais si l'on vous rencontre en cette obscure nuit,
Votre gloire est perdue, et cette honte extrême...

ALZIRE.
Va, la honte serait de trahir ce que j'aime.
Cet honneur étranger, parmi nous inconnu,
N'est qu'un fantôme vain qu'on prend pour la vertu :
C'est l'amour de la gloire, et non de la justice,
La crainte du reproche, et non celle du vice.
Je fus instruite, Émire, en ce grossier climat,
A suivre la vertu sans en chercher l'éclat.

L'honneur est dans mon cœur, et c'est lui qui m'or-
De sauver un héros que le ciel abandonne.   [donne

SCÈNE IV.

ALZIRE, ZAMORE, ÉMIRE; un soldat.

ALZIRE.
Tout est perdu pour toi; tes tyrans sont vainqueurs :
Ton supplice est tout prêt : si tu ne fuis, tu meurs.
Pars, ne perds point de temps; prends ce soldat pour
Trompons des meurtriers l'espérance homicide; [guide.
Tu vois mon désespoir et mon saisissement;
C'est à toi d'épargner la mort à mon amant,
Un crime à mon époux, et des larmes au monde.
L'Amérique t'appelle, et la nuit te seconde;
Prends pitié de ton sort, et laisse-moi le mien.

ZAMORE.
Esclave d'un barbare, épouse d'un chrétien,
Toi qui m'as tant aimé, tu m'ordonnes de vivre !
Eh bien ! j'obéirai : mais oses-tu me suivre ?
Sans trône, sans secours, au comble du malheur,
Je n'ai plus à t'offrir qu'un désert et mon cœur.
Autrefois à tes pieds j'ai mis un diadème.

ALZIRE.
Ah ! qu'était-il sans toi ? qu'ai-je aimé que toi-même ?
Et qu'est-ce auprès de toi que ce vil univers ?
Mon ame va te suivre au fond de tes déserts.
Je vais seule en ces lieux, où l'horreur me consume,
Languir dans les regrets, sécher dans l'amertume,

Mourir dans le remords d'avoir trahi ma foi,
D'être au pouvoir d'un autre, et de brûler pour toi.
Pars, emporte avec toi mon bonheur et ma vie;
Laisse-moi les horreurs du devoir qui me lie.
J'ai mon amant ensemble et ma gloire à sauver.
Tous deux me sont sacrés; je les veux conserver.

ZAMORE.

Ta gloire! Quelle est donc cette gloire inconnue?
Quel fantôme d'Europe a fasciné ta vue?
Quoi! ces affreux sermens qu'on vient de te dicter,
Quoi! ce temple chrétien que tu dois détester,
Ce dieu, ce destructeur des dieux de mes ancêtres,
T'arrachent à Zamore, et te donnent des maîtres?

ALZIRE.

J'ai promis; il suffit : il n'importe à quel dieu ᶜ.

ZAMORE.

Ta promesse est un crime: elle est ma perte; adieu.
Périssent tes sermens, et ton dieu que j'abhorre!

ALZIRE.

Arrête : quels adieux! arrête, cher Zamore!

ZAMORE.

Gusman est ton époux!

ALZIRE.

      Plains-moi sans m'outrager.

ZAMORE.

Songe à nos premiers nœuds.

ALZIRE.

      Je songe à ton danger.

ZAMORE.

Non, tu trahis, cruelle, un feu si légitime.

ACTE IV, SCÈNE V.

ALZIRE.

Non, je t'aime à jamais ; et c'est un nouveau crime.
Laisse-moi mourir seule : ôte-toi de ces lieux.
Quel désespoir horrible étincelle en tes yeux ?
Zamore...

ZAMORE.

C'en en fait.

ALZIRE.

Où vas-tu ?

ZAMORE.

Mon courage
De cette liberté va faire un digne usage.

ALZIRE.

Tu n'en saurais douter, je péris si tu meurs.

ZAMORE.

Peux-tu mêler l'amour à ces momens d'horreurs ?
Laisse-moi, l'heure fuit, le jour vient, le temps presse.
Soldat, guide mes pas.

SCÈNE V.

ALZIRE, ÉMIRE.

ALZIRE.

Je succombe, il me laisse :
Il part ; que va-t-il faire ? O moment plein d'effroi !
Gusman ! quoi ! c'est donc lui que j'ai quitté pour toi !
Émire, suis ses pas, vole, et reviens m'instruire
S'il est en sûreté, s'il faut que je respire.
Va voir si ce soldat nous sert ou nous trahit.

(Émire sort.)

Un noir pressentiment m'afflige et me saisit :
Ce jour, ce jour pour moi ne peut être qu'horrible.
O toi, dieu des chrétiens, dieu vainqueur et terrible !
Je connais peu tes lois ; ta main, du haut des cieux,
Perce à peine un nuage épaissi sur mes yeux ;
Mais si je suis à toi, si mon amour t'offense,
Sur ce cœur malheureux épuise ta vengeance.
Grand dieu, conduis Zamore au milieu des déserts ;
Ne serais-tu le dieu que d'un autre univers ?
Les seuls Européans sont-ils nés pour te plaire ?
Es-tu tyran d'un monde, et de l'autre le père ?
Les vainqueurs, les vaincus, tous ces faibles humains,
Sont tous également l'ouvrage de tes mains.
Mais de quels cris affreux mon oreille est frappée !
J'entends nommer Zamore : ô ciel ! on m'a trompée.
Le bruit redouble, on vient ; ah, Zamore est perdu !

SCÈNE VI.

ALZIRE, ÉMIRE.

ALZIRE.

Chère Émire, est-ce toi ? qu'a-t-on fait ? qu'as-tu vu ?
Tire-moi, par pitié, de mon doute terrible.

ÉMIRE.

Ah ! n'espérez plus rien : sa perte est infaillible.
Des armes du soldat qui conduisait ses pas
Il a couvert son front, il a chargé son bras.
Il s'éloigne : à l'instant le soldat prend la fuite ;
Votre amant au palais court et se précipite ;

Je le suis en tremblant, parmi nos ennemis,
Parmi ces meurtriers dans le sang endormis,
Dans l'horreur de la nuit, des morts et du silence.
Au palais de Gusman je le vois qui s'avance ;
Je l'appelais en vain de la voix et des yeux ;
Il m'échappe, et soudain j'entends des cris affreux :
J'entends dire : « Qu'il meure ! » On court, on vole aux
Retirez-vous, madame, et fuyez tant d'alarmes : [armes ;
Rentrez.

ALZIRE.

Ah, chère Émire ! allons le secourir.

ÉMIRE.

Que pouvez-vous, madame, ô ciel !

ALZIRE.

Je puis mourir.

SCÈNE VII.

ALZIRE, ÉMIRE, D. ALONZE; GARDES.

ALONZE.

A mes ordres secrets, madame, il faut vous rendre.

ALZIRE.

Que me dis-tu, barbare, et que viens-tu m'apprendre ?
Qu'est devenu Zamore ?

ALONZE.

En ce moment affreux
Je ne puis qu'annoncer un ordre rigoureux.
Daignez me suivre.

ALZIRE.

O sort! ô vengeance trop forte!
Cruels! quoi! ce n'est point la mort que l'on m'apporte?
Quoi! Zamore n'est plus, et je n'ai que des fers!
Tu gémis, et tes yeux de larmes sont couverts!
Mes maux ont-ils touché les cœurs nés pour la haine?
Viens, si la mort m'attend, viens, j'obéis sans peine.

FIN DU QUATRIÈME ACTE.

ACTE CINQUIÈME.

SCÈNE I.

ALZIRE; GARDES.

ALZIRE.

Préparez-vous pour moi vos supplices cruels?
Tyrans, qui vous nommez les juges des mortels,
Laissez-vous dans l'horreur de cette inquiétude
De mes destins affreux flotter l'incertitude?
On m'arrête, on me garde, on ne m'informe pas
Si l'on a résolu ma vie ou mon trépas.
Ma voix nomme Zamore, et mes gardes pâlissent;
Tout s'émeut à ce nom : ces monstres en frémissent.

SCÈNE II.

MONTÈZE, ALZIRE.

ALZIRE.

Ah, mon père!

MONTÈZE.

Ma fille, où nous as-tu réduits?
Voilà de ton amour les exécrables fruits.
Hélas! nous demandions la grace de Zamore;
Alvarez avec moi daignait parler encore :

Un soldat à l'instant se présente à nos yeux;
C'était Zamore même, égaré, furieux;
Par ce déguisement la vue était trompée;
A peine entre ses mains j'aperçois une épée :
Entrer, voler vers nous, s'élancer sur Gusman,
L'attaquer, le frapper, n'est pour lui qu'un moment.
Le sang de ton époux rejaillit sur ton père :
Zamore, au même instant dépouillant sa colère,
Tombe aux pieds d'Alvarez, et tranquille et soumis,
Lui présentant ce fer teint du sang de son fils :
« J'ai fait ce que j'ai dû, j'ai vengé mon injure;
« Fais ton devoir, dit-il, et venge la nature. »
Alors il se prosterne, attendant le trépas.
Le père tout sanglant se jette entre mes bras;
Tout se réveille; on court, on s'avance, on s'écrie,
On vole à ton époux, on rappelle sa vie;
On arrête son sang, on presse le secours
De cet art inventé pour conserver nos jours.
Tout le peuple à grands cris demande ton supplice.
Du meurtre de son maître il te croit la complice.

ALZIRE.

Vous pourriez...

MONTÈZE.

    Non, mon cœur ne t'en soupçonne pas;
Non, le tien n'est pas fait pour de tels attentats;
Capable d'une erreur, il ne l'est point d'un crime;
Tes yeux s'étaient fermés sur le bord de l'abyme.
Je le souhaite ainsi, je le crois; cependant
Ton époux va mourir des coups de ton amant.
On va te condamner; tu vas perdre la vie

Dans l'horreur du supplice et dans l'ignominie;
Et je retourne enfin, par un dernier effort,
Demander au conseil et ta grace et ma mort.

ALZIRE.

Ma grace! à mes tyrans? les prier! vous, mon père?
Osez vivre et m'aimer, c'est ma seule prière.
Je plains Gusman; son sort a trop de cruauté;
Et je le plains surtout de l'avoir mérité.
Pour Zamore, il n'a fait que venger son outrage;
Je ne puis excuser ni blâmer son courage.
J'ai voulu le sauver, je ne m'en défends pas.
Il mourra... Gardez-vous d'empêcher mon trépas.

MONTÈZE.

O ciel! inspire-moi, j'implore ta clémence!

(Il sort.)

SCÈNE III.

ALZIRE.

O ciel! anéantis ma fatale existence.
Quoi! ce dieu que je sers me laisse sans secours!
Il défend à mes mains d'attenter sur mes jours!
Ah! j'ai quitté des dieux dont la bonté facile
Me permettait la mort, la mort, mon seul asile.
Eh! quel crime est-ce donc devant ce dieu jaloux,
De hâter un moment qu'il nous prépare à tous?
Quoi! du calice amer d'un malheur si durable
Faut-il boire à longs traits la lie insupportable?
Ce corps vil et mortel est-il donc si sacré,
Que l'esprit qui le meut ne le quitte à son gré?

Ce peuple de vainqueurs, armé de son tonnerre,
A-t-il le droit affreux de dépeupler la terre,
D'exterminer les miens, de déchirer mon flanc?
Et moi je ne pourrai disposer de mon sang?
Je ne pourrai sur moi permettre à mon courage
Ce que sur l'univers il permet à sa rage?
Zamore va mourir dans des tourmens affreux.
Barbares!

SCÈNE IV.

ZAMORE *enchaîné*, ALZIRE; GARDES.

ZAMORE.

C'est ici qu'il faut périr tous deux.
Sous l'horrible appareil de sa fausse justice,
Un tribunal de sang te condamne au supplice.
Gusman respire encor; mon bras désespéré
N'a porté dans son sein qu'un coup mal assuré :
Il vit pour achever le malheur de Zamore;
Il mourra tout couvert de ce sang que j'adore;
Nous périrons ensemble à ses yeux expirans;
Il va goûter encor le plaisir des tyrans.
Alvarez doit ici prononcer de sa bouche
L'abominable arrêt de ce conseil farouche.
C'est moi qui t'ai perdue, et tu péris pour moi.

ALZIRE.

Va, je ne me plains plus; je mourrai près de toi.
Tu m'aimes, c'est assez; bénis ma destinée,
Bénis le coup affreux qui rompt mon hyménée;
Songe que ce moment, où je vais chez les morts,

ACTE V, SCÈNE V.

Est le seul où mon cœur peut t'aimer sans remords.
Libre par mon supplice, à moi-même rendue,
Je dispose à la fin d'une foi qui t'est due.
L'appareil de la mort, élevé pour nous deux,
Est l'autel où mon cœur te rend ses premiers feux.
C'est là que j'expierai le crime involontaire
De l'infidélité que j'avais pu te faire.
Ma plus grande amertume, en ce funeste sort,
C'est d'entendre Alvarez prononcer notre mort.

ZAMORE.

Ah! le voici; les pleurs inondent son visage.

ALZIRE.

Qui de nous trois, ô ciel! a reçu plus d'outrage?
Et que d'infortunés le sort assemble ici!

SCÈNE V.

ALZIRE, ZAMORE, ALVAREZ; GARDES.

ZAMORE.

J'attends la mort de toi, le ciel le veut ainsi;
Tu dois me prononcer l'arrêt qu'on vient de rendre :
Parle sans te troubler, comme je vais t'entendre,
Et fais livrer sans crainte aux supplices tout prêts
L'assassin de ton fils, et l'ami d'Alvarez.
Mais que t'a fait Alzire? et quelle barbarie
Te force à lui ravir une innocente vie?
Les Espagnols enfin t'ont donné leur fureur :
Une injuste vengeance entre-t-elle en ton cœur?
Connu seul parmi nous par ta clémence auguste,

Tu veux donc renoncer à ce grand nom de juste !
Dans le sang innocent ta main va se baigner !

ALZIRE.

Venge-toi, venge un fils, mais sans me soupçonner.
Épouse de Gusman, ce nom seul doit t'apprendre
Que, loin de le trahir, je l'aurais su défendre.
J'ai respecté ton fils, et ce cœur gémissant
Lui conserva sa foi, même en le haïssant.
Que je sois de ton peuple applaudie ou blâmée,
Ta seule opinion fera ma renommée :
Estimée en mourant d'un cœur tel que le tien,
Je dédaigne le reste, et ne demande rien.
Zamore va mourir, il faut bien que je meure ;
C'est tout ce que j'attends, et c'est toi que je pleure.

ALVAREZ.

Quel mélange, grand Dieu, de tendresse et d'horreur !
L'assassin de mon fils est mon libérateur.
Zamore... oui, je te dois des jours que je déteste ;
Tu m'as vendu bien cher un présent si funeste...
Je suis père, mais homme ; et malgré ta fureur,
Malgré la voix du sang qui parle à ma douleur,
Qui demande vengeance à mon ame éperdue,
La voix de tes bienfaits est encore entendue.

(à Alzire.)

Et toi qui fus ma fille, et que dans nos malheurs
J'appelle encor d'un nom qui fait couler nos pleurs,
Va, ton père est bien loin de joindre à ses souffrances
Cet horrible plaisir que donnent les vengeances.
Il faut perdre à la fois, par des coups inouïs,
Et mon libérateur, et ma fille, et mon fils.

ACTE V, SCÈNE V.

Le conseil vous condamne : il a dans sa colère
Du fer de la vengeance armé la main d'un père.
Je n'ai point refusé ce ministère affreux...
Et je viens le remplir pour vous sauver tous deux.
Zamore, tu peux tout.

ZAMORE.

Je peux sauver Alzire?
Ah! parle, que faut-il?

ALVAREZ.

Croire un dieu qui m'inspire.
Tu peux changer d'un mot et son sort et le tien;
Ici la loi pardonne à qui se rend chrétien.
Cette loi, que naguère un saint zèle a dictée,
Du ciel en ta faveur y semble être apportée.
Le Dieu qui nous apprit lui-même à pardonner,
De son ombre à nos yeux saura t'environner.
Tu vas des Espagnols arrêter la colère;
Ton sang, sacré pour eux, est le sang de leur frère :
Les traits de la vengeance, en leurs mains suspendus,
Sur Alzire et sur toi ne se tourneront plus.
Je réponds de sa vie, ainsi que de la tienne;
Zamore, c'est de toi qu'il faut que je l'obtienne.
Ne sois point inflexible à cette faible voix;
Je te devrai la vie une seconde fois.
Cruel! pour me payer du sang dont tu me prives,
Un père infortuné demande que tu vives.
Rends-toi chrétien comme elle; accorde-moi ce prix
De ses jours et des tiens, et du sang de mon fils.

ZAMORE, *à Alzire*.

Alzire, jusque là chéririons-nous la vie?

La rachèterions-nous par mon ignominie?
Quitterai-je mes dieux pour le dieu de Gusman?
         (à Alvarez.)
Et toi, plus que ton fils seras-tu mon tyran?
Tu veux qu'Alzire meure, ou que je vive en traître!
Ah! lorsque de tes jours je me suis vu le maître,
Si j'avais mis ta vie à cet indigne prix,
Parle, aurais-tu quitté le dieu de ton pays?

ALVAREZ.

J'aurais fait ce qu'ici tu me vois faire encore.
J'aurais prié ce dieu, seul être que j'adore,
De n'abandonner pas un cœur tel que le tien,
Tout aveugle qu'il est, digne d'être chrétien.

ZAMORE.

Dieux! quel genre inouï de trouble et de supplice!
Entre quels attentats faut-il que je choisisse?
         (à Alzire.)
Il s'agit de tes jours : il s'agit de mes dieux.
Toi qui m'oses aimer, ose juger entre eux,
Je m'en remets à toi; mon cœur se flatte encore
Que tu ne voudras point la honte de Zamore.

ALZIRE.

Écoute. Tu sais trop qu'un père infortuné
Disposa de ce cœur que je t'avais donné;
Je reconnus son dieu : tu peux de ma jeunesse
Accuser, si tu veux, l'erreur ou la faiblesse;
Mais des lois des chrétiens mon esprit enchanté
Vit chez eux, ou du moins crut voir la vérité,
Et ma bouche, abjurant les dieux de ma patrie,
Par mon ame en secret ne fut point démentie.

ACTE V, SCÈNE VI.

Mais renoncer aux dieux que l'on croit dans son cœur,
C'est le crime d'un lâche, et non pas une erreur :
C'est trahir à la fois, sous un masque hypocrite,
Et le dieu qu'on préfère, et le dieu que l'on quitte :
C'est mentir au ciel même, à l'univers, à soi.
Mourons, mais en mourant sois digne encor de moi !
Et si Dieu ne te donne une clarté nouvelle,
Ta probité te parle, il faut n'écouter qu'elle.

ZAMORE.

J'ai prévu ta réponse : il vaut mieux expirer,
Et mourir avec toi que se déshonorer.

ALVAREZ.

Cruels ! ainsi tous deux vous voulez votre perte !
Vous bravez ma bonté qui vous était offerte.
Écoutez, le temps presse, et ces lugubres cris...

SCÈNE VI.

ALVAREZ, ZAMORE, ALZIRE, ALONZE;
AMÉRICAINS, ESPAGNOLS.

ALONZE.

On amène à vos yeux votre malheureux fils;
Seigneur, entre vos bras il veut quitter la vie.
Du peuple qui l'aimait une troupe en furie,
S'empressant près de lui, vient se rassasier
Du sang de son épouse et de son meurtrier.

SCÈNE VII.

ALVAREZ, GUSMAN, MONTÈZE, ZAMORE,
ALZIRE; AMÉRICAINS, SOLDATS.

ZAMORE.

Cruels, sauvez Alzire, et pressez mon supplice !

ALZIRE.

Non, qu'une affreuse mort tous trois nous réunisse.

ALVAREZ.

Mon fils mourant, mon fils, ô comble de douleur !

ZAMORE, *à Gusman.*

Tu veux donc jusqu'au bout consommer ta fureur ?
Viens, vois couler mon sang, puisque tu vis encore ;
Viens apprendre à mourir en regardant Zamore.

GUSMAN, *à Zamore.*

Il est d'autres vertus que je veux t'enseigner :
Je dois un autre exemple, et je viens le donner.
(à Alvarez.)
Le ciel, qui veut ma mort, et qui l'a suspendue,
Mon père, en ce moment m'amène à votre vue.
Mon ame fugitive, et prête à me quitter,
S'arrête devant vous... mais pour vous imiter.
Je meurs ; le voile tombe ; un nouveau jour m'éclaire ;
Je ne me suis connu qu'au bout de ma carrière ;
J'ai fait, jusqu'au moment qui me plonge au cercueil,
Gémir l'humanité du poids de mon orgueil.
Le ciel venge la terre : il est juste ; et ma vie
Ne peut payer le sang dont ma main s'est rougie.
Le bonheur m'aveugla, la mort m'a détrompé :

ACTE V, SCÈNE VII.

Je pardonne à la main par qui Dieu m'a frappé.
J'étais maître en ces lieux ; seul j'y commande encore ;
Seul je puis faire grace, et la fais à Zamore.
Vis, superbe ennemi, sois libre, et te souvien
Quel fut et le devoir et la mort d'un chrétien.
   (à Montèze, qui se jette à ses pieds.)
Montèze, Américains, qui fûtes mes victimes,
Songez que ma clémence a surpassé mes crimes.
Instruisez l'Amérique ; apprenez à ses rois
Que les chrétiens sont nés pour leur donner des lois.
   (à Zamore.)
Des dieux que nous servons connais la différence :
Les tiens t'ont commandé le meurtre et la vengeance ;
Et le mien, quand ton bras vient de m'assassiner,
M'ordonne de te plaindre et de te pardonner [2].

ALVAREZ.
Ah ! mon fils, tes vertus égalent ton courage.

ALZIRE.
Quel changement, grand Dieu ! quel étonnant langage !

ZAMORE.
Quoi ! tu veux me forcer moi-même au repentir !

GUSMAN.
Je veux plus, je te veux forcer à me chérir.
Alzire n'a vécu que trop infortunée,
Et par mes cruautés, et par mon hyménée ;
Que ma mourante main la remette en tes bras :
Vivez sans me haïr, gouvernez vos états,
Et de vos murs détruits rétablissant la gloire,
De mon nom, s'il se peut, bénissez la mémoire.
   (à Alvarez.)
Daignez servir de père à ces époux heureux :

Que du ciel, par vos soins, le jour luise sur eux!
Aux clartés des chrétiens si son ame est ouverte,
Zamore est votre fils, et répare ma perte.

ZAMORE.

Je demeure immobile, égaré, confondu ;
Quoi donc, les vrais chrétiens auraient tant de vertu !
Ah! la loi qui t'oblige à cet effort suprême,
Je commence à le croire, est la loi d'un Dieu même.
J'ai connu l'amitié, la constance, la foi ;
Mais tant de grandeur d'ame est au dessus de moi :
Tant de vertu m'accable, et son charme m'attire.
Honteux d'être vengé, je t'aime et je t'admire.

(Il se jette à ses pieds.)

ALZIRE.

Seigneur, en rougissant je tombe à vos genoux.
Alzire, en ce moment, voudrait mourir pour vous.
Entre Zamore et vous mon ame déchirée
Succombe au repentir dont elle est dévorée.
Je me sens trop coupable, et mes tristes erreurs...

GUSMAN.

Tout vous est pardonné, puisque je vois vos pleurs.
Pour la dernière fois, approchez-vous, mon père ;
Vivez long-temps heureux ; qu'Alzire vous soit chère.
Zamore, sois chrétien ; je suis content ; je meurs.

ALVAREZ, *à Montèze.*

Je vois le doigt de Dieu marqué dans nos malheurs.
Mon cœur désespéré se soumet, s'abandonne
Aux volontés d'un Dieu qui frappe et qui pardonne.

FIN D'ALZIRE.

VARIANTES

DE LA TRAGÉDIE D'ALZIRE.

a Édition de 1738 :

    En chrétiens vertueux changer tous ces héros.

b Ibid.

    Méritez, s'il se peut, *un amour* si fidèle

c Ibid.

    J'ai promis, il suffit; que t'importe à quel Dieu?

NOTES.

[1] Ce mouvement est une imitation heureuse de ce vers du quatrième livre des *Géorgiques* de Virgile :

    Invalidasque tibi tendens, heu! non tua, palmas.

[2] C'est le mot du duc de Guise, non à Poltrot, qui l'assassina, mais à un protestant qui avait formé ce projet pendant le siége de Rouen. Ce mot n'était qu'un trait d'hypocrisie dans un homme qui, sous le prétexte de défendre la religion, avait immolé à son ambition tant de victimes innocentes.

FIN DU DEUXIÈME VOLUME.

TABLE DES MATIÈRES

CONTENUES DANS CE SECOND VOLUME.

Avertissement des éditeurs de l'édition de Kehl sur *Zaïre*. Page 2
Épitre dédicatoire à M. Falkmer, négociant anglais, depuis ambassadeur à Constantinople. 3
Épître à mademoiselle Goupin, jeune actrice qui a représenté le rôle de *Zaïre* avec beaucoup de succès. 12
Seconde lettre à M. Falkmer. 13
Lettre à M. de Laroque sur la tragédie de *Zaïre*. 21
ZAÏRE, tragédie. 31
Avertissement de *Samson*, opéra. 115
Prologue de *Samson*. 117
SAMSON, opéra. 121
Avertissement des éditeurs de l'édition de Kehl, sur *Adélaïde du Guesclin*. 160
ADÉLAÏDE DU GUESCLIN, tragédie. 165
AMÉLIE, OU LE DUC DE FOIX, tragédie. 273
Avertissement des éditeurs de l'édition en 41 volumes in-8°, sur la *Mort de César*. 343
Lettre de M. Algarotti à M. l'abbé Franchini, envoyé de Florence, sur la tragédie de *Jules César*, par M. de Voltaire. 345
La même en Italien. 354
LA MORT DE CÉSAR, tragédie. 359
Avertissement sur *Tanis et Zélide*, ou *les Rois pasteurs*, tragédie pour être mise en musique. 412
TANIS ET ZÉLIDE, tragédie-opéra. 415
Épitre à madame du Châtelet, sur *Alzire, ou les Américains*. 455
Discours préliminaire sur la même tragédie. 461
ALZIRE, tragédie. 467

FIN DE LA TABLE.

www.ingramcontent.com/pod-product-compliance
Lightning Source LLC
Chambersburg PA
CBHW071402230426
43669CB00010B/1423